INVENTAIRE
43332

CATALOGUE

DE LA

BIBLIOTHÈQUE

DE

M. ALEXANDRE V. ODERO

LIVRES SUR LA TOPOGRAPHIE

LES VOYAGES ET LES MŒURS

Estampes historiques et Cérémonies officielles

RECUEILS DE COSTUMES

CIVILS ET MILITAIRES

OUVRAGES SUR LES SPORTS ET LES JEUX

PARIS

LIBRAIRIE DAMASCÈNE MORGAND

ÉDOUARD RAHIR, SUCCESSEUR

LIBRAIRE DE LA SOCIÉTÉ DES BIBLIOPHILES FRANÇOIS

Passage des Panoramas, 55

1906

CATALOGUE

DE LA

BIBLIOTHÈQUE

DE

M. ALEXANDRE V. ODERO

LA VENTE AURA LIEU

Du Lundi 25 au Samedi 30 Juin 1906

A DEUX HEURES PRÉCISES

HOTEL DES COMMISSAIRES-PRISEURS

RUE DROUOT, 9

SALLE N° 8 AU PREMIER

Par le ministère de M. F. LAIR DUBREUIL, commissaire-priseur

RUE DE HANOVRE, 6

Assisté de M. ED. RAHIR, libraire,

PASSAGE DES PANORAMAS, 55

CONDITIONS DE LA VENTE

La vente se fera au comptant.

Les acquéreurs paieront 10 p. 100 en sus du prix d'adjudication.

Les livres devront être collationnés dans les vingt-quatre heures de l'adjudication. Passé ce délai, ils ne seront repris pour aucune cause.

M. RAHIR se réserve la faculté de réunir ou de diviser les lots.

M. RAHIR remplira les commissions des personnes qui ne pourraient assister à la vente.

CATALOGUE

DE LA

BIBLIOTHÈQUE

DE

M ALEXANDRE V. ODERO

LIVRES SUR LA TOPOGRAPHIE

LES VOYAGES ET LES MŒURS

Estampes historiques et Cérémonies officielles

RECUEILS DE COSTUMES

CIVILS ET MILITAIRES

OUVRAGES SUR LES SPORTS ET LES JEUX

PARIS

LIBRAIRIE DAMASCÈNE MORGAND

ÉDOUARD RAHIR, SUCCESSEUR

LIBRAIRE DE LA SOCIÉTÉ DES BIBLIOPHILES FRANÇOIS

Passage des Panoramas, 55

1906

ORDRE DES VACATIONS

BIBLIOTHÈQUE

DE

M. ALEXANDRE V. ODERO

LIVRES SUR LA TOPOGRAPHIE,
LES COSTUMES, LES MOEURS, etc.

A.   TOPOGRAPHIE. — VOYAGES PITTORESQUES.

I. — GÉNÉRALITÉS.

1. Civitates orbis terrarum. (In fine :) *Coloniæ Agrip-
   pinæ, P. a Brachel*, 1523 (*pour* 1573), in-fol., titre
   gravé et pl., veau fauve, fil. et milieux. (*Rel. anc.*)

   Premier volume orné de 59 plans et vues de villes gravés sur
   cuivre par *Hogenberg* et *Simon Van den Noevel*, principalement de
   villes d'Europe. Epreuves coloriées.
   Reliure fatiguée.

2. Description de l'Univers contenant les différents
   systèmes du Monde, les Cartes générales et particulières de la Géographie ancienne et moderne ; les
   Plans et les Profils des principales villes et des autres
   lieux plus considérables de la Terre, avec les portraits
   des Souverains qui y commandent, etc. Par Allain
   Manesson Mallet. *Paris, D. Thierry*, 1683, 5 vol.
   in-8, front., fig. et cartes, vélin.

   Nombreuses figures et cartes gravées en taille-douce.

1

3. L'Univers en miniature ou les Voyages du petit André sans sortir de sa chambre. *Paris, Eymery*, 1839, 6 vol. in-18, pl. et carte, cart., tr. dor.

> Nombreuses illustrations coloriées.

4. Album de planches servant à l'illustration du Second Voyage dans l'Hémisphère austral et autour du Monde, fait en 1772-75 par le Capitaine Jacques Cook. *Paris*, 1778, in-4, demi-rel.

> Portrait de Cook et 66 planches et cartes.

5. Voyage autour du Monde fait par ordre du Roi, sur les Corvettes de S. M. l'Uranie et la Physicienne pendant les années 1817, 1818, 1819 et 1820. Atlas historique par Mrs J^s Arago, A. Pellion, etc. *Paris, Pillet aîné*, 1825, in-fol., cart.

> Album de 102 planches en noir et coloriées, de cartes, scènes de mœurs, costumes, etc. d'après *Arago* et *Pellion*.
> Incomplet des pl. 31 à 34, 55 à 58, 103 et 104.

6. Voyage autour du Monde sur la frégate la Vénus, pendant les années 1836-1839, publié par Abel du Petit-Thouars. *Paris, Gide*, 1840-1843, 4 vol. in-8 et un atlas in-fol., pl., cart., *non rognés*.

> L'album, qui est *en feuilles*, renferme 68 planches lithographiées en noir et en couleur, quelques-unes sur CHINE. Il y manque la Carte générale du globe (pl. 69-70).

7. Voyages faits en divers tems en Espagne, en Portugal, en Allemagne, en France et ailleurs. Par Mr. M. *Amsterdam, G. Gallet*, 1699, in-12, front. et fig., veau.

> Frontispice et 10 figures gravées à l'eau-forte, dans le genre de *Romain de Hooghe*.

8. Les Voyages et observations du sieur de La Boullaye-le-Gouz, gentil-homme angevin, où sont décrites les religions, gouvernemens et situations des estats et royaumes d'Italie, Grèce, Natolie, Syrie, Perse, Palestine, Indes orientales, etc., etc. *Troyes et Paris*, 1657, in-4, portr. et fig., veau fauve, dos orné, fil. (*Rel anc.*)

> Très curieuses figures. Portrait de La Boullaye connu sous les noms d'Ibrahim Bey et du voyageur catholique.
> Bel exemplaire portant sur le dos de la reliure le chiffre et les armes de NICOLAS FOUQUET, surintendant des Finances sous Louis XIV, ainsi que le chiffre du Collège des Jésuites de Paris.

9. Prince E. E. Oukhtomsky. Voyage en Orient. Grèce, Egypte, Inde (Indo-Chine, Chine, Japon, Sibérie), 1890-1891, de S. A. I. le Césarevitch (S. M. Nicolas II). Traduction (et préface de Louis Léger). Préface de A. Leroy-Beaulieu. *Paris, Ch. Delagrave*, 1893-1898, 2 vol. in-4, pl., cart. toile, fers spéciaux, tête dor., ébarbés. (*Cart. de l'éditeur.*)

> Ces deux volumes sont illustrés de 300 compositions par *N. N. Karazine*.

10. Vues de France, d'Italie, d'Autriche et de Hollande. *Augsbourg, M. Engelbrecht exc., s. d. (vers* 1750), in-4 obl.

> Contient 12 vues de Paris et des environs, 44 vues d'Italie, 22 d'Autriche, etc.
>
> On y a joint 50 planches diverses, scènes de chasses, les saisons, paysages, etc.
>
> Ensemble 135 planches coloriées.

11. Vues d'optique du dix-huitième siècle, de France et de l'Etranger. In-fol. obl., *en feuilles.*

> Collection de 98 planches coloriées, dont 29 pour Paris et la France et 69 pour l'Angleterre, l'Allemagne, l'Italie, l'Espagne, etc.
>
> 34 pl. sont collées sur carton. Marges inégales.

II. — FRANCE.

1. Généralités.

12. LE PREMIER [ET LE SECOND] VOLUME DES PLUS EXCELLENTS BASTIMENTS DE FRANCE. Auquel sont désignez les plans de quinze (trente) Bastiments, et de leur contenu : ensemble les elevations et singularitez d'un chacun. Par Jacques Androuet du Cerceau, Architecte. *Paris*, 1576-1579, 2 tomes en un vol. in-fol., pl., veau fauve, coins ornés et milieux, tr. dor. (*Rel. anc. du XVI* siècle.)

> PREMIÈRE ÉDITION de cet important ouvrage orné de 124 planches doubles gravées à l'eau-forte, par et d'après les dessins de *Du Cerceau*. Voici les noms des châteaux dont *Du Cerceau* a donné des vues et des plans dans son ouvrage : *Louvre, Vincennes, Chambord, Boulogne dit Madrid, Creil, Coussy, Folembray, Montargis, Saint-Germain, La Muette, Valery, Verneuil, Ancy-le-Franc, Gaillon, Maune, Blois, Amboise, Fontainebleau, Villers-Cotterets, Charleval, les Tuileries, Saint-Maur, Chenonceau, Chantilly, Anet, Ecouen, Dampierre, Chaluau, Beauregard* et *Bury*.
>
> Bel exemplaire. Le dos de la reliure a été restauré.

13. Topographia Galliæ, sive descriptio et delineatio famosissimorum locorum in potentissimo Regno Galliæ: per Martinum Zeillerum. *Francofurti, G. Merian,* 1655-1661, 4 vol. in-fol., front. et pl., veau. (*Rel. anc.*)

Ces 4 volumes sont ornés d'un nombre considérable de planches gravées par *Mérian,* représentant des vues des villes de France, des châteaux, monuments, etc., au XVIIᵉ siècle. Recueil très important pour l'histoire topographique de cette époque.
Bel exemplaire avec les figures du PREMIER TIRAGE.

14. VUES DE MAISONS ROYALES, Châteaux et places fortes de France dessinées et gravées par Israël Silvestre. (*Paris,* 1666-1680), in-fol., pl., mar. rouge, dos orné, double rangée de fil., tr. dor. (*Rel. anc.*)

Recueil renfermant 43 planches la plupart en double et triple format, donnant les vues des châteaux du *Louvre, Tuileries, Palais-Royal, Vincennes, St-Germain, Fontainebleau, Madrid, Monceaux, Chambord, Blois, Marimont, Stenay, Sedan, Jamets, Verdun, Metz,* etc.
Belle reliure aux armes et chiffre du roi Louis XIV.

15. VUES DE LA FRANCE ET DE L'ETRANGER, dessinées et gravées par Israël Silvestre. *Paris, Israël Henriet, s. d.,* in-4 obl., veau. (*Rel. anc.*)

Recueil composé de 138 planches de moyenne dimension. Environs de Paris, 2 titres et 43 planches avec 53 vues ; Province, 1 titre et 56 planches ; Etranger, 4 titres et 32 planches.
A la suite 28 planches diverses, vues de villes et de jardins par *Israël Silvestre, Perelle, Aveline, Colignon,* etc.
Ensemble 166 planches en très belles épreuves.

16. VUES DES BELLES MAISONS de France et d'Italie, dessinées et gravées par Perelle. *Paris, Mariette* (*fin* XVIIᵉ *siècle*), in-fol. obl., veau. (*Rel. anc.*)

Exemplaire contenant 284 planches avec 322 vues de *Paris, Vincennes, Madrid, Marly, St-Germain, Fontainebleau, Versailles, Chantilly, Chambord, Rome et environs,* etc.
Très bel exemplaire en parfait état. Rare aussi complet.

17. RECUEIL DE VUES DE FRANCE par Aveline et Pérelle. *Paris, Langlois et Poilly, s. d. (vers* 1690), pet. in-fol. obl., veau. (*Rel. anc.*)

Recueil composé de 148 planches dont 56 par *Aveline* et 92 par *Perelle,* représentant des Vues de Paris et des Environs, de la Province et de l'Etranger : *Ponts, Places,* le *Louvre,* les *Tuileries,* les *Invalides, Meudon, Versailles, St-Germain, Chantilly, Fontainebleau, Chambord, Villers-Cotterets,* etc.
Cet album est précédé de l'adresse-réclame de *J. Vander Bruggen,* marchand d'estampes.

18. La Géométrie pratique, divisée en quatre livres. Ouvrage enrichi de cinq cens planches gravées en taille

douce. Par Allain Manesson-Mallet. *Paris, Anisson,*
1702, 4 vol. in-8, veau marbré. (*Rel. anc.*)

> Cet ouvrage contient 355 vues de Paris et des châteaux de France.
> Ces vues sont souvent les seules qui nous aient été conservées de
> beaucoup de monuments de Paris. Bel exemplaire.

19. RECUEIL CHOISI DES PLUS BELLES VUES des palais,
châteaux et maisons royales de Paris et des environs,
dessinées d'après nature et gravées par J. Rigaud.
Paris, 1752, in-fol. obl., veau. (*Rel. anc.*)

> Beau recueil ainsi composé :
> 1° 95 pl. de Vues de Paris, des châteaux de Versailles, **Marly,**
> St-Cloud, Fontainebleau, Sceaux, Chantilly, Vincennes, **Meudon,**
> St-Germain, Choisy, Clagny, Monceau, Chambord, Amboise, **Anet**
> et Blois,
> 2° 2 pl. de Vues de Marseille pendant la peste de 1720,
> 3° 6 pl. de Vues du Siège d'une place,
> 4° 6 pl. de Sujets tirés de l'Ecriture sainte,
> 5° 12 pl. (remargées) de Vues de Vaisseaux et de Galères,
> 6° 6 pl. (remargées) de Vues des jeux de Provence,
> 7° 12 pl. (remargées) de Vues des Voyageurs,
> 8° 1 pl. de table gravée des planches indiquées ci-dessus.
> On a ajouté 17 planches diverses par *Séb. le Clerc, N. Cochin,
> Chantreau, P. Estienne,* etc.
> Ensemble 157 planches en superbes épreuves du PREMIER TIRAGE.

20. DESCRIPTION GÉNÉRALE ET PARTICULIÈRE DE LA FRANCE.
Ouvrage enrichi d'estampes d'après les dessins des plus
célèbres artistes. *Paris, Ph.-D. Pierres,* 1781-1796,
12 tomes en 6 vol. in-fol., pl., demi-rel. dos et coins de
mar. rouge. (*Rel. du temps.*)

> Cet important ouvrage est l'œuvre de B. de La Borde, Béguillet,
> Guettard, etc. Ces volumes sont ornés ensemble de 5 frontispices et
> de 781 gravures et cartes, tirées parfois à 2 et à 4 sur la même feuille.
> Ces estampes sont principalement dessinées par *Meunier, Lallemand,*
> le *chevalier de l'Espinasse, Moitte, Cochin,* etc. On remarque surtout
> les planches relatives à Paris et à ses environs, l'estampe de *Moreau :*
> la *Revue de la plaine des Sablons,* et celle de *Le Paon :* la *Revue du
> Trou d'Enfer.* Bel exemplaire.

21. A Sporting Tour through various Parts of France, in
the Year 1802 : including a concise Description of the
Sporting Establishments, Mode of Hunting, etc., etc.
By Colonel Thornton. Illustrated by Mr. Bryant, and
other eminent Artists. *London, Longman,* 1806, 2 vol.
in-4, front., portr. et fig., vélin.

> Un portrait, 2 front. et 52 planches hors texte par *Bryant,* dont
> 46 sont gravées à l'aqua-tinte par *Bryant* et *Mérigot.* Parmi ces der-
> nières citons les vues des principaux châteaux de France et une série
> de 12 figures très curieuses des petits métiers de Paris.

22. French Scenery from drawings made in 1819 by Captain Batty. *London*, 1822, gr. in-8, front. et pl., demi-rel. chagrin noir, dos orné, dent., *non rogné.* (*Rel. du temps.*)

Orné d'un titre-frontispice, de 60 belles planches (vues de Paris et de la Province), d'une vignette et de 4 plans. Toutes ces illustrations, sont dessinées par *Batty* et gravées par *Askey, Heath, Finden, Westwood*, etc.

On y joint : German Scenery from drawings made in 1820, by Captain Batty. *London*, 1823, gr. in-8, pl., demi-rel. chagrin vert, dos orné, dent., *non rogné. (Rel. du temps.)*

Titre gravé, 60 belles planches et une vignette gravées par *Heath, Owen, Roberts,* etc. d'après *Batty.*

23. Les Ports de France peints par Joseph Vernet, gravés par Cochin et Le Bas. (*Paris*), 1760-1778, in-fol., veau, fil. (*Rel. anc.*)

Suite complète de 18 estampes numérotées : Vues de Toulon, Marseille, Antibes, Cette, Bordeaux, Bayonne, etc. Ces planches ont été gravées à l'eau-forte par *Cochin*, l'une d'elles porte le nom de *Martini.*

On a ajouté :

1° Le portrait de Vernet, gravé par *Cathelin.*

2° 3 vues diverses de La Rochelle, par *J. P. Le Bas* d'après *Garreau.*

3° Vue d'une porte de Reims gravée par *Massard* d'après *Cochin*, épreuve à l'état d'eau-forte.

Ensemble 23 pièces.

24. Les Ports de France, peints par Joseph Vernet et Hüe ; dont les tableaux enrichissent la Galerie du Sénat Conservateur au Luxembourg, accompagnés de Notes. Par M. P.-A. M*** (Miger). *Paris*, 1812, in-8, portr. et pl., cart.

Portraits de Joseph Vernet, de Hüe et 24 planches.

25. Nouvelles Vues perspectives des Ports de France, dessinées pour le Roi, par M. Ozanne, gravées par Y. Le Gouaz. *Paris, Le Gouaz, s. d.* (1791), in-fol. oblong, *en feuilles.*

60 très jolies planches précédées d'un titre.

On y joint : 10 planches du même artiste de ports étrangers et français.

Ensemble 71 planches à toutes marges.

26. Vues des Côtes de France dans l'Océan et dans la Méditerranée, peintes et gravées par M. Louis Garneray, décrites par M. E. Jouy. *Paris, Panckoucke,* 1823, 3 part. en un vol. in-fol., pl., demi-rel. veau rouge, dos orné. (*Rel. du temps.*)

64 belles planches par *Garneray* donnant les vues des principaux ports de France. Très bel exemplaire avec les figures finement coloriées.

2. Paris.

27. Plan de Paris, commencé l'année 1734. Dessiné et gravé sous les ordres de Etienne Turgot, levé et dessiné par Louis Bretez, gravé par Claude Lucas. *Paris*, 1739, in-fol., mar. rouge, dent., tr. dor. (*Rel. anc.*)

> Ce plan se compose de 20 feuilles et d'un tableau d'assemblage.
> Exemplaire aux armes de la VILLE DE PARIS.

28. Plan topographique et raisonné de Paris, par les Srs Pasquier et Denis graveurs. *Paris, Pasquier*, 1758, in-12, cart., *non rogné*.

> Volume entièrement gravé, renfermant 3 plans de Paris et des environs et 40 plans de quartiers. En-têtes et culs-de-lampe **gravés** par *Pasquier*. PREMIÈRE ÉDITION.

29. Description historique de Paris et de ses plus **beaux** monuments gravés en taille-douce par F. N. Martinet, pour servir à l'histoire de Paris, par M. Béguillet. *Paris*, 1779-1781, 3 vol. in-4, titres gravés et fig., veau marbré, dos orné, fil., tr. dor. (*Rel. anc.*)

> Cet ouvrage est orné de 3 titres gravés, 2 frontispices, 3 en-têtes, 10 planches d'allégories et de portraits et 39 jolies planches de **vues** de Paris à 2 sujets par planche, le tout gravé par *Martinet*.
> Bel exemplaire en GRAND PAPIER. Armoiries modernes sur les plats de la reliure.

30. Scènes parisiennes et Fêtes des villages environnants, suite de 12 estampes dessinées par Queverdo. *Paris*, 1781, in-16, mar. bleu.

> Jolies vignettes parues dans les *Etrennes galantes des promenades et amusements de Paris et de ses environs*, almanach pour 1781.

31. Dunker. Nonante et six figures gravées à l'eau-forte, dont l'explication se trouve dans le tableau de Paris par Mercier. (*Yverdon*, 1787), pet. in-4 carré, cart., *non rogné*.

> Titre imprimé et 95 planches (sur 96) par *Dunker*, des plus curieuses pour l'histoire de Paris à la fin du XVIIIᵉ siècle.

32. Journal of a Party of Pleasure to Paris, in the month of august, 1802. *London, T. Cadell and W. Davies*, 1814, in-8, fig., demi-rel.

> Orné de 13 gravures à l'aqua-tinte et coloriées par *J. Hill*, représentant des vues de Paris et des environs, des costumes de l'époque, etc.

33. Graphic Illustrations of the most prominent Features of the French Capital; with characteristic Figures in the Foregrounds: comprised in twelve stroke Engravings from accurate Designs taken in Paris, during the imperial Reign of Buonaparte. *London, s. d.*, in-fol., demi-rel., tr. marbr.

> 12 grandes planches gravées par *Sparrow, Porter, Angus,* d'après *Demachy.* Suite curieuse et rare.

34. Doctor Syntax in Paris or a Tour in search of the Grotesque. *London, Wright,* 1820, in-8, fig., veau, tr. dor.

> Un frontispice et 16 figures coloriées, non signées.

35. Twenty four Subjects exhibiting the Costume of Paris. The Incidents taken from Nature. Designed and Drawn on Stone by J. J. Chalon. *London, Rodwell and Martin,* 1882, in-fol. obl., demi-rel. dos et coins de mar. brun à grains longs, dos orné, tête dor., *non rogné.*

> Curieuse suite intéressante pour l'histoire des mœurs et des modes; elle comprend un titre et 24 estampes en couleurs.

36. Promenade à travers Paris. *London, W. Sams,* 1822, in-4 obl., demi-rel. dos et coins de mar. violet.

> Collection de 21 planches coloriées représentant les boulevards, les ponts, la chambre des députés, le marché aux fleurs, etc.
> Curieux et rare.

37. Promenades pittoresques et lithographiques dans Paris et ses environs par Bacler d'Albe. *Paris lith. de G. Engelmann,* 1822, in-fol., pl., cart., *non rogné.*

> Ouvrage des plus intéressants orné de 48 planches lithographiées par *Engelmann.* Le texte est également lithographié. Rare.
> Cartonnage portant l'étiquette de René-Beaubœuf.

38. Picturesque Views of the City of Paris and its Environs; the original Drawings by Fr. Nash; the literary department by J. Scott, and de La Boissière. *London,* 1823, 2 vol. in-4, pl., demi-rel. dos et coins de cuir de Russie, dos orné, tr. marbrée. (*Rel. du temps*).

> Orné de 50 belles planches (avec 60 sujets) dessinées par *Nash* et gravées par *Goodall, Wallis, Smith, Lacy,* etc.
> On y joint les 7 planches supplémentaires.
> Textes anglais et français.

·39. **NOUVEAUX TABLEAUX DE PARIS PAR MARLET.** *Paris,*
s. d. (vers 1825), in-4 obl., demi-rel. dos et coins de
maroquin rouge à grains longs, dos orné, *ébarbé.*

> Ce volume contient le titre et 66 lithographies qui ont été coloriées
> à l'époque de la publication ; elles sont accompagnées chacune d'un
> feuillet de texte.
> Couverture de livraison conservée.

40. Six Quartiers de Paris par Henry Monnier. *Paris,*
Delpech, 1828, in-4 obl., cart. toile.

> Titre et 6 lithographies coloriées.

41. Promenade pittoresque dans Paris (Janvier 1830), par
MM. Adam, Bichebois et Sabatier. Costumes Parisiens.
Paris, Bichebois et Cie, 1830, in-4, cart.

> Suite de 7 lithographies coloriées sur PAPIER DE CHINE par *Bichebois*
> d'après *V. Adam.* Premier plat de la couverture conservée.

42. Turpin de Crissé. Souvenirs du Vieux Paris. *Paris,*
(lith. de Lemercier), 1833, in-fol., pl., cart. toile,
couv.

> Album de 18 lithographies coloriées, d'après *Turpin de Crissé.*

43. Promenades dans Paris, par V. Adam. *Paris,*
Giraldon-Bovinet et Cie, 1829-1830, in-4 obl., cart.
toile.

> Suite complète de 12 lithographies coloriées par *V. Adam.*

44. Mœurs parisiennes par Pigal.*Paris, Gihaut et Mar-*
tinet, s. d., in-fol., demi-rel. dos et coins de veau vert,
tête dor.

> 50 planches coloriées.

45. Recueil de Scènes de Société par Pigal. *Paris,*
Martinet, lith. de Langlumé, s. d., in-fol., demi rel.
dos et coins de veau vert, dos orné, tête dor.

> 50 planches coloriées. Suite complète.

46. Recueil de Scènes Populaires par Pigal. *Paris,*
Martinet, s. d., in-4, demi-rel. dos et coins de veau
vert, dos orné, tête dor.

> Suite complète de 50 lithographies coloriées.

47. Souvenirs du Vieux Paris, exemples d'architecture de
temps et de styles divers. Trente vues dessinées d'après
nature par le Cte Turpin de Crissé. Avec des notices

historiques ou descriptives. Deuxième édition. *Paris,* 1836, in-fol., pl., cart.

48. Paris historique. Promenade dans les Rues de Paris, par Ch. Nodier, Regnier et Champin. Avec un résumé de l'Histoire de Paris, par P. Christian (Pitois). *Paris, Levrault,* 1838-1839, 3 vol. in-8, fig., demi-rel. dos et coins de chagrin vert, dos orné, tête dor., *non rogné.* (*Rel. du temps.*)

> 2 frontispices et 200 vues de Paris lithographiées sur CHINE par *Champin,* d'après *Regnier.*
> Le tome 3 est formé par les *Etudes sur les Révolutions de Paris.*
> Bel exemplaire.

49. Le Carnaval et Marche burlesque du Bœuf gras à Paris. Vingt-quatre dessins par MM. Seigneurjan et Giroux, gravés par Porret. Texte par un professeur de l'Académie d'Yvetot. *Paris, Ch. Warée, s. d.,* in-4 obl., *broché,* couv.

> Curieuses illustrations représentant le défilé du cortège.

50. Panorama des Champs-Elysées. — Panorama intérieur de Paris (Grands Boulevards). *Paris, Aubert et Cie, s. d.,* 2 albums in-4 obl., cart.

51. Promenades dans Paris et ses Environs, dessinées d'après nature et lithographiées par Jacottet et Benoist. *Paris, Gihaut frères (lith. d'Auguste Bry), s. d. (vers* 1840), in-4 obl., pl., demi-rel. dos et coins de mar. bleu à grains longs, dos orné.

> 36 lithographies coloriées de vues de Paris, Versailles, St-Cloud, et Fontainebleau.

52. Paris et ses Environs. Vues et Monuments les plus remarquables. *Paris, Hauser,* 1841, in-4 obl., demi-rel. chagrin brun, couv.

> 36 lithographies coloriées.
> On y joint : Vues pittoresques du Château et du Parc de Versailles, du Grand et du Petit Trianon. *Paris, Clément, s. d. (vers* 1841), in-4 obl., avec 12 lithographies coloriées et couv.
> Ensemble 48 planches par *Arnout.*

53. Paris au dix-neuvième siècle. Recueil de scènes de la vie parisienne dessinées d'après nature par V. Adam, Gavarni, Daumier, Bouchot, etc. 48 dessins et 200 vignettes sur bois, avec un texte descriptif par A. Second, Jaime, R. de Beauvoir, etc. *Paris, Beauger* *et Cie*, 1841, in-4, fig. et pl., demi-rel., dos orné, *non rogné. (Rel. du temps.)*

> Titre, 48 ff. de texte avec nombreuses illustrations et 48 planches lithographiées par *Daumier, Gavarni, Bouchot, Célestin Nanteuil, Traviès, V. Adam,* etc. Chaque planche est comprise dans un encadrement par *C. Malapeau.* Rare.

54. Paris comique, revue amusante des caractères, mœurs, modes, folies, ridicules, excentricités, etc. Texte non politique par MM. L. Huart, Michelant, Ch. Philipon. Dessins comiques par MM. Bouchot, Cham, Daumier, Gavarni, Grandville. *Paris, Aubert, s. d.* (1843), in-4, cart., couv.

> Orné de 20 lithographies coloriées. Manque les faux-titre et titre.

55. Paris et ses Monuments anciens et modernes, d'après Dubreuil, Sauval, Félibien, Piganiol, Delamare, Jaillot, etc. et les historiens modernes de Paris les plus estimés, par J. de Marlès. *Paris et Lyon*, 1854, 3 vol. in-4 de texte et un vol. gr. in-4 de planches, demi-rel.

> L'album contient 416 sujets sur 253 planches, de vues de monuments, cartes et plans de Paris gravés au lavis par *Berthoud*, d'après *Alph. Testard.*

56. Paris dans sa splendeur. Monuments, vues, scènes historiques, description et histoire. Dessins de **Ph.** Benoist, Chapuy, Ciceri, Clerget, J. David, etc. Texte de Bailly, Darcel, E. Fournier, A. Lenoir, Le Roux de Lincy, Mérimée, etc. *Paris, Charpentier*, 1861, 3 vol. in-fol., fig., demi-rel. dos et coins de mar. brun, tête dor., *non rognés.*

> Nombreuses planches hors texte représentant les vues de Paris et ses principaux monuments. Bel exemplaire.
>
> On a relié à la suite du 3e vol. : Paris et ses Ruines en Mai 1871, précédé d'un coup-d'œil sur Paris de 1860 à 1870. Dessins et lithographies par MM. Sabatier, Benoist, etc. Texte par M. **Victor** Fournel. Troisième édition. *Paris, H. Charpentier*, 1874, in-fol., avec 20 pl. en noir et en couleur.

57. A. P. Martial. Paris en 1867. *Paris*, 1867, in-fol., *en feuilles.*

> Suite complète de 48 eaux-fortes par *A. P. Martial* relatives à l'Exposition universelle de 1867. Premières épreuves sur Papier de Hollande, avec la signature autographe de l'artiste.
>
> On y joint : A. P. Martial. Notes et Dessins d'un Japonais sur Paris pendant l'Exposition de 1878. *Paris*, (1878), in-4, 18 eaux-fortes dans la couverture originale.

58. A. P. Martial. Paris intime. Notes et Eaux-Fortes. *Paris*, 1874, in-fol., *en feuilles*, couv.

> Titre-couverture et 29 eaux-fortes accompagnées de 30 petits faux-titres, sur PAPIER DE CHINE, par *A. P. Martial.*

59. Le Parisien de Paris. Journal hebdomadaire illustré. Léon Maillard, Directeur. *Paris*, 10 *Janvier* 1897-29 *Mai* 1898, 73 numéros en un vol. in-4, portr. et fig., vélin blanc à recouvrements, armoiries de la ville de Paris peintes sur les plats, tête rouge, *non rogné.* (*Pouillet.*)

> Edition de grand luxe sur PAPIER DU JAPON.

60. Albert Babeau. Le Louvre et son histoire. Ouvrage illustré de 140 gravures sur bois et photogravures. *Paris, F. Didot et C*ie, 1895, gr. in-8, fig., cart. toile, tr. dor.

61. Marius Vachon. L'Hotel de Ville de Paris, 1535-1905. *Paris, Plon-Nourrit et C*ie, 1905, in-4, pl. et fig., demi-rel. dos et coins de mar. rouge, tête dor., *non rogné,* couv. (*Pouillet.*)

> Nombreuses illustrations hors texte et dans le texte.

62. Journal des Monuments de Paris, envoyé par P. F. L. Fontaine à l'Empereur de Russie dans les années 1809, 1810, 1811, 1814 et 1815. *Paris, F. Didot et C*ie, *s. d.*, in-fol., pl., *en feuilles.*

> Important document pour l'histoire artistique de Paris sous le règne de Napoléon Ier.
> Il contient la correspondance artistique de Fontaine adressée à l'Empereur de Russie Alexandre Ier ainsi qu'un portrait et 99 planches (avec 102 sujets) en héliogravure, reproduisant les dessins de *Fontaine* relatifs aux Tuileries, au Louvre, au Palais-Bourbon, au Panthéon, aux Halles, Marchés et différentes Fontaines de Paris.
> Tiré à petit nombre.

63. Jardin de Monceau, près de Paris, appartenant à Monseigneur le duc de Chartres. *Paris, Delafosse,* 1779, in-fol., demi-rel., *non rogné.*

> Cet ouvrage est orné de 18 belles estampes dessinées par *L.-C. de Carmontelle,* gravées par *Berlaud, Conché, Le Roy, Michault, Croutelle, Legrand,* etc. représentant différents sites du jardin. Les planches sont aussi intéressantes au point de vue des costumes.

3. Provinces de France.

64. Fêtes des Environs de Paris, par Victor Adam. *Paris,* 1830, in-4 obl., cart.

> 12 lithographies coloriées. Cartonnage original illustré.

65. Versailles et les Deux Trianons. Texte par Philippe Gille. Dessins et relevés par Marcel Lambert. *Tours, A. Mame et fils,* 1899-1900, 2 vol. pet. in-fol., pl. et fig., *brochés,* couv., dans des cartons.

> Nombreuses illustrations en noir et en couleur de portraits, monuments, décorations intérieures et extérieures, jardins, plans, etc., etc.

66. Labyrinthe de Versailles. *Paris, impr. royale,* 1679, in-8, veau, dos orné, fil., tr. dor. (*Rel. anc.*)

> Explication en prose de Ch. Perrault et Fables en vers de Bensesade. Le volume est orné de 41 planches de *Sébastien Le Clerc*.
> Ex-libris Van der Helle.

67. Promenade ou Itinéraire des Jardins d'Ermenonville, auquel on a joint vingt-cinq de leurs principales vues, dessinées et gravées par Mérigot fils. *Paris, Mérigot,* 1788, in-8, fig., veau marbré, fil., tête rouge.

> Orné de 25 jolies figures gravées à l'aqua-tinte par *Mérigot*.
> Bel exemplaire avec les figures coloriées. Rare dans cet état.

68. Promenade ou Itinéraire des Jardins d'Ermenonville, auquel on a joint vingt-cinq de leurs principales vues, dessinées et gravées par Mérigot fils. *Paris, Mérigot,* 1788, in-8, fig., cart.

> Exemplaires avec les figures en noir.

69. Picturesque Tour of the Seine, from Paris to the Sea : with particulars historical and descriptive. By M. Sauvan. *London, Ackermann,* 1821, in-4, fig., demi-rel. dos et coins de chagrin rouge brun, tr. dor.

> 24 planches gravées en couleur, 2 vignettes et une carte. Jolies illustrations. Nombreuses vues de Paris, Saint-Cloud, Rouen, Le Hâvre, etc.

70. Voyage pittoresque de Paris au Hâvre sur les Rives de la Seine. *Paris, Louis Janet, s. d. (vers 1825),* in-12, fig., veau rouge orné à froid, tr. dor. (*Rel. du temps.*)

> Titre et 10 jolies figures en couleurs.

71. Letters written during a Tour Through Normandy, Britanny, and other parts of France in 1818 : including local and historical Descriptions ; with Remarks on the Manners and Character of the People. By Mrs. Charles Stothard. With numerous Engravings, after Drawings by Ch. Stothard. *London*, *Longman*, 1820, in-4, fig., cart., *non rogné*.

23 planches en couleurs de vues de monuments, costumes, etc., dessinées par *Stothard* et gravées par *Havell*.

72. La Normandie illustrée, Monuments, Sites et Costumes de la Seine-Inférieure, de l'Eure, du Calvados, de l'Orne et de la Manche, dessinés d'après nature par les premiers artistes de Paris ; les costumes dessinés et lithographiés par H^te Lalaisse. Texte par M. Raymond Bordeaux et Mlle Amélie Bosquet. *Nantes, Charpentier père, fils et Cie*, 1852, 6 part. en 3 vol. in-fol., front., fig., pl. et carte en noir et en couleurs, demi-rel. chagrin vert, plats toile, tête dor., *ébarbés*.

Ces trois beaux volumes sont ornés de nombreuses planches et figures de vues de monuments, sites et costumes normands.
Les planches de costumes sont rehaussées de couleur.

73. La Touraine. Histoire et Monuments. Publié sous la direction de M. l'abbé J. J. Bourassé. *Tours, A. Mame et Cie*, 1855, pet. in-fol., pl., chagrin rouge, dos orné, fil. dor. et à froid, tr. dor. (*Rel. de l'éditeur.*)

Très bel ouvrage, avec de nombreuses illustrations en noir et en couleurs par *Karl Girardet* et *Français*.

74. Le Rhône. Description historique et pittoresque de son cours, depuis sa source jusqu'à la mer par M. Sauvan. *Paris*, 1829, 3 part. en un vol. in-4, fig., demi-rel. dos et coins de chagrin brun.

Orné de 56 belles planches en couleur, lithographiées ou gravées d'après *Brascassat, Richard, J. Ouvrier, G. Lory*, etc.

75. Strasbourg illustré ou Panorama Pittoresque, Historique et Statistique de Strasbourg et de ses Environs, par Fréd. Piton. *Strasbourg, Paris et Leipzig*, 1855, 3 part. en 2 vol. in-4, front., pl. et cartes, demi-rel., tr. marbr.

Frontispice et nombreuses illustrations en noir et en couleur, quelques-unes rehaussées d'or.

76. Voyage historique et pittoresque du Comté de Nice. *Genève, Isaac Bardin*, 1787, in-fol., pl., cart.

> Dédicace gravée, carte et 12 belles vues des Environs de Nice, tirées sur 9 feuilles, par *Albani Beaumont*. Epreuves coloriées.

77. Nice et Savoie. Sites pittoresques, Monuments, Description et Histoire des Départements de la Savoie et des Alpes-Maritimes (ancienne province de Nice) réunis à la France en 1860. Dessins d'après nature par Félix Benoist, lithographiés à plusieurs teintes (genre aquarelle). Texte par Joseph Desaix et Xavier Eyma, précédé d'une introduction par A. de Jussieu. *Paris et Nantes, Henri Charpentier*, 1864, 3 part. in-fol., pl. et cartes, *en feuilles*.

> Orné de 90 planches en diverses teintes et de 2 cartes par *F. Benoist*.

III. — BELGIQUE ET HOLLANDE.

78. Sketches in Flanders and Holland, with some account of a Tour Through Parts of those Countries, shorly after the Battle of Waterloo, in a Series of Letters to a friend: by Robert Hills. *London, J. Booth and R. Ackermann*, 1816, in-4, pl., demi-rel. dos et coins de mar. rouge, tête dor., *non rogné*.

> Orné de 36 belles planches imprimées en bistre ou coloriées.
> Exemplaire réservé pour l'auteur.

79. Vues de Belgique et des Pays-Bas. *S. l. n. d. (vers 1820)*, in-fol., demi-rel. dos et coins de mar. vert, *non rogné*.

> Très bel album comprenant 53 vues de monuments et de châteaux les plus importants de la Belgique et de la Hollande : Bruxelles, Laeken, Gand, Liège, La Haye, Amsterdam, Maestricht, etc.
> Ces planches exécutées au trait ont été très habilement rehaussées de couleur.

80. Here and There Over the Water: being Cullings in a Trip to the Netherlands, by Omnium Gatherum. Drawn and written by M. E. Esq. Engraved by Geo. Hunt. *London, G. Hunt*, 1825, in-4, pl., cart.

> Orné de 28 planches à l'eau-forte, dont 24 sont coloriées, de militaires, voitures et chevaux, monuments, etc.
> Les 4 planches en noir représentent les pierres funéraires élevées à la mémoire des officiers anglais tués à la bataille de Waterloo.

81. Henry Havard. La Flandre à vol d'oiseau. Illustrations d'après nature par Maxime Lalanne. *Paris, G. Decaux,* 1883, in-4, pl. et fig., demi-rel. dos et coins de veau fauve, dos orné à froid, tête dor., *non rogné,* couv. (*Champs-Stroobants.*)

> Un des 100 exemplaires sur Papier de Hollande avec les figures hors texte en double état.

82. La Belgique illustrée, ses Monuments, ses Paysages, ses Œuvres d'Art, publiée sous la direction de M. Emile Bruylant. *Bruxelles, Bruylant-Christophe et Cie, s. d.* (*vers 1890*), 3 vol. in-4, pl. et fig., cart. en celluloïd blanc, fers spéciaux, tr. dor. (*Rel. de l'éditeur.*)

> Nombreuses illustrations, en noir et en couleurs. Curieuses reliures

83. Erycii Puteani Bamelrodii Bruxella, incomparabili exemplo septenaria, gripho Palladio descripta : luminibus historicis, politicis, miscellaneis distincta et explicata. *Bruxellœ, ex off. J. Mommartii,* 1646, pet. in-fol., pl., demi-rel. mar. vert.

> Fleuron sur le titre et 7 grandes planches représentant les monuments de Bruxelles. Exemplaire dont les planches ont été très bien gouachées.

84. Souvenirs de Bruxelles, dessinés par Madou. (*Bruxelles*), *Dero-Becker, s. d.* (*vers 1832*), in-4 obl., pl., cart.

> Titre et 6 lithographies coloriés.

85. Etrennes pour 1832 ou Album lithographique, composé de 12 sujets par Madou. *Bruxelles, Dewasme Pletincks,* (1832), in-4 obl., cart. toile, couv.

> Suite complète de 12 lithographies coloriées, tirées sur Papier de Chine, vues de Bruxelles et des environs.
> On y joint 2 albums lithographiques par Madou, 1830, 2 vol. in-4 obl. avec 24 lithographies coloriées.

86. Voyage pittoresque dans le Royaume des Pays-Bas, dédié à S. A. I. et R. Madame la Princesse d'Orange rédigé par M. De Cloet. — Châteaux et Monumens des Pays-Bas faisant suite au Voyage pittoresque rédigé par M^r De Cloet. *Bruxelles, impr. lith. de Jobard,* 1825, 4 vol. in-4 oblong, portr., carte et pl., demi-rel. veau.

> Orné de 307 planches (sur 438) lithographiées.
> Le texte est en feuilles dans un carton.

87. **Henry Havard. La Hollande à vol d'oiseau. Eaux-fortes et fusains par Maxime Lalanne.** *Paris, G. Decaux et A. Quantin*, 1881, in-4, pl. et fig., demi-rel. dos et coins de mar. brun, dos orné, tête dor., *non rogné*, couv. (*Pouillet.*)

> 24 héliogravures hors texte, une carte et nombreuses illustrations dans le texte.

88. **Sites et Objets d'agrément en Nord-Hollande.** *Amsterdam, S. de Grebber, s. d. (vers* 1820), in-4 obl., *en feuilles.*

> Suite de 12 planches gravées à l'eau-forte et coloriées. Quelques planches sont l'œuvre de *H. Greeven* mais la plupart portent les initiales E. M. D. Vues de la maison de Pierre-le-Grand.
> Titre collé sur la couverture.

89. **Vues choisies d'Amsterdam et ses Environs, dessinées d'après nature par C. de Kruyf et autres artistes.** *Amsterdam, Fr. Buffa et fils, s. d. (vers* 1825), in-4, pl., demi-rel. dos et coins de veau fauve, ébarbé.

> Titre gravé, table des vues et 45 planches coloriées dessinées la plupart par de *Kruyf*, et gravées par *Hoogkamer* et *A. Lutz*.

IV. — ITALIE.

90. **Vues d'Italie par Israël Silvestre.** *Paris, Mariette et Langlois*, (1642-1646), in-4 obl., veau fauve, fil.

> 56 planches avec 68 vues de Rome, Venise, etc.
> Quelques planches remargées à châssis.

91. **Voyage en Italie par J. Isabey, en** 1822. **Trente dessins lithographiés par lui.** *Paris, impr. de Hocquet, s. d. (vers* 1822), in-fol. en 3 *livraisons*, couv.

> Suite complète de 30 lithographies, monuments et sites pittoresques de l'Italie.

92. **L'Italie, par J. Gourdault, illustrée de 450 gravures sur bois.** *Paris, Hachette et Cie*, 1877, gr. in-4, fig., demi-rel. dos et coins de mar. vert, tête dor., *non rogné*.

> Nombreuses illustrations.

93. **Theatrum Statuum Sabaudiæ Ducis, Pedemontii Principis.** *Amstelodami, J. Blaeu*, 1682, 2 vol. in-fol., pl. et cartes, vélin, ornements dorés, tr. dor. (*Rel. anc.*)

> Nombreuses illustrations, vues de pays, de villes, de monuments, de jardins, plans, etc. de la Savoie et du Piémont.

94. Le Tyrol et le Nord de l'Italie, par M. Frédéric Mercey. *Paris*, 1833, 2 vol. in-8, fig. et carte, demi-rel.

18 planches de paysages et de costumes gravées à l'eau-forte par *Mercey*.

95. Venezia, par Henry Perl. *Paris, Per Lamm, s. d.*, in-4, cart. toile, fers spéciaux, couv.

Avec 211 illustrations originales par *Tito, Grubhofer, Cima, Pagani*, etc.

96. L'Antique Rome ou Description Historique et Pittoresque de tout ce qui concerne le peuple romain, dans ses costumes civils, militaires et religieux, dans ses mœurs publiques et privées, depuis Romulus jusqu'à Augustule : Ouvrage orné de 50 tableaux. ParJ. Grasset Saint-Sauveur. *Paris, Deroy*, 1796, in-4 carré, front. et pl., cart., *non rogné*.

50 planches coloriées dont 2 frontispices, par *Labrousse*, de costumes et scènes de l'ancienne Rome.

97. Souvenirs de Rome, 12 eaux-fortes originales et inédites par Antonio Piccinni. Préface de Jules Claretie. *Paris, Vve A. Cadart*, 1878, in-fol., 12 pl., *en feuilles*.

98. Rome, d'après le Dr. Reinhold Schoener. Publié par Emile M. Engel. *Paris, Per Lamm, s. d.*, in-4, fig., cart. toile, fers spéciaux.

Avec 290 illustrations originales de *Terzi, Bacarisas, Barbasan*, etc.

99. Rome à travers les Ages. Le Forum Romain et la Voie Sacrée. Aspects successifs des Monuments depuis le IVe siècle jusqu'à nos jours fidèlement restitués d'après les documents authentiques par M. F. Hoffbauer, texte par M. l'abbé H. Thédenat. *Paris, Plon*, 1905, in-4, fig. et pl. en noir et en couleur, demi-rel. dos et coins de vélin blanc, tête rouge, *non rogné*, couv.

100. Voyage pittoresque ou description des royaumes de Naples et de Sicile (par de Saint-Non). *Paris, Lafosse*, 1781-1786, 5 vol. in-fol., pl., mar. rouge, dos orné, fil., tr. dor. (*Rel. anc.*)

Cette publication est remarquable par le nombre des figures qui s'élèvent à près de 400, dessinées par *Choffard, Cochin, Fragonard, Hubert-Robert, Saint-Non*, etc., gravées par les meilleurs artistes.

Exemplaire bien complet avec la planche des *Phallus* et les planches des médailles. Belle reliure.

De la bibliothèque du prince RADZIWILL.

101. Tournée en Calabre en Octobre 1852, in-8 oblong,
demi-rel. chagrin rouge.

> Album autographié avec nombreuses illustrations.
> L'auteur appartenait au 13e bataillon de chasseurs Napolitains.

V. — Suisse.

102. Tableaux topographiques, pittoresques, physiques,
historiques, moraux, politiques, littéraires de la Suisse
(par La Borde et Zurlauben). *Paris, Clousier*, 1780-
1788, 3 tomes en 4 vol. in-fol., fig., veau marbr., fil.,
tr. dor. (*Rel. anc.*)

> Superbe ouvrage orné de près de 300 planches dessinées par *Le
> Barbier, Châtelet, Berteaux, Perignon*, etc. Frontispice par *Moreau* et
> portraits de Zurlauben et de La Borde.

103. VUES REMARQUABLES DES MONTAGNES DE LA SUISSE,
dessinées et coloriées d'après nature, avec leur description (par le Baron de Haller et Wyttenbach). *Amsterdam, J. Yntema*, 1785, in-fol., pl., *en feuilles*, dans
un carton.

> Cette belle publication comprend 12 feuillets de texte avec vignette
> en-tête par *A. Dunker*, un frontispice tiré en sanguine et 40 planches
> gravées par *Janinet* et *Descourtis*, d'après *Wolff, Clément, Rosenberg*, etc.,
> imprimées en couleurs.
> Ex-libris de Brentano.

104. Recueil de Paysages Suisses dessinés d'après nature,
dans une Course par la Vallée d'Ober-Hasly et les
Cantons de Schweitz et d'Ury, par Lory, Lafond et
Zehender en 1797. *Berne, s. d.* (1797), in-4, fig. en
couleurs, cart., *non rogné*.

> 13 belles planches coloriées de vues de montagnes et paysages
> suisses.

105. Voyage pittoresque de Genève à Milan par le
Simplon. Seconde édition. *Bâle, G. Haas*, 1819, in-fol.,
pl., demi-rel. dos et coins de mar. vert, *non rogné*.
(*Rel. de l'époque.*)

> Bel ouvrage orné de 35 vues en couleurs dessinées par *G. Lory fils*.

106. Lettres sur la Suisse écrites en 1819, 1820 et 1821,
par M. Raoul Rochette. Seconde édition, ornée de
gravures d'après König et autres paysagistes célèbres.
Paris, Nepveu, 1823, 2 vol. in-8, fig. coloriées, veau.

> Nombreuses planches de costumes et de vues de Suisse coloriées.

107. Cinquante Vues Suisses, par Keller. *Zurich, Fuessli and Cie*, 1821, in-8 oblong, cart., étui.

> 50 planches en couleur.

108. Die Bergstrassen durch den Canton Graubündten nach dem Langen-und Comer-See, von J. Jakob Meyer; begleitet mit einer Einleitung und mit Erklärungen von Herrn Doctor J. B. Ebel. *Zürich, J. Meyer*, 1826, in-4 oblong, pl. en couleurs et carte, demi-rel.

> Titre gravé avec vignette et 32 jolies planches de vues de Suisse gravées en couleurs.

109. Collection des Habitations rurales dans les XXII cantons de la Suisse dessinées d'après nature par Frey, Fussli, Meyer, Schmid et Weibel. *Zurich, Keller et Fussli, s. d. (vers* 1830), in-8 oblong, pl., basane rouge, fil. et dent., milieux, tr. dor. (*Rel. du temps.*)

> 24 jolies planches finement coloriées.

110. Souvenirs de la Suisse. Cent Vues les plus remarquables. *Genève, Briquet et Dubois, s. d. (vers* 1850), in-8 oblong, mar. violet à grains longs, dent., couv.

> 100 vues lithographiées d'après *Dubois*.

111. Jules Gourdault. La Suisse. Etudes et Voyages à travers les 22 cantons. Ouvrage illustré de 750 gravures sur bois. *Paris, Hachette et Cie*, 1879-1880, 2 vol. in-4, fig., mar. vert, milieux avec armoiries en mosaïque, tr. dor.

> Bel exemplaire.

VI. — ESPAGNE. — PORTUGAL.

112. Differentes Veues des Palais et Jardins de plaisance des Rois d'Espagne, par Louis Meunier. *Paris, N. Bonnart, (vers* 1665), in-4 obl., veau.

> Suite de 55 estampes (dont 4 titres particuliers), vues de Madrid, de l'Escurial, de Séville, de Grenade, etc.
> De la collection H. DEFER-DUMESNIL.

113. Les Royaumes d'Espagne et de Portugal représentés en tailles-douce très exactes dessinées sur les lieux

mêmes, qui comprennent les principales villes, forte-
resses, montagnes, églises, monastères, maisons royales,
etc. Avec les cartes géographiques, tant générales que
particulières de ces deux Royaumes. *Leide, Pierre van
der Aa, s. d. (vers* 1700), in-4 oblong, pl., demi-rel.
dos et coins de veau marbré, tr. rouge.

> Album complet comprenant un titre gravé et 166 planches.

114. Voyage pittoresque et historique de l'Espagne, par
Alexandre de Laborde. *Paris, impr. de P. Didot l'aîné,*
1806-1820, 4 part. en 2 vol. in-fol., pl., cart., tr. jaspée.

> Bel exemplaire en GRAND PAPIER VÉLIN de ce superbe ouvrage orné
> de près de 300 planches.

115. Voyage pittoresque en Espagne, en Portugal et sur
la côte d'Afrique, de Tanger à Tétouan ; par J. Taylor.
Paris, Gide fils, 1826, 3 vol. in-4, *en feuilles.*

> Exemplaire imprimé sur GRAND JÉSUS VÉLIN orné de 165 planches
> en épreuves AVANT LA LETTRE sur PAPIER DE CHINE.

116. Voyage Pittoresque et Militaire en Espagne. Dédié
à S. E. M^r le M^al Gouvion St-Cyr, Pair de France. Par
M. C. Langlois. *Paris, Engelmann et Cie , s. d.* (1830),
in-fol., pl., demi-rel. dos et coins de veau fauve.

> Orné de 40 planches lithographiées sur PAPIER DE CHINE.

117. Souvenirs d'un Voyage d'Art à l'Ile de Majorque,
ornés de 55 planches lithographiées par J.-B. Laurens.
Paris, 1840, in-8, pl., cart.

> 54 lithographies, sur 51 planches, de Paysages, Vues de monuments
> et Costumes majorquais, et 2 planches de musique.

118. Monumentos Arquitectonicos de España, publicados
a expensas de Estado bajo de la direccion de una
comision especial creada por el ministerio de Fomento.
Madrid, 1859, 4 vol. gr. in-fol., pl.

> Cette importante publication à laquelle ont collaboré D. Manuel
> de Assas, D. Amador de los Rios, renferme la description des
> principaux monuments d'Espagne, de Cordoue, Grenade, Oviédo,
> Ségovie, Séville, Tolède, Valence, Valladolid, etc., elle a été publiée
> en livraisons et n'est pas encore terminée.
> Cet exemplaire renferme 114 planches hors texte et de nombreuses
> figures dans le texte, rédigé en français et en espagnol. Beaucoup
> de planches sont imprimées en couleur.

119. Historical, Military, and Picturesque Observations on
Portugal, illustrated by 75 coloured plates. By George

Landmann. *London, T. Cardell and W. Davies,*
1818, 2 vol. in-4, pl. et cartes en noir et en couleurs,
demi-rel. dos et coins de mar. brun, dos orné, tête
dor., *non rognes. (Rel. angl.)*

> Belles et curieuses illustrations en couleur, planches de médailles,
> cartes et plans.

120. Portugal illustrated, by the Rev_d W. M. Kinsey.
S. l. (*London, Treuttel, Wurtz and C°*), 1828, gr.
in-8, carte et pl., cart., *non rogné.*

> Orné de 17 planches tirées sur PAPIER DE CHINE, panorama et vues
> de villes, monnaies, etc., et de 9 planches coloriées de costumes.
> Ensemble 26 planches.

VII. — ALLEMAGNE. — AUTRICHE.

121. COLLECTION DE CINQUANTE VUES DU RHIN les plus
intéressantes et les plus pittoresques, depuis Spire
jusqu'à Dusseldorf; dessinées sur les lieux d'après
nature par L. Janscha. *Wien, Artaria,* 1798, in-fol.
obl., demi-rel. veau vert, bande de veau vert autour
des plats, angles décorés de veau rose. (*Rel. du
temps.*)

> Superbe ouvrage orné de 50 grandes planches dessinées par
> *Janscha,* gravées par *Zeigler* et coloriées.
> Ces planches sont très intéressantes pour les costumes, le sport, etc.
> Très rare.

122. Cours du Rhin depuis Maience jusqu'à Dusseldorf.
S. l. n. d. (vers 1805), in-8 oblong, pl. et carte, mar.
rouge à grains longs, dent. dor. et à froid, tr. dor. (*Rel.
du temps.*)

> 32 vues des bords du Rhin gravées sur acier par *Günther* d'après
> *Kraus, Schütz,* etc., carte et classement des figures, 1 f.

123. A Picturesque Tour along the Rhine, from Mentz to
Cologne, with illustrations of the Scenes of remarkable
Events, and of popular Traditions, by baron J. J. von
Gerning. Translated from the German by John Black.
London, 1820, in-4, fig., demi-rel. dos et coins de mar.
vert foncé, dos orné, tr. jaspée. (*Rel. anglaise.*)

> Orné de 24 belles planches en couleur par *Schütz* et d'une carte.
> Bel exemplaire.

124. Album pittoresque du Rhin. Collection des plus belles Vues depuis Mayence jusqu'à Cologne. Dessinées d'après nature par plusieurs habiles Artistes et gravées à l'aquatinte par J. J. Weber. *Francfort sur le Mein, Charles Jugel, s. d. (vers 1820),* in-4 obl., pl., cart., *non rogné.*

> 17 vues en couleur, dans leur cartonnage original.

125. Vues d'Allemagne et de la Suisse saxonne. *Dresden, E. Arnold, s. d. (vers 1830),* in-4 obl., *en feuilles.*

> 12 belles vues coloriées de Dresde, de Moritzbourg, de Pillnitz, de la vallée d'Ottowalde, de la grotte de Kuhstall, etc. par *J. C. A. Richter* et *Witzanni.*

126. Topographia Alsatiæ, etc., das ist Beschreibung unnd eygentliche Abbildung der vornehmbsten Stät und Verther im Obern und Untern Elsasz, etc. An Tag gegeben und verlegt durch Matthæum Merianum. *Franckfurt-am-Mayn,* 1644, pet. in-fol., pl., cart., tr. rouge.

> 36 planches avec 50 cartes et vues diverses d'Alsace.

127. Vera et accurata delineatio omnium templorum et cœnobiorum quæ tam in cæsarea urbe ac sede Vienna Austriæ, quam in circumjacentibus suburbiis ejus reperiuntur... ad vivum ibi designata per Salomonem Kleiner. *Augustæ Vindelicorum, J. A. Pfeffel,* 1724-1733, 3 part. en un vol. in-fol. obl., veau.

> 3 titres, 3 dédicaces et 99 planches gravées de vues de places, hôtels, fontaines, jardins, etc. Ces vues sont animées de nombreux personnages et sont curieuses pour l'histoire des mœurs populaires de la ville de Vienne.
>
> A la suite, les deux ouvrages suivants publiés par le même éditeur Pfeffel.
>
> 1° *Commencement de venes et de façades principales dans la ville et aux fauxbourgs de Vienne,* 29 pl. par *Delsenbach.*
>
> 2° *Les Prospects des Eglises de Salsbourg,* par *F. A. Danreiter.* Titre et 20 pl.
>
> Ensemble 148 planches.

128. Voyage pittoresque en Autriche par le Comte Alexandre de Laborde. *Paris, J. Didot l'aîné,* 1821-1822, 3 vol. in-fol., front., pl. et cartes, demi-rel., *non rognés.*

> Ornés de 3 titres avec vignettes, de 19 cartes et de 100 planches avec 156 sujets.
>
> Le tome 3 se compose du *Précis historique de la Guerre entre la France et l'Autriche en 1809.*
>
> Bel exemplaire en PAPIER VÉLIN.

129. Voyage Historique et Politique au Montenegro. Par
M. le Colonel L. C. Vialla de Sommières. *Paris, A.
Eymery,* 1820, 2 tomes en un vol. in-8, carte et pl.,
veau fauve.

> Orné d'une carte et de 12 planches coloriées, représentant les
> costumes, fêtes et plantes de ce pays.

VIII. — GRANDE-BRETAGNE.

130. Les Délices de la Grand'Bretagne et de l'Irlande, ou
sont exactement décrites les Antiquitez, les Provinces,
les Villes, Eglises, Bibliothèques, Maisons de campagne,
et autres Edifices des Familles illustres, avec leurs
armoiries, etc., par James Beeverell. *Leide, P. Vander
Aa,* 1707, 8 part. en 9 vol. in-12, front. et fig., veau
fauve, fil. (*Rel. anc.*)

> Nombreuses vues de monuments, costumes, cartes, plans, etc.

131. Essai géographique sur les Isles Britanniques (contenant une Description de l'Angleterre, l'Ecosse et
l'Irlande, tant pour la navigation des costes que pour la
connoissance de l'intérieur du Païs. Par M. Bellin).
Paris, impr. de Didot, 1757, in-4, titre gravé, vignettes
et cartes, veau marbré. (*Rel. anc.*)

> Titre gravé et nombreuses vignettes et culs-de lampe représentant
> des vues d'Angleterre dans de jolis encadrements, par *Choffard.*

132. P. J. de Loutherbourgs Picturesque Scenery of
Great Britain. *S. l. (London), R. Rowyer,* 1801,
in-fol., pl. en couleurs, demi-rel. dos et coins de mar.
brun.

> Suite complète composée de un titre et 18 planches qui dans cet
> exemplaire sont en double état : en bistre et coloriées. Les estampes
> dans ce dernier état sont remargées. Très rare.

133. THE HISTORY OF THE ROYAL RESIDENCES of Windsor
Castle, St James Palace, Carlton House, Kensington
Palace, Hampton Court, Buckingham House, and
Frogmore. By W. H. Pyne. Illustrated by one hundred
highly finished and coloured Engravings, Fac-Similes
of original dravings by the most eminent Artists.
London, A. Dry, 1819, 3 vol. in-4, pl., mar. violet,

dos orné, enc. de fil., coins ornés et milieux, **tr.** dor. (*Rel. du temps.*)

> Très belle publication ornée de 100 planches dessinées par *Samuel, Wild, Stephanoff, Westall*, etc., gravées en couleurs par *Sutherland, Bennett, Baily, Reeve*, etc.
> Superbe exemplaire recouvert d'une jolie reliure avec de riches décors à la cathédrale dorés sur le dos et les plats.

134. Views of Country Seats of the Royal Family, Nobility, and Gentry of England, in 146 coloured Engravings, after original Designs by W. Westall, J. Gendall and other Artists : with particulars, historical and descriptive. *London, R. Ackermann and C°*, 1830, 2 vol. in-8, fig., demi-rel. dos et coins de cuir de Russie, dos orné, tr. marbr. (*Rel. du temps.*)

> Orné de 146 planches en couleurs de vues de châteaux, d'après *Gendall, Stockdale, Westall*, etc.

135. MICROCOSM OF LONDON. *London, Ackermann*, (1811), 3 vol. in-4, pl., cuir de Russie, dos orné, dent., tr. dor. (*Rel. anglaise.*)

> Cet ouvrage important pour l'histoire de Londres, de ses mœurs et des costumes des Anglais, est orné de 104 planches coloriées dessinées par *Rowlandson*.
> Très bel exemplaire.

136. Select Views of London ; with Historical and Descriptive Sketches of some of the most interesting of its Public Buildings. Compiled and arranged by John B. Papworth. *London, R. Ackermann*, 1816, in-8, pl. en couleurs, demi-rel. dos et coins de chagrin bleu.

> Orné de 76 planches coloriées de vues de Londres, monuments, jardins, galeries, etc.

137. Londina Illustrata. Graphic and Historic Memorials of Monasteries, Churches, Chapels, Schools, Charitable Foundations, Palaces, Halls, Courts, Processions, Places of Early Amusement and modern and present Theatres, in the Cities and Suburbs of London and Westminster. *London, R. Wilkinson*, 1819, in-4, titre gravé, pl. et fig., demi-rel. dos et coins de mar. vert, tr. dor.

> Exemplaire exceptionnel auquel on a ajouté 87 planches en noir et en couleur, quelques-unes remargées, dont 29 planches en couleur par *Rowlandson* et *Pugin* extraites du *Microcosm of London* et 31 planches en couleurs des *Cris de Londres* de *Rowlandson*.

138. Souvenirs de Londres, par Eug. Lami. *Paris*, 1826, in-4 obl., cart. toile, *non rogné*.

Suite complète de 12 lithographies coloriées. Couverture conservée.

139. Tour of the Grand Junction, illustrated in a Series of Engravings ; with an Historical and Topographical Description of those Parts of the Counties of Middlesex, Hertfordshire, Buckinghamshire, Bedfordshire and Northamptonshire, Through wich the Canal passes. By J. Hassel. *London, Hassel*, 1819, in-8, pl., mar. vert à grains longs, dos orné, dent. dor. et à froid, tr. dor. (*Rel. anglaise.*)

Orné de 24 jolies planches coloriées.

140. Cumberland, Westmoreland and Lancashire. Illustrated in a Series of 44 Engravings, exhibiting the Scenery of the Lakes, Antiquities, and other Picturesque Objects. By T. H. Fielding. *London, Th. Mc Lean*, 1822, in-4, fig., demi-rel. dos et coins de cuir de Russie, tr. marbr.

44 très belles planches coloriées.

141. Vues pittoresques de l'Ecosse, dessinées d'après nature par F. A. Pernot ; lithographiées par Bonington, David, etc. Ornées de douze vignettes d'après les dessins de Delaroche jeune et Eugène Lami. Avec un texte explicatif par Am. Pichot. *Paris, Ch. Gosselin et Lami-Denozan*, 1826, in-4, fig., demi-rel. dos et coins de veau bleu, dos orné, tête dor., *ébarbé*.

Orné de 60 planches et de 13 vignettes lithographiées.

142. Souvenirs des Highlands. Voyage à la suite de Henri V (le comte de Chambord) en 1832 par d'Hardivillier. Relation, Scènes, Portraits, Paysages et Costumes. *Paris et Edimbourg*, 1835, in-4, portr., pl. et fac-simile, cart. toile, *non rogné*, couv.

Portrait, fac-simile et 26 planches lithographiées.

143. Vues des Iles de Guernesey et Jersey. *Guernsey, M. Moss*, 1829-1837, in-4 obl., pl., chagrin noir, dos et plats ornés, tr. dor. (*Rel. du temps.*)

Album de 32 planches en couleurs de vues de Guernesey (20) et de Jersey (12), par *T. Compton, G. S. Shepherd, J. Young, N. de Garis*, etc.

IX. — Suède. — Norvège. — Danemark.

144. Suecia antiqua et hodierna. *S. l. n. d.* (*Holmiœ,* 1693-1714), 3 part. en 2 vol. pet. in-fol. obl., porlr. et pl., veau marbré, dos orné, enc. de fil. et dent., tr. dor. (*Rivière.*)

Recueil complet des 353 planches de cette publication entreprise aux frais du roi de Suède par le comte Eric de Dalberg.

Ces planches signées *Perelle, J. Marot, Le Pautre, F. Reitz, W. Swidde, Averlen,* etc., représentent des vues de villes, ports de mer, châteaux, monuments, objets d'antiquité suédoise, ainsi que plusieurs plans et dessins de bâtiments qui n'ont jamais été exécutés.

Ces estampes devaient être accompagnées d'un texte latin par P. Lagerloff, qui n'a jamais été publié.

145. Danmarki Skildringer og Billeder af Danske og Kunstnere, udgivet af M. Galschiöt. *Kobenhavn, P. G. Philipsens*, 1887-1893, 2 vol. in-4, front., pl. et fig., *en feuilles.*

Nombreuses illustrations.

146. Voyages en Scandinavie, en Laponie, au Spitzberg et aux Feröe. Publiés sous la direction de M. Paul Gaimard. *Paris, A. Bertrand, s. d.* (1842), in-fol., pl., cart.

Album seul de 140 planches gravées à l'aquatinte de scènes de mœurs, paysages, portraits, cartes, planches de zoologie, etc. Quelques-unes sont coloriées.

Taches de rousseur.

X. — Russie. — Pologne.

147. Vues de Russie. Recueil de 54 plans, cartes, etc. *S. l. n. d.* (*vers* 1768), in-fol., cart., *non rogné.*

Ce recueil est ainsi composé : 12 plans et cartes, 9 pl. d'antiques et de costumes, 17 belles planches, dessinées par le *Chevalier de Lespinasse* représentant des vues des principales villes de Russie, et 16 tableaux économiques.

148. Russland. Land und Leute. Herausgegeben von Hermann Rokoschny. *Leipzig, Greszner und Schramm, s. d.*, 2 vol. in-4, fig., cart. toile, fers spéciaux.

Nombreuses illustrations.

149. Michel Delines. Russie. Nos alliés chez eux. *Paris,
L. Henry May, s. d.* (1897), 2 part. en un vol. in-4,
fig., demi-rel. dos et coins de chagrin rouge, tête dor.,
ébarbé.

150. A Picture of St Petersburgh, represented in a Col-
lection of twenty interesting Views of the City, the
Sledges, and the People, and accompanied with an
Historical and Descriptive account. *London, Edward
Orme,* 1815, in-fol., pl., demi-rel. mar. brun, dos orné.

> 20 planches coloriées, dessinées par *Mornay,* gravées par *Clarck*
> et *Dubourgh.*
>
> Les 12 premières planches, exécutées pendant les différents mois
> de l'année, représentent les monuments, places, ponts, etc., de la
> ville ; les 8 dernières nous montrent les nombreuses sortes de voitures
> et traîneaux en usage en Russie. Très rare.

151. La Finlande au 19ᵉ siècle, décrite et illustrée par une
réunion d'écrivains et d'artistes finlandais. *Helsingfors
et Paris, Per Lamm,* 1895, in-4, pl. et fig., cart. toile,
tr. marbr.

> Très nombreuses illustrations.

152. Travels through the Southern Provinces of the
Russian Empire in the Years 1793 and 1794. Translated
from the german of P. S. Pallas. With many coloured
vignettes, plates, and maps. *London, T. N. Longman,*
1802-1803, 2 vol. in-4, pl., cuir de Russie quadrillé,
dent., tr. marbrée, armes. (*Rel. du temps.*)

> Cet ouvrage est orné de 52 planches et de nombreuses vignettes et
> cartes la plupart coloriées, représentant des vues, des costumes, des
> scènes de mœurs de la Russie.

153. Voyage dans la Russie méridionale et la Crimée, par
la Hongrie, la Valachie et la Moldavie. Dessiné d'après
nature et lithographié par Raffet. *Paris, Gihaut frères,
s. d.* (1838-1848), in-fol., pl., demi-rel. dos et coins de
chagrin vert, dos orné, tête dor., *non rogné.*

> Collection de 100 superbes planches lithographiées d'après les
> dessins de *Raffet.* Une des collections les plus intéressantes et les
> plus appréciées de l'œuvre de *Raffet.*
> Très rare exemplaire avec les planches très bien coloriées.

154. Voyage dans la Russie méridionale et la Crimée
sous la direction de M. A. de Demidoff. Dessiné d'après
nature et lithographié par Raffet. *Paris, Gihaut
frères, s. d.* (1838-1848), in-fol., pl., *en feuilles.*

> Belles épreuves du PREMIER TIRAGE sur PAPIER DE CHINE.

155. Le Caucase pittoresque, dessiné d'après nature par
le Prince Grégoire Gagarine, avec une Introduction et
un Texte explicatif par le Comte Ernest Stackelberg.
Paris, Plon frères, 1847, in-fol., pl., *en feuilles*, couv.

> Orné d'une carte et de 80 planches en couleurs.

156. Voyage en Sibérie fait par ordre du Roi en 1761.
Contenant les Mœurs, les Usages des Russes et l'état
actuel de cette puissance, etc. Par M. l'abbé Chappe
d'Auteroche. *Paris, Debure*, 1768, 3 vol. et un atlas
in-4, front., fig. et pl., veau marbr., fil. (*Rel. anc.*)

> Le tome III comprend la description du Kamchatka par Krache-
> ninnikow et le tome IV est formé par l'atlas qui se compose de
> 30 cartes et plans précédés d'une frontispice par *Le Prince*.
> Nombreuses et curieuses illustrations par *Le Prince, Moreau le
> jenne, et Caresme*.
> Bel exemplaire.

XI. — GRÈCE. — TURQUIE.

157. Voyage pittoresque de la Grèce (par le comte de
Choiseul-Gouffier). *Paris*, 1782-1809, 2 vol. in-fol., pl.,
veau. (*Rel. anc.*)

> Très bel ouvrage orné de nombreuses planches par *Moreau, Hilair,
> Choffard* et *Choiseul-Gouffier*. PREMIER TIRAGE.
> Un 3ᵉ volume a été publié en 1822.

158. Views in Greece from drawings by Edward Dodwell,
Esq. *London, Rodwell and Martin*, 1821, in-fol., pl.,
mar. vert, dos orné, large dent., tr. dor. (*Rel. anglaise.*)

> Orné de 80 belles planches en couleur de vues diverses, scènes de
> mœurs, etc., gravées par *Lewis, Havell, Medland*, etc.

159. Voyage à Athènes et à Constantinople, ou Collection
de Portraits, de Vues et de Costumes Grecs et Ottomans,
peints sur les lieux d'après nature, lithographiés et
coloriés par L. Dupré. *Paris, impr. de Dondey-Dupré*,
1825, in-fol., pl. et fig., demi-rel. veau.

> 40 belles lithographies coloriées, par *L. Dupré* : portraits, vues,
> costumes, etc. Le texte est orné de quelques lithographies en noir par
> le même artiste.

160. Les Navigations, Peregrinations et Voyages, faicts
en la Turquie, par Nicolas de Nicolay Daulphinoys

Seigneur d'Arfeville, contenant plusieurs singularitez que l'Autheur y a veu et observé. Avec soixante figures au naturel tant d'hommes, que de femmes selon la diversité des nations, leur port, maintien, habits et façon de vivre. *Anvers, Silvius*, 1576, in-4, fig., vélin à recouvrements.

Edition ornée des figures de *Danet*, réduites et gravées sur bois par *A. von Landfeld*.
Bel exemplaire.

161. Histoire de l'État présent de l'Empire ottoman: contenant les maximes politiques des turcs; les principaux points de la religion mahometane, ses sectes, etc. Traduite de l'anglais de Ricaut, par Briot. *Asmterdam, Wolfgank*, 1671, pet. in-12, front. et fig., mar. rouge, dos orné, fil., milieux et coins dorés, tr. dor.

162. Malerische Reise in einigen Provinzen des Osmanischen Reichs aus dem Polnischen des Gr. Ed. Raczynski, übersetzt von F. H. von der Hagen. *Breslau*, 1824, in-fol., 80 pl., demi-rel., tr. marbr.

163. Edmondo de Amicis. Constantinople. Ouvrage traduit de l'italien par Mme J. Colomb et illustré de 183 reproductions de dessins par C. Biseo. *Paris, Hachette et Cie*, 1883, in-4, portr., pl. et fig., demi-rel. dos et coins de mar. rouge, dos orné, tête dor., *non rogné. Pouillet.*)

XII. — Asie.

164. Picturesque Scenery in the Holy-Land and Syria, delineated during the Campaigns of 1799 and 1800. Cy F. B. Spilsbury. *London, Edward Orme*, 1803, in-fol., portr. et pl., demi-rel.

Orné d'un beau portrait de Sir W. Sidney Smith à la manière noire, dessiné par *Chandler* et gravé par *Bell* et de 19 planches en couleur de vues diverses et scènes de mœurs.

165. Le Pays d'Israël. Collection de 100 vues prises d'après nature dans la Syrie et la Palestine par C. W. M. Van de Velde. *Paris, Vve Jules Renouard*, 1857, in-fol., front. et pl., demi-rel. dos et coins de chagrin violet.

Orné de 100 belles planches lithographiées, la plupart en couleur par *L. Sabatier, J. Jacotet*, etc., d'après *Van de Velde*.

166. Voyage de l'Arabie Pétrée par Léon de Laborde et Linant, publié par Léon de Laborde. *Paris, Giard,* 1830, 2 vol. in-fol. dont un de pl., demi-rel., *non rognés. (Rel. du temps.)*

> Orné d'un titre avec lithographie par *V. Adam* et de 69 planches lithographiées avec 91 sujets tirées sur Papier de Chine.

167. Voyage en Perse, fait en 1812 et 1813, par Gaspard Drouville. Seconde édition. *Paris,* 1825, 2 vol. in-8, portr. et pl., demi-rel.

> Portrait et 53 lithographies coloriés de personnages, costumes, monuments, etc. de la Perse.

168. Voyage de l'Inde à La Mekke par A'bdoûl-Kerym (— Voyages de la Perse dans l'Inde et du Bengal en Perse. — Voyage pittoresque de l'Inde fait dans les années 1780-1783 par M. W. Hodges), traduits avec des notes par L. Langlès. *Paris, impr. de Crapelet,* 1797-1805, 5 vol. in-12, fig. coloriées, mar. rouge à grains longs, dos orné, dent., tr. dor. (*Rel. genre Bozérian*).

> De la *Collection portative de Voyages.* Bel exemplaire orné de 20 jolies figures coloriées.

169. A Picturesque Voyage to India ; by the Way of China. By Thomas Daniell and William Daniell. *London, Longmann and William Daniell,* 1810, in-4 obl., pl., demi-rel. dos et coins de cuir de Russie, tr. marbr.

> 50 belles planches en couleur. Un plat de la reliure détaché.

170. A Picturesque Tour along the Rivers Ganges and Jumna, in India : Consisting of 24 highly finished and coloured Views, a Map, and Vignettes, with Illustrations, historical and descriptive. By Lieutenant-Colonel Forrest. *London, Ackermann,* 1824, in-4, pl., demi-rel. mar. vert, *non rogné.*

> 24 belles planches et 2 vignettes en couleurs, plus une carte.

171. Wanderings of a Pilgrim, in Search of the Picturesque, during four-and-twenty Years in the East ; with Revelations of Life in the Zenâna by... Illustrated with Sketches from nature. *London, Pelham Richardson,* 1850, 2 vol. in-8, 50 pl. en noir et en couleurs, cart. toile, fers spéciaux, *non rognés. (Rel. de l'éditeur.)*

172. Voyages dans l'Inde par le Prince Alexis Soltykoff. Deuxième édition. *Paris, Curmer et Lecou*, 1851, 2 vol. in-8, pl. et carte, cart. toile, fers spéciaux en couleurs, tr. dor., couv. (*Rel. de l'éditeur.*)

> Cet ouvrage est orné de 36 lithographies et d'une carte.
> Curieux cartonnage original en couleurs.

173. Les Civilisations de l'Inde, par le Dr Gustave Le Bon. Ouvrage illustré de 7 chromolithographies, 2 cartes et 350 gravures et héliogravures. *Paris, Firmin Didot et Cie*, 1887, in-4, pl. et fig., cart. toile, fers spéciaux, tr. dor.

174. The History of Java. By Thomas Stamford Raffles Esq. With a Map and Plates. *London, Black*, 1817, 2 vol. in-4, pl., cuir de Russie quadrillé, dent., tr. marbr.

> Nombreuses illustrations en noir et en couleur.

175. Voyage au Cambodge. L'Architecture Khmer ; par L. Delaporte. Ouvrage orné de 175 gravures, d'une carte et 50 reproductions. *Paris, Delagrave*, 1880, in-8, fig., cart. toile, fers spéciaux, tr. dor.

176. Voyage d'Exploration en Indo-Chine effectué pendant les années 1866, 1867 et 1868 par une Commission française présidée par M. le Capitaine de frégate Doudart de Lagrée, et publié sous la direction de M. Francis Garnier. Ouvrage illustré de 250 gravures sur bois d'après les croquis de M. Delaporte et d'un atlas. *Paris, Hachette et Cie*, 1873, 2 vol. in-4 et un atlas in-fol., portr., cartes, pl. et fig., demi-rel. chagrin rouge, tête dor., *non rognés*.

> Illustrations en noir et en couleur.

XIII. — AFRIQUE.

177. Algérie Historique, Pittoresque et Monumentale. Recueil de Vues, Monuments, Cérémonies, Costumes, Armes et Portraits, avec texte descriptif par M. Berbrugger. *Paris, Delahaye*, 1843, 7 part. en un vol. in-fol., portr. et pl., demi-rel. mar. brun.

> Cet ouvrage est orné d'un titre en couleur, de 131 planches de vues diverses, scènes militaires, portraits, etc. et de 3 cartes et plan.

178. **Paul Gaffarel.** L'Algérie. Histoire, Conquête et Colonisation. Ouvrage illustré. *Paris, Firmin-Didot et Cie*, 1883, gr. in-8, fig. en noir et en couleur, cart. toile, fers spéciaux, tr. dor.

179. A Narrative of Travels in Northern Africa, in the Years 1818, 19 and 20 ; accompanied by geographical Notices of Soudan, and of the Course of the Niger. With a Chart of the Routes, and a Variety of coloured Plates, illustrative of the Costumes of the Several Natives of Northern Africa. By Captain G. F. Lyon, R. N. *London, J. Murray*, 1821, in-4, pl. coloriées et carte, demi-rel. dos et coins de veau gris, *non rogné.*

> Une carte en noir et 17 planches coloriées, dessinées par *F. G. Lyon* intéressantes pour les mœurs et costumes des habitants de la Tripolitaine, du Soudan, etc.

180. Dr **Gustave Le Bon.** La Civilisation des Arabes. Ouvrage illustré de 10 chromolithographies, 4 cartes et 366 gravures dont 70 grandes planches. *Paris, Firmin-Didot et Cie*, 1884, in-4, pl. et fig., cart. toile, fers spéciaux, tr. dor.

181. **G. Montbard.** A Travers le Maroc. Notes et Croquis d'un Artiste. *Paris, Librairie Illustrée, s. d.* (1890), in-4, portr. et fig., demi-rel. dos et coins de mar. vert, dos orné, tête dor., *non rogné*, couv. (*Pouillet.*)

182. Voyage dans la Basse et la Haute Egypte, pendant les Campagnes du Général Bonaparte. Par **Vivant Denon.** *Paris, P. Didot l'aîné*, 1802, in-4 et album in-fol., pl., demi-rel.

> L'album renferme 143 planches (les pl. 20 et 54 sont doubles).

183. Vues en Egypte, d'après les dessins originaux en la possession de Sir Robert Ainslie, pris durant son ambassade à Constantinople par Louis Mayer : gravés par Thomas Milton, et sous sa direction ; avec des observations historiques et des remarques particulières sur les mœurs et les usages des habitants de ce pays. *Londres, Bowyer*, 1802, in-fol., pl., veau marbr., dent. (*Rel. anc.*)

> Beau recueil orné de 48 planches coloriées : vues, monuments, costumes, scènes de mœurs, etc.

Le même volume renferme :
1º Vues dans l'Empire Ottoman, avec un choix de quelques vues curieuses, d'après les originaux, par Louis Mayer. *Londres, Bowyer,* 1803, in-fol., 24 planches en couleurs, vues diverses, costumes, ruines, etc.
2º Vues en Palestine d'après les dessins originaux de Luigi Mayer. *London, Bowyer,* 1804, in-fol., 24 planches en couleur, vues diverses, costumes, tombeaux, etc.
Ensemble 96 planches en couleur par *Louis Mayer.*

184. Voyage pittoresque à travers l'Isthme de Suez par Marius Fontane. 25 grandes aquarelles d'après nature par Riou lithographiées en couleur par M. Eugène Ciceri. *Paris, Paul Dupont et E. Lachaud, s. d.* (1869), in-fol., portr. et pl., demi-rel. chagrin rouge, fers spéciaux, tête dor., *non rogné.* (*Rel. de l'éditeur.*)

Portrait de F. de Lesseps sur Papier de Chine, une carte et 25 planches lithographiées et coloriées.

185. Georges Ebers. L'Egypte. Alexandrie et le Caire. — Du Caire à Philæ. Traduction de Gaston Maspero. *Paris, Firmin-Didot et Cie*, 1880-1881, 2 vol. in-4, portr., fig. et cartes, cart. toile, fers spéciaux, tr. dor. (*Cart. de l'éditeur.*)

Nombreuses illustrations.

186. Voyage en Abyssinie, exécuté pendant les années 1839 à 1843, par une commission scientifique composée de MM. Th. Lefebvre, A. Petit, Quartin Dillon et Vignaud. *Paris, A. Bertrand,* 1845, in-fol., pl., cart.

Album de 84 planches en noir et en couleurs, relatives à ce voyage.

187. Voyage à l'Isle de France, à l'Isle de Bourbon, au Cap de Bonne-Espérance, etc. Avec des observations nouvelles sur la nature et sur les hommes, par un officier du Roi (J. H. Bernardin de Saint-Pierre). *Amsterdam et Paris, Merlin,* 1773, 2 vol. in-8, fig. et pl., cart.

Cet ouvrage est orné de 6 planches dont 3 jolies figures par *Moreau le jeune.*

XIV. — AMÉRIQUE.

188. Grands Voyages publiés par Th. de Bry. *Francofurti, apud J. Wechelum*, 1590-1592, 3 part. en un vol. in-fol., vélin, milieux et fil. (*Rel. anc.*)

> Volume contenant les trois premières parties des *Grands Voyages*, texte latin (en première édition).
>
> Ces trois volumes contiennent les voyages de Greinville et Walter Raleigh en Virginie (relations de Th. Harriot) ; les voyages de René de Laudonnière, J. Ribaud et de Gourgues en Floride et les voyages de J. von Staden et J. de Léry au Brésil.
>
> 3 cartes et 117 belles gravures en taille-douce des frères *de Bry*, dans le texte ou hors texte, représentation des habitants des contrées parcourues, scènes guerrières, jeux, usages, etc.

189. De Nieuwe en Onbekende Weereld : of Beschryving van America en 't Zuid Land, Vervaetende d'Orsprong der Americaenen en Zuidlanders, etc... door Arnoldus Montanus. *Amsterdam, Jacob Meurs*, 1671, pet. in-fol., front., portr., fig., cartes et pl., veau, fil., tr. jaspée. (*Rel. anc.*)

> Frontispice, 7 portraits, 48 grandes planches hors texte et nombreuses vignettes gravées sur cuivre ; villes et ports d'Amérique.

190. Picturesque America ; or, the Land we Live in. A Delineation by Pen and Pencil of the Mountains, Rivers, Lakes, Forests, etc., etc. With Illustrations on Steel and Wood, by Eminent American Artists. Edited by William Cullen Bryant. *New-York, D. Appleton et Cⁱᵉ, s. d.* (1872-1874), 2 vol. in-4, front., fig. et pl., demi-rel. dos et coins de mar. rouge, tête dor., *non rognés*. (*Pouillet.*)

> Orné de 2 frontispices et de nombreuses illustrations dans le texte gravées sur bois et hors texte gravées sur acier.

191. Reise in das innere Nord-America in den jahren 1832 bis 1834 von Maximilian Prinz zu Wied. *Coblenz, J. Hœlscher*, 1839-1841, 2 vol. in-4 de texte et 2 vol. in-fol. de pl., fig., basane.

> Papier vélin.
>
> Les deux albums comprennent 81 belles planches coloriées, par *Vogel, Salathé, Weber,* etc. d'après *Ch. Bodmer,* vues de villes et paysages, scènes de mœurs, portraits de guerriers indiens, etc.

192. Travels through The Canadas. Containing a Description of the Picturesque Scenery on some of the Rivers and Lakes. By George Heriot Esq. *London, R. Phillips,* 1807, un vol. in-4 de texte et un atlas in-fol. de pl., cart.

> L'album renferme 18 planches gravées et coloriées dont une carte, d'après *G. Heriot,* portant 28 sujets de vues de villes, scènes de mœurs des habitants, etc.

193. Voyage Pittoresque et Archéologique dans la partie la plus intéressante du Mexique par C. Nebel. 50 planches lithographiées avec texte explicatif. *Paris, Moench et Gau,* 1836, in-fol., demi-rel.

> 50 planches lithographiées d'après *Nebel,* dont 20 coloriées de costumes d'habitants, scènes de mœurs, vues de villes, monuments, etc.

194. México y sus Alrededores. Colleccion de Monumentos, Trajes y Païsages dibujados al natural y litografiados por los Artistas Mexicanos C. Castro, J. Campillo, L. Auda y G. Rodriguez, bajo la direccion de Decaen. *Mexico, Decaen,* 1855-1856, in-fol., front. et pl., demi-rel., tr. dor.

> Orné d'un titre illustré, d'un frontispice et de 30 planches (avec 34 sujets) lithographiés, dont quelques-unes sont légèrement rehaussées de couleur.

195. Isla de Cuba pintoresca. *S. l. n. d. (vers* 1830), in-4 obl., cart.

> 36 lithographies par *F. Mialhe.* Vues diverses et scènes de mœurs de cette île.

196. Surinam, par P. J. Benoist. *Paris, Société des Beaux-Arts, (lith. de P. Lauters), s. d. (vers* 1845), in-fol., pl., demi-rel.

> Titre et 49 planches sur Papier de Chine, de vues diverses, scènes de mœurs, usages et costumes des habitants.

197. Voyage Pittoresque et Historique au Brésil, ou Séjour d'un Artiste français au Brésil, depuis 1816 jusqu'en 1831 inclusivement. Par J. B. Debret. *Paris, Firmin Didot frères,* 1834-1839, 3 vol. in-fol., portr. et pl., cart.

> Orné d'un portrait et de 154 planches dont 2 cartes lithographiées d'après *Debret.*

198. Vues du Brésil. *Paris, impr. Lemercier, s. d. (vers 1855)*, in-fol. obl., *en feuilles* dans un carton.

> 4 portraits de la famille impériale du Brésil lithographiés sur PAPIER DE CHINE et 75 sujets lithographiés sur 65 planches, par *Jaime, Benoist, Sabattier, Jacottet*, etc., d'après les photographies de *V. Frond* : Vues de Rio de Janeiro, Bahia, scènes de mœurs, paysages, monuments, etc.
> Ensemble 69 feuilles.

199. Voyage dans la République de Colombia, en 1823 ; par G. Mollien. Ouvrage accompagné de la carte de Colombia et orné de vues et de divers costumes. *Paris, A. Bertrand*, 1824, 2 vol. in-8, 8 pl., demi-rel. dos et coins de vélin vert, tête rouge, *non rognés*, couv.

200. Vues des Cordillères, et Monumens des Peuples indigènes de l'Amérique par Al. de Humboldt. *Paris, F. Schoell*, 1810, 2 vol. in-fol., cart., *non rognés*.

> PAPIER VÉLIN. L'atlas qui forme un volume comprend 69 planches dont plusieurs sont coloriées.

201. Lima. Esquisses historiques, statistiques, administratives, commerciales et morales. Par Manuel A. Fuentes. *Paris, F. Didot*, 1866, in-8, portr., pl. et 4 fig., cart., *non rogné*.

> Nombreuses illustrations, portraits, monuments, etc. Premier plat de couverture conservée.

202. Picturesque Illustrations of Buenos Ayres and Montevideo. *London, Ackermann*, 1820, in-fol., *en feuilles*.

> 22 planches gravées par *Bluck, Sutherland*, etc., d'après *Vidal* ; épreuves coloriées.
> Raccommodages et trous de vers bouchés.

B. — RECUEILS DE PORTRAITS
ET D'ESTAMPES HISTORIQUES.

I. — PORTRAITS.

1. Recueils de portraits de personnages de divers pays.

203. HISTOIRE ABRÉGÉE D'EMPEREURS, Roys, Ducs et autres grands Princes et Seigneurs avec leurs Pourtraits. *Paris, Claude Aubert*, 1612, 2 vol. in-fol., titres ornés et portr., mar. rouge, double rangée de fil., tr. dor. (*Rel. anc.*)

> Sous ces titres peints et soigneusement enluminés sur deux gravures de *L. Gaultier* on a réuni les portraits gravés sur cuivre qui ornent l'ouvrage bien connu de *Chronologie collée*.
>
> L'exemplaire se compose de 19 parties avec 1924 portraits. Parmi ces portraits signalons surtout les 144 gravés par *L. Gaultier* représentant les *Hommes illustres qui ont flory en France*.
>
> L'exemplaire a été complété par différents ouvrages également ornés de portraits parmi lesquels nous citerons : *Icones Prophetarum Veteris Testamenti*, — *Les Rois et Ducs d'Austrasie*, — *Regum Neapolitarum vitæ et effigies*, — *Chroniques des Ducs de Brabant*, — *Généalogies des Forestiers et Contes de Flandres*, — *Abbregé de l'Histoire des Vicontes et Ducs de Milan*, etc., etc.
>
> Tous ces ouvrages ont été remargés du format de la Chronologie collée.

204. Jeu des Reynes Renommées. *Paris, Henry le Gras, s. d. (vers* 1640), in-24 obl., *en feuilles.*

> Titre gravé et 52 pl. gravées à l'eau-forte par *Etienne Della Belle.*

205. LE CABINET DES PLUS BEAUX PORTRAITS de plusieurs princes et princesses, des hommes illustres, fameux peintres, sculpteurs, architectes, amateurs de la peinture et autres, faits par le fameux Antoine van Dyck. *Anvers, Henry et Corneille Verdussen, s. d. (vers* 1690), in-fol., portr., mar. rouge, fil., tr. dor. (*Trautz-Bauzonnet.*)

> Cette édition de l'*Iconographie* renferme 126 portraits y compris celui de *Van Dyck ;* les 3 derniers portraits ont été gravés d'après *Rubens* et *Lucas François.*
>
> Très belles épreuves.

206. Recueil de Portraits de Personnages divers, publiés par la Calcographie du Louvre. *Paris, s. d.*, in-fol., portr., demi-rel. dos et coins de mar. rouge, *non rogné*.

> Recueil de 108 très beaux portraits de Membres de la famille royale, Ministres, Artistes peintres et sculpteurs et Personnages divers, d'après *Van Dyck, de Troye, J. Vivien, P. de Champagne, de Largilliere, H. Rigaud, J.-M. Nattier,* etc.

207. Pacificatores Orbis Christiani, sive Icones Principum Ducum et Legàtorum qui Monasterii atque Osnabrugæ pacem Europæ reconciliarunt, quosque singulos ad nativam imaginem expressit A. Van Hulle. *Rotterodami, P. Vander Slaart,* 1697, in-fol., front. et portr., vélin, fil. et milieux à froid. (*Rel. anc.*)

> Bel exemplaire bien complet, contenant un frontispice et 131 portraits gravés par *P. de Jode, P.* et *Corn. Galle, Waumans,* etc.

208. RECUEIL DES PORTRAITS des Rois, Princes, Seigneurs, personnages célèbres dans la politique, la religion, les arts, les lettres et les sciences, femmes célèbres, etc., etc. En 3 vol. in-4, veau fauve, tr. jaspée. (*Rel. anc.*)

> Important recueil de 650 portraits de personnages historiques par *Th. de Leu, Léonard Gaultier, Daret, Balthasar Moncornet,* etc. La majeure partie des portraits de ce recueil sont ceux gravés ou. édités par *Moncornet.*
>
> Une centaine de portraits du XVIe siècle par *Th. de Leu, L. Gaultier, M. Lasne, Messager, Gourdelle,* etc. choisis parmi les plus intéressants et les plus recherchés parmi ceux exécutés par ces graveurs, rendent ce recueil particulièrement précieux. Sauf une dizaine de portraits, tous les personnages représentés sont Français.

209. L'EUROPE ILLUSTRE, contenant l'Histoire abrégée des souverains, des princes, des prélats, des ministres, des grands capitaines, des magistrats, des savants, des artistes et des dames célèbres en Europe, dans le XVe siècle compris, jusqu'à présent, par M. Dreux du Radier. *Paris, Odieuvre,* 1755-1765, 6 vol. in-4, front. et portr., veau.

> PREMIER TIRAGE. Très belles épreuves.
>
> Les 600 portraits gravés par *Ficquet, Basan, Wille, Fessard, Aveline, B. Picard, Lépicié, Sornique, Audran, Tardieu,* etc., qui ornent cet ouvrage, font de ce recueil une des plus remarquables collections de portraits de personnages historiques et littéraires, depuis nos premiers rois jusqu'au dix-huitième siècle, mais particulièrement de la brillante époque de Louis XIV et de Louis XV.

210. Galerie historique des Hommes les plus célèbres de tous les siècles et de toutes les nations. Contenant leurs portraits, gravés au trait d'après les meilleurs originaux,

avec l'abrégé de leurs vies, et des observations sur leurs caractères ou sur leurs ouvrages ; par une Société de gens de lettres. Publiée par C. P. Landon. *Paris, Treuttel et Würtz*, 1806-1811, 13 vol. in-12, portr., cuir de Russie, fil., tr. marbrée.

> Plus de 900 portraits gravés au trait.

211. Portraits de tous les Souverains de l'Europe et des Hommes illustres modernes ; accompagnés d'un texte biographique de leur vie civile, politique ou militaire. Dessinés d'après nature ou tableaux originaux et gravés par d'habiles artistes. Dédiés aux Souverains de l'Europe, par Mme Meyer. *Paris, l'auteur*, 1820, un tome en 2 vol. in-4, portr., mar. rouge à grains longs, dos orné, dent., tr. dor. (*Rel. du temps.*)

> Titre gravé et 100 portraits gravés par *Velyn, Mauduit, Benoist, Renard*, etc. Bel exemplaire.

212. V. Adam. Portraits de Princes Français et Etrangers. *Paris, Tessart, (impr. Lemercier)*, *s. d.* (*vers 1842*), in-fol. obl., *en feuilles*.

> 11 belles lithographies coloriées par *V. Adam*. Portraits du duc d'Orléans, du duc d'Aumale, du Prince de Joinville, du duc de Nemours, de Charles Albert roi de Sardaigne, de Oscar prince royal de Suède et Norvège, de Abd-el-Kader, etc., etc.
> Marges inégales.

213. Twelve Portraits, by William Nicholson. *London, W. Heinemann*, 1899, in-4 carré, *en feuilles* dans un emboîtage.

> 12 portraits de personnages célèbres, the Queen of England, the Prince of Wales, Prince de Bismarck, W. E. Gladstone, lord Roberts, H. Irving, Sarah Bernhardt, etc. Lithographies rehaussées.

2. Portraits de personnages français.

214. Le Plutarque français, Vies des Hommes et des Femmes illustres de la France depuis le cinquième siècle jusqu'à nos jours, avec leurs portraits en pied gravés sur acier ; Ouvrage fondé par M. Ed. Mennechet. Deuxième édition publiée sous la direction de M. T. Hadot. *Paris, Langlois et Leclercq*, 1844-1847, 6 vol. gr. in-8, front. et portr., *brochés*, couv.

> Ouvrage orné de 6 frontispices et 183 portraits tirés sur PAPIER DE CHINE.

215. Les Augustes Représentations de tous les Roys de France, depuis Pharamond, jusqu'à Louys XIIII, dit le Grand, a présent regnant, avec un abrégé historique sous chacun, contenant leurs naissances, inclinations, et actions plus remarquables pendant leurs règnes. *Paris, de L'Armessin*, 1668, in-4, vélin.

68 portraits gravés par *Nic. de Larmessin*. PREMIER TIRAGE.

216. Portraits des Rois de France, dessins de Nic. de Larmessin. *Paris*, 1668, in-4, veau.

Recueil de 66 dessins originaux à l'encre de Chine ayant été gravés et publiés sous le titre : *Augustes représentations des Rois de France*.

217. Portraits des Personnages Français les plus illustres du XVI⁰ siècle, reproduits en fac-simile, sur les originaux dessinés aux crayons de couleur par divers artistes contemporains. Recueil publié avec notices par P. G. J. Niel. *Paris, Lenoir, (impr. de Crapelet et Lahure)*, 1848-1856, 2 vol. in-fol., portr., demi-rel. dos et coins de mar. vert, tête dor., *non rognés*.

Cette importante publication est ornée de 48 portraits aux crayons de couleurs, des Rois et Reines de France et de personnages divers.

218. Les Portraits des Hommes Illustres françois, qui sont peints dans la Galerie du Palais Cardinal de Richelieu, avec leurs principales actions, par M. de Wlson, sieur de la Colombière. *Paris*, 1664, in-fol., front. et portr., chagrin bleu, fers spéciaux, tr. dor.

26 très beaux portraits de l'abbé Suger, P. Séguier, Jeanne d'Arc, Gaston de Foix, Montluc, Henri IV, etc. de format in-folio, très bien gravés. Notice sur chaque personnage sauf sur P. Séguier.

219. La Lyre du Jeune Apollon, ou la Muse naissante du petit de Beauchasteau. *Paris, Charles de Sercy*, 1657, 2 part. en un vol. in-4, front. et portr., vélin à recouvrements.

Curieux recueil de poésies d'un enfant de 12 ans.
Ce volume est orné de 27 portraits des principaux personnages du dix-septième siècle à qui le jeune auteur a adressé ses vers.

220. Les Hommes illustres qui ont paru pendant ce siècle ; avec leurs portraits au naturel, par M. Perrault de l'Académie françoise. *Paris, Dezallier,* 1696-1700, 2 vol. in-fol., front. et portr., veau. (*Rel. anc.*)

> Bel ouvrage orné de très beaux portraits de personnages célèbres de l'époque gravés par *Edelinck, Lubin,* etc.
>
> Exemplaire contenant le frontispice, le portrait de Ch. Perrault et 102 portraits, y compris ceux de Pascal et d'Arnauld.
>
> Aux armes du duc POTIER DE GESVRES.

221. PORTRAITS DES GRANDS HOMMES, Femmes illustres, et sujets mémorables de France, gravés et imprimés en couleurs. *Paris, Blin, s. d.* (1786-1791), in-4, fig., veau marbré, fil., tr. marbr. (*Rel. anc.*)

> Titre gravé, dédicace, 96 portraits et 96 estampes gravés en couleur par *Moret, Mme de Cernel, Roger, Sergent,* etc.
>
> Collection très intéressante devenue fort rare, surtout aussi complète.

222. Portraits de Personnages de la Révolution, Hommes politiques, Généraux, etc. En un vol. in-4, veau marbré, fil., tête rouge.

> 24 portraits, gravés en médaillons par *Fiesinger,* d'après *Guérin,* tirés en bistre et très finement coloriés.
>
> Très jolie collection.

223. Serie de' Personaggi piu distinti che hanno avuto parte nella Rivoluzion di Francia divisa in tre epoche cioe. *Ginevra,* 1795, 3 vol. in-8, cart., étui.

> 25 portraits gravés par *del Pian* et *Sardi,* bien coloriés.

224. Portraits des principaux Généraux de la République. S. *l. n. d. (Paris, A. A. Renouard,* 1798-1803), in-fol., demi-rel. dos et coins de mar. rouge à grains longs, dos orné.

> 13 beaux portraits de Bonaparte, Bernadotte, Desaix, Gouvion St-Cyr, Lecourbe, Lefèvre, Massena, Moreau, etc. dessinés par *Guérin,* gravés par *Roger, Fiesinger, Gardon,* etc.
>
> Belles épreuves très bien coloriées.

225. Le Siècle de Napoléon. Galerie des Illustrations de l'Empire. Portraits en pied, peints par F. Philippoteaux, lithographiés à deux teintes par Ch. Bour et coloriés. *Paris,* 1846, in-4, portr., demi-rel. dos et coins de mar. rouge brun, tête dor., *non rogné.*

> 25 portraits lithographiés et coloriés.

226. Collection de Portraits peints par le Baron François Gérard, gravés à l'eau-forte par Pierre Adam. *Paris,*

1827, in-fol., pl., demi-rel. dos et coins de mar. grenat, *non rogné. (Rel. du temps.)*

> Très intéressant recueil de 78 portraits de Napoléon, de la famille impériale, et des principaux personnages français et étrangers du temps du Premier Empire et de la Restauration. (Alexandre Ier, Murat, Général Foy, Napoléon Ier, Duc de Berry, Wellington, Lannes, Eugène Beauharnais, Louis XVIII, Charles X, Reine Hortense, Joséphine, Marie-Louise, Mme Murat, Mme Bernadotte, Mme Récamier, Mme Tallien, D^{sse} de Berry, etc.)
>
> Très belles épreuves AVANT LA LETTRE, à toutes marges.

227. Iconographie des Contemporains depuis 1789 jusqu'à 1820. *Paris, Delpech, s. d.* (1823-1832), 2 vol. in-fol., portr., *en feuilles.*

> Un titre gravé et 196 très beaux portraits sur (200) lithographiés d'après les dessins de MM. *Grevedon, Maurin,* etc. Chaque portrait est accompagné d'un fac-simile d'autographe du personnage représenté. Manque le titre du tome 2.

228. Georges Duplessis. Les Portraits dessinés par J.-A.-D. Ingres. Avec 20 photogravures par E. Charreyre. *Paris, J. Rothschild,* 1896, pet. in-fol., portr., *en feuilles,* dans un carton.

229. Galerie historique de la Restauration Française. Album de Portraits accompagnés de notices historiques et biographiques. *Paris, s. d.,* in-4, portr., cart. toile, tr. dor.

> 24 portraits par *Pauquet, Guildrau,* etc. sur PAPIER DE CHINE.

230. Galerie de la Presse, de la Littérature et des Beaux-Arts. Directeur des dessins, M. Charles Philipon. Rédacteur en chef, M. Louis Huart. *Paris,* 1839-1841, 3 vol. in-4, demi-rel. dos et coins de chagrin violet, dos orné, *non rognés. (Rel. du temps.)*

> 147 portraits par *Gigoux, Devéria, C. Nanteuil,* etc.

231. Grand Chemin de la Postérité. *Paris, Aubert, s. d.* (*vers* 1840), in-fol. obl., *en feuilles.*

> 6 lithographies coloriées par *Benjamin,* portraits en caricature des hommes de lettres, gens de théâtre, etc.

232. Livre des Orateurs par Timon (Cormenin). Quatorzième édition ornée de 27 portraits gravés sur acier. *Paris, Pagnerre,* 1844, 2 part. en un vol. in-8, portr., demi-rel. dos et coins de mar. rouge, tête dor., éb. (*David.*)

233. Panthéon des Illustrations françaises au xix⁶ siècle comprenant un portrait, une biographie et un autographe de chacun des hommes les plus marquants dans l'administration, les arts, l'armée, le barreau, le clergé, l'industrie, les lettres, la magistrature, la politique, les sciences, etc., etc. publié sous la direction de Victor Frond. *Paris, Abel Pilon, s. d.* (1865-1868), 8 vol. in-fol., portr., demi-rel. chagrin rouge, tr. dor. (*Rel. de l'éditeur.*)

> 320 portraits lithographiés et tirés sur CHINE. Fac-similés d'autographes.

234. L. G. Mostrailles. Têtes de Pipes avec 21 photographies par Emile Cohl. *Paris, Vanier*, 1885, in-8, portr., cart., tête dor., *non rogné*, couv.

235. L'Académie Française. Eaux-fortes par Robert Kastor. *Paris, Librairies-Imprimeries réunies, s. d.* (*vers* 1895), in-4, *en feuilles,* dans un carton.

> 40 portraits d'Académiciens, gravés à l'eau-forte par *Kastor.*
> Envoi de l'auteur.

236. Têtes et Pensées par Henry Bataille. *Paris, Ollendorff,* 1901, in-fol., portr., *en feuilles,* dans un emboîtage.

> 22 portraits lithographiés de littérateurs contemporains.

237. Galerie française de Femmes célèbres par leurs talens, leur rang ou leur beauté. Portraits en pied, dessinés par M. Lanté, gravés par M. Gatine et coloriés. *Paris, impr. de Crapelet,* 1827, in-4, demi-rel. dos et coins de chagrin bleu, dos orné, *non rogné.*

> Suite complète de 70 planches coloriées de portraits, intéressantes pour les costumes des femmes à diverses époques (du XIIᵉ au XVIIIᵉ siècle).

238. Les Femmes de Brantôme par Henri Bouchot. *Paris, Quantin,* 1890, in-4, portr. et fig., demi-rel. dos et coins de chagrin grenat, dos orné, tête dor., *non rogné,* couv. (*Pouillet.*)

> Reproductions des plus beaux crayons de *Clouet.*

239. Les Belles Femmes de Paris et de la Province. — Lettres aux belles Femmes de Paris et de la Province, par MMʳˢ de Balzac, Roger de Beauvoir, Th. Gautier, G. de Nerval, etc. *Paris,* 1840-1841, 2 part. en un vol.

in-8, front. et portr., mar. rouge, fil. dor. et ornements
à froid sur les plats, tr. dor. (*Rel. du temps.*)

> Exemplaire contenant un frontispice et 23 portraits lithographiés
> et tirés sur Papier de Chine.

240. Galerie des Dames distinguées. *Paris*, 1845, in-8,
portr., demi-rel. veau bleu, tête dor., *non rogné*,
couv.

> 40 portraits de Dames célèbres par *H. Jacob, Gigoux, Devéria*, etc.
> avec autant de notices historiques.
> Couverture avec gravure de *Célestin Nanteuil*, conservée.

241. Charles Diguet. Les Jolies Femmes de Paris. 20 eaux-
fortes par Martial, ornements par Morin. *Paris*, 1870,
in-8, front. et portr., demi-rel. dos et coins de mar. rose,
dos orné en mosaïque, tête dor., *non rogné.* (*Pouillet.*)

> Frontispice en double état et 19 portraits par *A. P. Martial* en
> triple état. Relié sur brochure.

242. Claude Vento (Violette). Les Grandes Dames d'aujourd'hui. Illustrations de Saint-Elme Gautier. *Paris,
Dentu*, 1886, in-8, 32 portr., demi-rel. dos et coins de
mar. bleu, dos orné, tête dor., *non rogné.* (*Pouillet.*)

3. Portraits de personnages étrangers.

243. The Heads of Illustrious Persons of Great Britain,
engraven by Mr. Houbraken, and Mr. Vertue. With
their Lives and Characters. By Thomas Birch. *London,
J. and P. Knapton*, 1747, pet. in-fol., portr., demi-rel.

> Ouvrage orné de 56 portraits de Rois, Reines et Personnages
> célèbres d'Angleterre, d'après *Holbein, Zucchero, Van Dyck*, etc. Ces
> portraits sont dans de beaux encadrements ornés.

244. Mémoires du comte de Grammont, par le C. Antoine
Hamilton. Edition ornée de 72 portraits, gravés d'après
les tableaux originaux. *A Londres, chez Edwards,
s. d.* (1792), in-4, portr., mar. vert à grains longs,
dent., tr. dor. (*Rel. anglaise.*)

> Bel exemplaire contenant les *Notes et éclaircissements.*
> Le volume est orné de 78 portraits (et non 72 comme le titre
> l'indique) et de la vue de Somer Hill, qui sont, dans cet exemplaire,
> en très belles épreuves.

245. Portraits, Memoirs, and Characters, of Remarkable
Persons, from the Revolution in 1688 to the End of the

Reign of George II. By James Caulfield. *London, H. R. Young*, 1819-1820, 4 vol. in-8, portr., cart., *non rognés*.

Orné de 150 portraits de personnages illustres anglais.

246. Junius (Letters). *London, T. Bensley*, 1797, 2 vol. in-8, portr., mar. vert à grains longs, fil., tr. dor.

Ces lettres dont l'auteur n'est pas exactement connu, on les attribue à sir Philip Francis, sont ornées de 21 beaux portraits de personnages éminents de l'époque gravés par *Ridley*.
Bel exemplaire avec des doubles titres à la date de 1799.

247. The Book of the Boudoir, or, the Court of Queen Victoria. A Series of highly-finished Portraits of the British Nobility, from original Paintings by eminent Artists, engraved under the superintendance of W. and E. Finden. With Poetical Illustrations. *London, Charles Tilt, s. d.*, in-4, portr., chagrin vert, dos orné, fers spéciaux, tr. dor.

Orné de 12 beaux portraits gravés sur acier d'après *R. J. Lane, A. E. Chalon, J. Hayter*, etc.

248. Hadriani Barlandi Hollandiæ Comitum Historia et Icones. Ejusdem Caroli Burgandiæ Ducis Vita. Item Ultrajectensium Episcoporum catalogus et res gestæ. Ejusdem argumenti libellus Gerardo Noviomago auctore. *Lugd. Batav., ex off. Chr. Plantini*, 1584, 2 part. en un vol. in-4, pl., demi-rel.

Orné de 34 portraits en pied.

249. Ducum Brabantiæ Chronica Hadriani Barlandi, Item Brabantiados Poema Melchioris Barlæi. Iconibus nunc primùm illustrata, ære ac studio J. B. Vrientii. Operâ quoque Nob. viri Antonii de Succa. *Antverpiæ in off. Plantiniana*, 1600, in-4, fig., vélin.

Cet ouvrage est orné d'une carte et de 36 portraits des ducs de Brabant gravés sur cuivre par *J. Collaert*. Planche d'armoiries au v° du titre.

250. Hollandtsche Riim. — Kroniik. Inhoudende de geschiedenissen der Graven van Hollandt tot het Jaer 1305. Door enen wiens naeme noch onbekent is voor 319 Jaren beschreven. Met een Voorrede Jan Van der Does.... *S'Graven-Haghe, H. Jacobssz*, 1620, 2 part. en un vol. pet. in-fol. goth., pl., vélin.

Chronique de Melis Stoke, ornée d'une vignette sur le titre et de 35 planches avec 36 portraits de rois et de reines. La dernière planche représente un squelette.

II. — Événements historiques.

1. Fêtes, entrées, sacres, funérailles, etc.

a. *France.*

251. Les Fêtes Nationales à Paris, par E. Drumont. Deuxième édition. *Paris, L. Baschet,* 1879, gr. in-4, fig. et pl., demi-rel. dos et coins de vélin blanc, tête rouge, *non rogné. (Pouillet.)*

252. Recueil de Pompes funèbres, Catafalques et Monuments funéraires. *S. l. n. d.* (XVIIIe *siècle*), in-fol., demi-rel.

> Pompe funèbre de la reine de Sardaigne, 1735 ; de Marie-Thérèse de Lorraine, 1741 ; de Marie-Thérèse d'Espagne, dauphine, 1746 ; de Philippe de France roy d'Espagne, 1746 ; de Catherine Opalinska, reine de Pologne, 1747 ; Élévations de Catafalques, etc.
>
> Ensemble 31 planches portant 59 sujets de décorations funèbres. Elles sont principalement l'œuvre de *Ch.-Nic. Cochin, A. Slodz* et *Challe.*

253. L'Entrée de Henri II, roi de France à Rouen du mois d'Octobre 1550, imprimé pour la première fois d'après un manuscrit de la bibliothèque de Rouen, orné de dix planches gravées à l'eau-forte par Louis de Merval, accompagné de notes bibliographiques et historiques par S. de Merval. *Rouen, Impr. de H. Boissel,* 1868, in-4 obl., pl., *broché.*

> Tiré à 100 exemplaires.

254. Réduction miraculeuse de Paris sous l'obéissance de Henri IV et comme Sa Majesté y entra par la Porte Neuve le mardy 22 mars 1594. — Comme le Roy alla a l'Eglise de Nostre-Dame. — Comme Sa Majesté le mesme jour à la Porte St-Denis, vit sortir hors de Paris les garnisons étrangères. *Paris, Veufve Jean Le Clerc,* (1594), in-fol., *en feuilles.*

> Précieuse suite de 3 estampes en taille-douce représentant les divers épisodes de l'entrée de Henri IV à Paris.
>
> Ces estampes sont gravées d'après les dessins de *N. Ballery.* Autour de chacune d'elles un long texte explicatif imprimé sur 5 colonnes.
>
> Très belles épreuves en superbe état.

255. [Cérémonie des Obsèques de Charles III, duc de Lorraine et de Bar. *Nancy, Blaise André et Herman de Loy, vers 1611*]. In-fol., pl., vélin.

> Suite précieuse et rare qui tient le premier rang dans les livres officiels. Elle se compose de 64 estampes consacrées aux *Obsèques, cérémonies funèbres, cortège,* etc., gravées par *Frédéric Brentel,* d'après les dessins de *Claude de la Ruelle* et de *Jean de la Hière.*
> Une explication en latin et en français accompagne les diverses planches des obsèques.
> Bel exemplaire.

256. La Pompeuse et Magnifique Cérémonie du Sacre de Louis XIV, fait à Rheims, le 7 juin 1654, représentée au naturel par ordre de leurs Majestez. *Paris, impr. d'Edme Martin,* 1655, in-fol., mar. vert jans. (*Mercier.*

> Le volume est orné de trois grandes planches gravées par *Lepautre.*
> On a ajouté une quatrième planche du même graveur datée de 1653, et qui a été faite par les soins de du Pont, abbé de Sainte-Marie de Lantenac.
> Très rare.

257. L'Entrée Triomphante de leurs Majestez Louis XIV, Roy de France et de Navarre, et Marie Therese d'Austriche son Epouse, dans la ville de Paris, au retour de la signature de la Paix Generalle et de leur heureux mariage. Le tout exactement recueilly (par Jean Tronçon, avocat). *Paris, Le Petit,* 1662, in-fol., front., portr. et pl., veau. (*Rel. anc.*)

> Frontispice de *Chauveau,* dédicace, portrait de Louis XIV et 22 pl. de *Jean Marot, Flamen* et *Lepautre.*
> Parmi ces estampes, citons 5 planches qui se suivent et représentent le cortège. La représentation de cette Cavalcade offre le plus grand intérêt au point de vue des usages, du costume et de l'histoire. Ces planches ont été attribuées à *N. Cochin,* de Troyes.
> Bel exemplaire du premier tirage.

258. Courses de Testes et de Bague faittes par le Roy et par les Princes et Seigneurs de sa Cour en l'année 1662, (rédigé par Ch. Perrault). *Paris, impr. Royale,* 1670, in-fol., pl., veau, dos orné, fil. (*Rel. anc.*)

> Ce beau volume, orné d'un titre gravé et de 96 pl. par *Israël Silvestre* et *Chauveau,* nous donne la représentation d'une des fêtes les plus magnifiques qui furent données pendant la Jeunesse de Louis XIV.
> Les planches représentent l'itinéraire du cortège dans les rues Saint-Honoré, de Richelieu et Saint-Nicaise ; les figurants des différents quadrilles, les trompettes, timbaliers, palefreniers qui accompagnaient les princes et seigneurs, et enfin le Carrousel.

259. Le Triomphe de S. A. Charles IIII, Duc de Lorraine, etc., à son retour dans ses états. *Nancy, Cayon-Liébault*, 1848, in-4, front., portr. et pl., cart., *non rogné*.

> Réimpression de l'édition publiée à Nancy en 1664, ornée des planches gravées par *Séb. Le Clerc*.

260. Relation de la Feste de Versailles du 18 juillet 1668 (par Félibien). *A Paris, de l'imprimerie royale*, 1679, pet. in-fol., pl., veau brun, fil. (*Rel. anc.*)

> Orné de 5 planches par *Lepautre*.
> On a ajouté à l'exemplaire les 9 planches *d'Israël Silvestre*, gravées pour les *Plaisirs de l'île enchantée et autres fêtes données à Versailles en mai* 1664 et les 6 planches de *Le Pautre* et *Chauveau* ornant les *Divertissements de Versailles donnés par le Roi en* 1674.
> Ensemble 20 planches.
> Reliure aux armes royales.

261. Le Sacre de Louis XV, Roy de France et de Navarre, dans l'église de Reims, le Dimanche XXV Octobre 1722 (texte rédigé par Danchet). *S. l. n. d. (Paris*, 1722), in-fol., fig., demi-rel., *ébarbé*.

> Beau volume entièrement gravé, orné de 9 grandes planches doubles par *Cochin, Larmessin, Tardieu* et *Dupuis* et de 30 gravures des costumes des grands officiers de la couronne. Chaque feuillet de texte est entouré de bordures.
> Ex-libris de Pastoret.

262. Description des Festes données par la Ville de Paris à l'occasion du Mariage de Madame Louise-Elisabeth de France, et de Dom Philippe, infant et grand-amiral d'Espagne. *Paris.* 1740, in-fol., pl., mar. rouge, dent. fleurdelisée, tr. dor. (*Rel. anc.*)

> Très belles planches par *Blondel* représentant les bals à l'Hôtel de Ville, les feux d'artifices sur la Seine, etc.
> Exemplaire aux armes de la Ville de Paris.

263. Journal de ce qui s'est fait pour la réception du Roy dans sa Ville de Metz le 4 Aoust 1744. Avec un recueil de plusieurs pièces sur le même sujet. *Metz, veuve de Collignon*, 1744, in-fol., pl., veau.

> 8 planches doubles se repliant gravées à l'eau-forte par *F. L. Mangin*.

264. Représentation des Fêtes données par la ville de Strasbourg pour la Convalescence du Roi ; à l'arrivée et pendant le séjour de Sa Majesté en cette ville. Inventé, dessiné et dirigé par J. M. Weiss, graveur de la ville de Strasbourg. *Imprimé par Laurent Aubert* *à Paris, s. d.* (1745), in-fol., portr. et fig., veau marbré, pet. dent., tr. dor. (*Padeloup.*)

> Titre gravé par *Marvie*, portrait de Louis XV gravé par *Wille* d'après *Parrocel*, 11 pl. gravées par *Weiss* et *Le Bas* d'après *Weiss*; 10 ff. de texte gravé avec encadrements différents, une grande vignette en-tête et une vignette cul-de-lampe dessinées par *Weiss*, gravées par *Marvie*.
>
> Reliure portant les armes royales au centre des plats et aux angles les armes de la Ville de Strasbourg.

265. Fêtes publiques données par la Ville de Paris, à l'occasion du mariage de Mgr. le Dauphin (avec Marie-Thérèse infante d'Espagne), les 23 et 26 février 1745. *S. l.* (*Paris*), 1745, in-fol., veau marbré, fil., tr. dor. (*Rel. anc.*)

> Frontispice, titre orné par *Eisen*, texte gravé encadré et 19 grandes et belles planches.
>
> Le même volume renferme : Fête publique donnée par la Ville de Paris à l'occasion du Mariage de Monseigneur le Dauphin, le 13 février 1747. *Paris*, 1747, in-fol., pl.
>
> Bel ouvrage entièrement gravé avec titre richement orné, encadrements à chaque page, frontispice allégorique avec les portraits du Dauphin et de la Dauphine Marie-Josèphe de Saxe et 7 planches doubles de chars et de feu d'artifice.
>
> Légères mouillures au bord des marges.
>
> Ex-libris Richard d'Aubigny.

266. Relation de l'Arrivée du roi au Havre-de-Grace, le 19 septembre 1749, et des fêtes qui se sont données à cette occasion. *Paris, H. L. Guérin et L. F. Delatour*, 1753, in-fol., pl., veau marbré, double enc. de fil., tr. dor. (*Rel. anc.*)

> Beau livre représentant les principales fêtes offertes au Roi dans son voyage au Hàvre après la paix d'Aix-la-Chapelle. Il est orné de 6 planches dessinées par *Descamps*, gravées par *Le Bas,* de 2 grandes vignettes en-têtes et d'un fleuron répété.
>
> Bel exemplaire aux armes de la Ville du Hàvre.

267. Sacre et couronnement de Louis XVI, roi de France et de Navarre, à Reims, le 11 juin 1775, précédé de Recherches sur le Sacre des Rois de France depuis Clovis jusqu'à Louis XV, et suivi d'un Journal historique de ce qui s'est passé à cette auguste cérémonie. *Paris, Vente*, 1775, in-8, pl., cart. en soie avec fleurettes brodées, tête dor., *non rogné.*

268. Cérémonial de l'Empire français par L. J. P***. *Paris*, 1805, in-8, portr., cart.

> Portraits coloriés de Napoléon Ier, de Joséphine et du Pape Pie VII.

269. LE SACRE DE S. M. L'EMPEREUR NAPOLÉON, dans l'église métropolitaine de Paris, le XI Frimaire an XIII, dimanche 2 décembre 1804 (avec la description des tableaux par Etienne Aignan). *Paris, imprimerie impériale, s. d.* (1805), in-fol., titre gravé et pl., demi-rel. dos et coins de mar. vert, tête dor., *non rogné.*

> Somptueuse publication ornée de 39 très belles planches d'après *Isabey, Percier* et *Fontaine.* Cet ouvrage ne fut pas régulièrement publié et est devenu très rare. Bel exemplaire.

270. Cérémonies et Fêtes du Sacre et Couronnement de leurs Majestés impériales Napoléon Ier et son Auguste Epouse. *Paris, Bance,* 1806, in-fol., pl., *broché,* couv.

> Orné de 7 planches gravées d'après les dessins de *Le Cœur.* L'une d'elles représente une fête aérostatique donnée sur la place de la Concorde.

271. Description des Cérémonies et des Fêtes qui ont eu lieu pour le Couronnement de leurs Majestés Napoléon, Empereur des Français et Roi d'Italie, et Joséphine son auguste épouse. Recueil de Décorations exécutées dans l'église de Notre-Dame de Paris et au Champ de Mars, d'après les dessins et sous la conduite de C. Percier et P.-F.-L. Fontaine, architectes. *Paris, Leblanc,* 1807, in-fol., pl., demi-rel., *non rogné.* (*Rel. du temps.*)

> Orné de 12 planches gravées au trait.
> Bel exemplaire tiré sur GRAND PAPIER.

272. Relation des Fêtes données par la Ville de Strasbourg à leurs Majestés Impériales et Royales, les 22 et 23 janvier 1806, à leur retour d'Allemagne. *Strasbourg, de l'Impr. de Levrault.* 1806, in-fol., pl., mar. rouge, dos orné de lyres, dent., aigles impériales aux angles, doublure et gardes en tabis bleu, tr. dor. (*Rel. anc.*)

> Frontispice avec portrait de Napoléon Ier ; titre gravé avec portrait de Joséphine et 3 grandes planches gravées au trait par *Guérin.*
> Relation devenue rare. Bel exemplaire.

273. Description des Cérémonies et des Fêtes qui ont eu lieu pour le mariage de S. M. l'empereur Napoléon avec S. A. I. l'archiduchesse Marie-Louise d'Autriche, par Ch. Percier et P.-F.-L. Fontaine. *Paris, impr. de P. Didot l'aîné,* 1810, in-fol., pl., demi-rel.

> La volume est orné de 13 planches gravées au trait d'après les dessins de *Percier* et de *Fontaine.*

274. Sacre de S. M. Charles X, dans la Métropole de Reims, le 29 Mai 1825. *Paris, Sazerac et Duval*, 1825, in-fol., pl., cart.

> Titre avec vignette de *V. Adam* et 10 planches lithographiées sur Chine d'après *V. Adam, Maurin*, etc.

275. Entrée triomphale (à Paris) de S. A. R. Monseigneur le Duc d'Angoulême, Généralissime de l'Armée des Pyrénées : Bas relief sculpté pour orner l'une des salles de l'Hôtel de Ville. Par L. Lafitte. Gravé par Normand fils. *Paris, impr. de F. Didot*, 1825, pet. in-fol. obl., pl., *en feuilles,* couv.

> 23 planches gravées au trait, curieuses pour les costumes.

276. Retour en France des Dépouilles mortelles de Napoléon. Recueil de sujets dessinés et lithographiés par V. Adam, Arnout et Bichebois. *Paris, Jeannin,* 1840, in-fol., *en feuilles.*

> 18 planches lithographiées. Titre collé sur l'emboitage.

277. Voyage de S. M. Louis-Philippe Ier, Roi des Français, au Château de Windsor, par Ed. Pingret. *Paris et London*, 1846, in-fol., pl., cart. toile.

> Frontispice en couleurs et 24 belles lithographies noires et coloriées, par *Sabatier, Bayot, V. Adam, Arnoult, Fichot, Rouargue,* etc.

278. Voyage en Lorraine de S. M. l'Impératrice et de S. A. I. le Prince Impérial, précédé du Voyage de S. M. l'Impératrice à Amiens. *Paris, Plon, s. d.* (1866), in-4 obl., pl., *en feuilles.*

> Orné de 8 planches hors texte dont une eau-forte par *Jacquemart* et de nombreuses illustrations dans le texte.

b. *Belgique et Hollande.*

279. Le Triomphe d'Anvers, faict en susception du prince Philips, prince d'Espaigne. (Entrée, du Prince Philipes (II), prince d'Espaignes, filz de Lempereur Charles Ve, ensemble la vraye description des spectacles, theatres, archz triumphaulx, etc., lesquelz ont este faictz et bastis en la ville d'Anvers. Anno 1549. Par Cornille Grapheus.

Anvers, pour Pierre Coeck d'Allost, par Gillis van Diest, 1550, in-4, fig., demi-rel. tr. rouge.

> Entrée de Philippe II à Anvers.
> Ce volume est orné de 30 figures gravées sur bois d'après les dessins de *P. Coeck d'Alost.*

280. La Joyeuse et Magnifique Entrée de Monseigneur Françoys, fils de France, et frère unique du Roy, par la grâce de Dieu, duc de Brabant, d'Anjou, Alencon, Berri, etc., en sa très-renommée ville d'Anvers. *A Anvers, de l'imprimerie de Christophle Plantin,* 1582, pet. in-fol., pl., veau.

> Le volume est orné de 21 planches gravées à l'eau-forte et très importantes ; on y voit le cortège du duc, les chars qui en faisaient partie, les arcs de triomphe, feux d'artifice, etc., et le serment prêté sur la place publique. Ces planches non signées ont été attribuées à *A. de Bruyn.*

281. Historica narratio profectionis et inaugurationis Serenissorum Belgii Principum Alberti et Isabellæ, Austriæ Archiducum. Auctore Joanne Bochio. *Antverpiæ, J. Moretus,* 1602, in-fol., titres gravés et pl., veau.

> Relation de l'entrée à Anvers, d'Albert archiduc d'Autriche et de l'Infante Isabelle, fille de Philippe II.
> Cet ouvrage se compose de 4 parties. Les trois premières relatives aux fêtes qui eurent lieu à Anvers ont pour auteurs *J. Bochius* et *M. E. de Vrient,* et sont ornées de 28 planches gravées sur cuivre, en partie par *Van den Borcht,* donnant la représentation de l'entrée des princes, des arcs de triomphe, et des cérémonies qui eurent lieu à Anvers. La quatrième partie relative aux fêtes de Valenciennes est de *H. d'Oultremann.*
> Chacune de ces parties est précédée d'un très beau titre gravé.

282. Pompa funebris optimi potentissimiq. Principis Alberti Pii, Archiducis Austriæ, Ducis Burg. Bra. etc. Veris imaginibus expressa a Jacobo Francquart Archit. reg. Ejusdem principis morientis vita, scriptore E. Puteano. *Bruxellæ, (Lovanii, typis Henrici Hastenii),* 1623, in-fol. obl., pl., vélin.

> Relation des cérémonies qui eurent lieu aux obsèques d'Albert, archiduc d'Autriche, célébrées à Bruxelles dans l'église Sainte-Gudule le 20 mars 1622.
> Le volume est orné, outre le frontispice, de 64 planches numérotées, gravées d'après les dessins de *Francquart.*
> Bel exemplaire de RuGGIERI.

283. Blyde Inkomst der allerdoorluchtighste Koninginne Maria de Médicis, t'Amsterdam. Vertaelt uit het Latijn des hooghgeleerden heeren Kasper Van Baerle. *Amsterdam, Blaeu,* 1639, pet. in-fol., portr. et pl., demi-rel., *non rogné.*

> Entrée de Marie de Médicis à Amsterdam.
> Portrait de la Reine Marie de Médicis, portraits des Consuls et 16 planches de cortèges et scènes allégoriques par *Moyaert, Vlieger, M. de Jonge* gravées par *Savry.*

284. Entrée de Marie de Médicis à Amsterdam. *Amsterdam,* 1639, in-fol., demi-rel.

> Frise formée par la réunion des 16 planches dessinées par *L. Mayaert, S. de Vlieger* et *M. de Jonge,* gravées par *S. Savry.*

285. Komste van Zyne Majesteit Willem III. Koning van Groot Britanje, enz. in Holland. *Graavenhaage, Arnould Leers,* 1691, in-fol., front., portr. et pl., vélin, fil. et milieux, tr. dor. (*Rel. anc.*)

> Relation du Voyage de Guillaume III en Hollande, écrite par G. Bidloo, ornée d'un portrait de Guillaume III gravé par *P. von Gunst,* d'un frontispice et de 14 planches dessinées et gravées par *Romain de Hooghe.*

286. Relation de l'Inauguration Solemnelle de sa S. M. I. et C. Charles VI, Empereur des Romains, Roi des Espagnes, comme Comte de Flandres, célébrée à Gand le 18 octobre 1717. *Gand. A. Graet.* 1719, in-fol., pl., basane.

> Orné d'un frontispice et de 6 planches de décorations de monuments, illuminations, feux d'artifice, etc. relatives à cette cérémonie.

287. Relation de l'Inauguration solemnelle de sa S. M. Marie-Thérèse reine de Hongrie et de Bohême, archiduchesse d'Autriche, etc. comme comtesse de Flandres, célébrée à Gand, le 27 avril 1744. *Gand, Vve de P. de Goesin,* 1744, in-fol., front. et pl., basane.

> Frontispice par *Marissal* et une grande planche se dépliant, par *David t'Kindt,* représentant cette cérémonie.
> Armoiries d'Autriche et de Belgique sur les plats.

288. Description des principales Réjouissances, faites à La Haye, à l'occasion du Couronnement de S. M. François I. *La Haye, Antoine de Groot et fils,* 1747, in-fol., pl., cart.

> Orné de 7 planches par M. *Schluymer* d'illuminations et de feux d'artifice.

289. Funérailles de Guillaume-Charles Henri, prince d'Orange. (Textes en hollandais et en français). *La Haye, P. Gosse, 1755, in-fol., pl., cart., non rogné.*

> Orné de 45 planches gravées par *J. Punt* d'après *P. Van Cuyck* représentant le défilé des personnages qui assistèrent à la cérémonie.

c. *Italie.*

290. Esequie d'Arrigo quarto Cristiannissimo Re di Francia e di Navarra. Celebrate in Firenze dal Serenissimo Don Cosimo II Granduca di Toscana. *Firenze, Bartolommeo Sermartelli, 1610), pet. in-fol., fig., mar. rouge, dos orné, double enc. de fil. à froid, fleurons dorés, tr. dor. (Masson-Debonnelle.)*

> Relation de Julien Giraldi.
> Orné de 26 gravures sur cuivre de *A. Rosaccio* très importantes parce qu'elles représentent les principaux faits de la vie de Henri IV. On y voit la bataille de Coutras, Henri IV à Paris, à Dieppe, la bataille de Jarnac, le Mariage du roi, etc., etc.
> Armes de Henri IV frappées sur les plats de la reliure.
> Ex-libris de Ruggieri.

291. Narrazione delle solenni reali Feste fatte celebrare in Napoli da sua Maesta' il Re delle Due Sicilie Carlo infante di Spagna, duca di Parma, Piacenza, etc., etc., per la nascita del suo primogenito Filippo real Principe delle Due Sicilie. *Napoli, 1749, in-fol., pl., basane.*

> Frontispice gravé par *C. Grégori*, et 15 grandes planches gravées par *Vasi* d'après *Vincent Ré*.
> Plusieurs de ces planches fournissent de curieux détails sur le théâtre San Carlo qui subit pour cette fête diverses transformations.

292. Descrizione delle Feste celebrate in Parma l'anno 1769, per le auguste nozze di S. A. R. l'Infante Don Ferdinando colla Reale Archiduchessa Maria Amalia. *Parma, (1769), in-fol., pl., mar. rouge, fil., tr. dor. (Rel. anc.)*

> Titre et 36 planches (avec 39 sujets) par *E. A. Petitot* gravées par *Volpato, Ravenet, Bossi,* etc., représentant le tournoi, les chevaliers, la foire chinoise et le feu d'artifice.
> Le texte italien est de Piciaudi et la traduction française de Millot.
> **Bel exemplaire aux armes du prince de PARME. Le dos de la reliure est orné de pièces d'armoiries.**

293. Incoronazione di S. M. I. R. A. Ferdinando I. a Re del Regno Lombardo-Veneto con Sacra Solenne Pompa celebrata Nell' Insigne Metrop^na di Milano il VI Sett^bre 1838, descritta e reppresentata dall' architetto-pittore scenico Alessandro Sanquirico. *S. l. n. d.* (1838), in-fol. obl., portr. et pl., mar. rouge à grains longs, dos orné, fil., dent. et coins ornés, tr. dor. (*Rel. du temps.*)

Cet ouvrage est orné du portrait de l'empereur Ferdinand et de 41 belles planches quelques-unes gravées à l'aquatinte, les autres au trait, par *Falckeisen, Bramati*, etc. d'après *Sanquirico.*

d. *Allemagne et Autriche.*

294. Le Triomphe de l'Empereur Maximilien I, en une suite de 135 planches gravées en bois d'après les desseins de Hans Burgmair. *Vienne*, 1796, in-fol. obl., pl., demi-rel. dos et coins de mar. brun, ébarbé.

Suite des plus remarquables de bois gravés au seizième siècle et non utilisés à cette époque.
Cette édition tirée à petit nombre est devenue rare.

295. Arc triomphal de l'empereur Maximilien I, gravé en bois d'après les dessins d'Albert Dürer. *Vienne, Mollo et Cie*, 1799, in-fol. oblong, pl., cart.

Morceau capital dans l'œuvre de *Dürer* et dans la gravure sur bois. L'estampe ne comprend pas moins de 50 fragments de format in-folio, qui réunis mesurent près de 4 mètres de hauteur sur 3 de largeur.
Les tirages du seizième siècle de cette estampe sont introuvables.
Cette édition de 1799 a été publiée par les soins de Bartsch, en grande partie sur les bois originaux.

296. Der Weiss Kunig. Eine erzehlung von den thaten Kaiser Maximilian des ersten. Von Marx Treitzsaurwein. *Wien*, 1775, in-fol., fig., veau fauve, dos orné, fil., tr. rouge. (*Rel. anc.*)

Ce volume est orné de 237 grandes planches gravées au XVe siècle d'après les dessins de *Hans Burgmaier*. Les bois originaux gravés par *J. Resch, J. de Bonn, Liefrinck, Rupp*, etc., qui n'avaient pas été employés au seizième siècle, furent utilisés en 1775 pour la première fois.

297. Solemnia electionis et inaugurationis Leopoldi... Les Solemnités de l'Election et du Couronnement de Leopolde Empereur des Romains..., etc., ou la description et la représentation de toutes les choses notables, mémorables et dignes d'estre veües, qui sont arrivées à

Francfort sur le Mein l'an 1658. *Francofurti aà Mœnum, apud G. Merianum,* 1660, pet. in-fol., portr. et pl., veau gris, fil., tête dor., *non rogné.*

> Cet ouvrage est orné d'un portrait et de 15 planches de défilés de cortèges, de cérémonies et de vues de Francfort.

298. **Il. Pomo d'Oro, festa teatrale representata in Vienna, per l'Augustissime Nozze delle Sacre Cesaree Reali Maesta di Leopoldo, e Margherita, componimento di Francesco Sbarra.** *Vienna d'Austria, Matteo Cosme-rovio,* 1668, in-4, pl., cart., tr. dor.

> Orné de 25 planches par *M. Küsel,* représentant les somptueux décors de cette pièce à machines.

299. **Der Königlich-Preüssischen Crönung Hochfeÿerliche Solemnitäten. In Zwantzig Kupffer-Platten vorgestellet durch J. G. Wolffgang.** *Berlin,* 1712, in-fol., cart.

> Album comprenant un titre calligraphié, un frontispice dédicace, 7 planches marquées C-I et 17 planches numérotées 1-17, représentant les cérémonies du sacre du Roi de Prusse.

300. **Erb-Huldigung welche dem... Römischen Kayser Carolo VI,.... als Hertzogen in Steyer von denen gesamten Steyrischen Land-Ständen den 16 julii 1728,... von G. J. Edlen von Deyerlsperg.** *Grätz, s. d.* (1740), in-fol., pl., basane.

> Prestation de serment à l'Empereur d'Allemagne Charles VI, par les Etats provinciaux de Styrie. Elle est ornée d'un portrait et de 12 planches de cérémonies par *H. Storklin* d'après *J.-J. Florer.*

301. **Vollständiges diarium von den merckwurdigsten Begebenheisen, die sich vor, bey und nach der hochst-beglückten Cronüng des... Carls des VII erwehlten Römischen Kaysers....** *Franckfurt am Mayn, J. D. Jung,* 1743, 8 parties en un vol. pet. in-fol., portr. et pl., velours bleu.

> Relation des fêtes qui eurent lieu à l'occasion du couronnement de Charles VII comme empereur des Romains. Orné de 19 portraits et de 10 grandes planches dont plusieurs se déplient.

302. **Festzug der Stadt Wien den 27 april 1879, dargestellt durch Ed. Stradlin.** *Wien, Moritz Perles, s. d.,* (1879), in-fol. obl. allongé, *en feuilles,* dans un emboi-tage en chagrin avec fers spéciaux.

> Publication faite à l'occasion des noces d'argent de l'Empereur et de l'Impératrice d'Autriche.
>
> Titre et 46 planches lithographiées en couleurs, importantes pour l'histoire du costume autrichien.

303. Cortège historique de la Ville de Vienne à l'occasion
des Noces d'argent de leurs Majestés François-Joseph Ier
et Elisabeth (27 avril 1879). *Paris, A. Quantin,* (1879),
in-fol., *en feuilles,* dans un carton avec fers spéciaux.

> Orné d'un frontispice et de 45 planches de groupes historiques et
> de cortèges exécutés en héliogravure.

e. *Grande-Bretagne.*

304. The Entertainment of his most Excellent Majestie
Charles II, in his Passage through the City of London
to his Coronation. To These is added a brief Narrative
of His Majestie's Solemn Coronation : with his Magni-
ficent Proceeding, and Royal Feast in Westminster
Hall. By John Ogilby. *London, Tho : Roycroft,* 1662,
in-fol., portr. et pl., veau.

> Cet ouvrage est orné du portrait de Charles II, d'un frontispice
> avec les armoiries royales par *W. Hollar,* et de 13 planches dont
> 7 doubles représentant les cavalcades, défilés de personnages et arcs
> de triomphes élevés à l'occasion de cette cérémonie.

305. The History of the Coronation of James II, King of
England, Scotland, etc. and of His Royal Consort
Queen Mary, solemnized in the Collegiate Church of
St. Peter in the City of Westminster the 23 April 1685.
The whole Works illustrated with Sculptures. By
Francis Sandford Esq. (*London*), *in the Savoy :
Printed by Thomas Newcomb,* 1687, in-fol., pl.,
demi-rel.

> Orné de 28 planches de double format, sauf une, gravées par
> *S. More, W. Scherwin,* etc., représentant les ornements royaux, le
> défilé des personnages de la cour et les différentes cérémonies du
> couronnement.

306. An Impartial Historical Narrative of those Momentous Events which have taken place in this Country
during the Period from the Year 1816 to 1823. Illustrated with Engravings by the first Artists. *London,
Robert Bowyer,* 1823, in-fol., pl. en noir et en couleurs,
cart., *non rogné.*

> Orné de 7 curieuses planches, dont 3 coloriées, de cérémonies
> historiques dont le couronnement de George II, dessinées par
> *Stephanoff* et 2 planches d'autographes.
> Belles épreuves avec le mot *Proof.*

307. The Coronation of his most sacred Majesty King George the fourth solemnized in the collegiate Church of Saint Peter Westminster upon the 19 july 1821. By Sir George Nayler. *London, G. Bohn,* 1839, in-fol., pl., mar. rouge, dos orné, dent., tr. dor. (*J. Wright.*)

Splendide ouvrage orné de 45 pl. coloriées par *Chalon, Stephanoff, Pugin, Wild,* etc. Ces planches donnent les portraits en pied avec leur costume d'apparat des personnages qui ont figuré dans cette brillante cérémonie, des vues de l'abbaye et du palais de Wetsminster à divers instants du couronnement, la procession dans Londres, etc.

308. A Memorial of the Marriage of H. R. H. Albert Edward Prince of Wales and H. R. H. Alexandra Princess of Danemark, by W. H. Russell. The Various Events and the Bridal Gifts, illustrated by Robert Dudley. *London, Day and Son, s. d.* (1863), pet. in-fol., portr., titre et pl. en couleurs, demi-rel. dos et coins de chagrin rouge, tr. dor.

Titre en couleur, 2 portraits en noir, 17 planches en couleur des Cérémonies du mariage et 22 planches en couleur représentant les différents cadeaux offerts aux nouveaux époux : bijoux, faïences, argenterie, etc.

f. *Russie.*

309. Opis Zatobnego Obchodu po wiekopomney pamięçi nayiasnieyszym Alexandrze 1. W. Warszawie, wdniach 7, 9, 10, 11, 12, 13, 17, 19, 23, kwietnia 1826 roku. Uroczyscie odbytego. *W. Warszawie,* 1829, in-fol., pl., cart.

Obsèques d'Alexandre Ier Empereur de Russie.
20 planches en noir ou coloriées de cérémonies funèbres, défilés de troupes, décorations de l'Empereur, etc.

310. Description du Sacre et du Couronnement de leurs Majestés Impériales l'Empereur Alexandre II et l'Impératrice Marie Alexandrovna, 1856. *S. l. n. d.* (*Paris, impr. Lemercier,* 1856), in-plano, titre, front., portr. et pl., cart. toile, *non rogné.*

Splendide publication ornée des portraits de l'Empereur et de l'Impératrice de Russie, d'une planche d'ornements impériaux, de 37 planches dont 15 lithographiées en couleur d'après *Bagautz, Zichy, Timm,* etc., 20 planches (avec 30 sujets) gravées sur bois avant la lettre sur Papier de Chine et 2 plans en couleurs.

311. DESCRIPTION DU SACRE ET DU COURONNEMENT de Leurs
Majestés Impériales l'Empereur de toutes les Russies
Alexandre III et l'Impératrice Marie Feodorovna en
l'année 1883. *S. l. n. d. (Moscou,* 1883), in-fol., titre,
front., portr. et pl. en couleurs, mar. bleu, dos orné,
larges dent. couvrant les plats, doublures et gardes de
satin blanc, tr. dor., étui.

> Superbe publication ornée d'un titre, d'un frontispice d'insignes
> impériaux, de deux portraits de l'Empereur et de l'Impératrice de
> Russie et de 23 planches en couleurs représentant les diverses céré-
> monies du Sacre. Le texte est également orné de gravures en noir et
> en couleur.

g. *Pays divers.*

312. Comitiva Regia en el casamiento de S. M. el Rey de
España Don Alfonso 12 con S. A. I. y R. la Archidu-
quesa Dᵃ Maria Cristina de Austria en el trayecto desde
la Real Basilica de Atocha à Palacio el dia 29 de Nòbre
de 1879. *Madrid,* 1883, in-fol. obl., cart.

> Frise de 24 mètres de long représentant le défilé du cortège :
> chars, coches, berlines, landaus, troupes, etc., le tout colorié et
> rehaussé d'or et d'argent. Elle est l'œuvre de *V. Sabater.*

313. Fêtes de Vevey, en Suisse. *S. l. n. d. (vers* 1840),
in-4 obl., couv. en papier.

> Frise de près de 10 mètres de long représentant le défilé des
> différentes corporations dans leurs costumes particuliers.

314. Fête des Vignerons de Vevey. *Vevey, G. Blan-
choud,* 1851, in-fol., pl., *en feuilles,* couv.

> Suite de 5 curieuses planches lithographiées.

315. Pompe funèbre de la reine Ulrique de Suède en
1741. *S. l.,* (1741), in-fol., cart.

> 6 planches de décorations funéraires par *C. Harleman,* gravées
> par *J. E. Rehn,* portant 8 sujets.

2. Guerres. — Conquêtes. — Révolutions, etc.

316. Galeries historiques de Versailles, publiées sous la
direction de MM. Gavard, Calamatta, et Mercuri. *Paris,*
1837..., 14 cartons in-fol., dont 6 de supplément,
portr. et pl., *en feuilles* dans des cartons.

> Ce grand ouvrage exécuté au moyen du diagraphe et pantographe,
> dont M. Gavard était l'inventeur, est orné de près de 1500 planches
> de reproductions de tableaux, statues, etc.

317. Les Triomphes de Louis le Juste, XIII du nom, Roy de France et de Navarre. Contenans les plus grandes actions où sa Majesté s'est trouvée en personne, représentées en figures ænigmatiques exposées par un poëme héroïque de Charles Beys, et accompagnées de vers françois sous chaque figure, composez par P. de Corneille. Avec les portraits des rois, princes et généraux d'armées ; ensemble le plan des villes, sièges et batailles, avec un abrégé de la vie de ce grand monarque, par René Barry. Le tout traduit en latin par le R. P. Nicolai. Ouvrage entrepris et finy par Jean Valdor, Liegeois. *Paris, Ant. Estienne,* 1649, in-fol., portr. et pl., veau.

> Ce volume est orné d'une planche de *E. Della Belle,* d'un portrait d'Anne d'Autriche, de 22 planches de *Valdor,* représentant les actions du roi, accompagnées d'une inscription en vers par Corneille, d'un frontispice et de 35 portraits, d'une planche, et de plans topographiques.

318. Vues de Batailles de 1643 à 1805. *Paris, Berthet, s. d.,* in-fol. obl., *en feuilles.*

> 36 planches dessinées par *Martinet,* gravées par *Bovinet, P. Adam, Cazenave, Chollet,* etc. Tirage moderne.

319. Histoire de la Vie et Actes mémorables de Frédéric Henry de Nassau Prince d'Orange, par I. Commelyn. *Amsterdam, J. Janssonius,* 1656, 2 part. en un vol. pet. in-fol., front., portr. et pl., veau fauve, fil. (*Rel. anc.*)

> Titre gravé, portrait et nombreuses planches, cartes, plans, vues de batailles navales, etc.

320. Œuvre de Van der Meulen. *Paris,* 1685-1686, in-fol., veau. (*Rel. anc.*)

> 35 planches doubles de vues de villes, sièges, batailles, marches etc. servant à l'histoire de Louis XIV. Ces estampes sont gravées par *Baudouin, Bonnart, Scotin,* etc., d'après *Vander Meulen.*

321. Les Glorieuses Conquêtes de Louis le Grand, roy de France et de Navarre (par Pontaut de Beaulieu). *Paris,* 1694, 2 vol. in-fol., portr. et pl., cart. vélin.

> Ouvrage important au point de vue historique et topographique. Il est orné de plus de 150 estampes gravées par *Colignon, N. Cochin, Pérelle,* etc. d'après *Beaulieu* représentant les plans, profils, environs des villes ou forteresses ayant été prises ou assiégées de 1643 à 1697.
>
> Ces planches sont accompagnées des portraits des principaux capitaines du règne de Louis XIV. Les vues de batailles sont accompagnées d'amples explications.
>
> Tirage du dix-huitième siècle.

322. Theatrum Bellicum, incipiens a Carolo II Hispaniarum Rege ad Carolum III. Delineavit et edidit Petrus Schenk. *Amstelœdami, P. Schenk,* 1716, in-fol., pl., veau.

> Titre en latin et hollandais et 23 planches imprimées en sanguine avec 198 morceaux de gravure, plans militaires, batailles, cartes, scènes navales, etc., par *P. Schenk.*

323. Batailles gagnées par le Prince Fr. Eugéne de Savoye sur les Ennemis de la Foi, et sur ceux de l'Empereur et de l'Empire, en Hongrie, en Italie, en Allemagne et aux Païs-Bas. Dépeintes et gravées en taille-douce par le Sʳ Jean Huchtenburg, avec des Explications historiques par Mʳ J. Du Mont. *La Haye, P. Gosse,* 1725, in-fol., portr., pl. et cartes, veau.

> Orné du portrait du Prince Eugène de Savoie, de 10 planches par *Huchtenburg* des principales batailles que le Prince dirigea et de 6 cartes.

324. Histoire des Conquêtes de Louis XV. Tant en Flandre que sur le Rhin, en Allemagne et en Italie, depuis 1744, jusques à la Paix conclue en 1748. Par Mʳ Dumortous. *Paris, De Lormel,* 1759, pet. in-fol., front. et pl., veau.

> Cet ouvrage est illustré d'un frontispice par *Boucher,* de 12 vignettes en-têtes et culs-de-lampe et 41 planches de vues de batailles et de plans.

325. Die Historie des Kriegs Zwischen den Preussen und ihren Bundsgenossen und den Oesterreichern und ihren Bundsgenossen... wie solche beschrieben hat R. Simeon Ben Jochai. *S. l.,* 1758-1763, 6 vol. pet. in-8, pl., cart.

> Cette histoire particulière de la Guerre de Sept ans entre la Prusse et l'Autriche est ornée de 101 figures gravées sur cuivre. Le tome 5 en contient seulement 15, alors que le titre en demande 20.

326. Recueil d'Estampes représentant les différents Evénements de la Guerre qui a procuré l'Indépendance aux Etats Unis de l'Amérique. *Paris, Ponce, s. d. (vers* 1785), in-4 obl., *broché.*

> Titre et 15 jolies planches par *Godefroy, Le Barbier, Marillier,* etc Une des planches représente la *Prise du Sénégal* et une autre la *Prise de l'Ile de la Dominique.*

327. Allgemeines historisches Taschenbuch oder Abrisz der merkwürdigsten neven Welt-Begebenheiten enthaltend für 1784 di Geschichte der Revolution von Nord-America von C. M. Sprengel. *Berlin (und Leipzig)*, 1784, 2 part. en un vol. pet. in-12, titre gravé, portr., fig. et cart., cart., *non rogné*.

Titre gravé, 12 figures par *Chodowiecki*, 2 planches de portraits et de médailles, 3 figures coloriées de costumes militaires et de drapeaux, et une carte.

328. Historisch-Genealogischer Calender oder Jahrbuch der merkwürdigsten neven Welt-Begebenheiten für 1789. *Leipzig*, 1789, 2 part. en un vol. pet. in-12, titre gravé, portr., fig. et carte, cart., tr. dor.

Titre gravé, portrait de Frédéric le Grand ,12 figures par *Chodowiecki*, scènes de la vie de Frédéric le Grand, 3 figures de costumes militaires coloriés, 4 portraits gravés et une carte.

329. Précis historique de la Révolution française. Assemblée constituante (— législative, Convention nationale, Directoire exécutif) par J.-P. Rabaut et Lacretelle jeune. *Paris et Strasbourg (de l'impr. de Didot jeune)*, 1803-1815, 6 vol. in-12, fig., demi-rel. dos et coins de mar. rouge, tête dor., *non rognés*.

PAPIER VÉLIN, 15 figures (sur 16), à l'état d'EAUX-FORTES par *Couché fils* et *Duplessis-Bertaux*.

330. Les Principaux Evénements de la Révolution de Paris, et notamment de la Semaine mémorable, représentés par figures. Suivis d'une liste alphabétique des Citoyens qui se sont distingués au siège de la Bastille. Par M. Ducray du Minil. *Paris, Marudan*, 1789, in-8, fig., demi-rel. dos et coins de mar. rouge, dos orné, *ébarbé*. (*Lemardeley*.)

Un des premiers ouvrages illustrés relatifs à la Révolution. Il est orné de 12 curieuses figures représentant les événements arrivés du 23 juin au 30 juillet 1789 ; l'une d'elles est signée par *Binet* et *Berthet*. Très rare.

331. Almanach historique de la Révolution Françoise, pour l'année 1792, rédigé par M. J. P. Rabaut. *Paris, Onfroy (impr. de Didot l'aîné)*, 1792, in-12, fig. de Moreau, cart., *non rogné*.

Piqûres et taches de rousseur.

332. GRAVURES HISTORIQUES DES PRINCIPAUX ÉVÉNEMENTS depuis l'ouverture des Etats généraux de 1789. *Paris,*

Janinet, 5 *Mai* 1789 (— 5 *Mars* 1791), gr. in-8, fig., demi-rel. (*Rel. anc.*)

> Très rare publication ornée de figures gravées à la manière du lavis par *Janinet*.
> Le volume renferme un titre et la relation des événements du 5 mai 1789 au 5 mars 1791, il est orné de 50 figures et d'un portrait de Lafayette en silhouette.
> Bel exemplaire imprimé sur GRAND PAPIER FORT, tiré grand in-8.
> Très rare dans cet état. Ex-libris F. A. Delacroix.

333. [La Révolution française depuis l'ouverture des États généraux jusqu'au 9 brumaire, en quinze tableaux gravés par Helman d'après Monnet]. *Paris, s. d.*, in-fol. oblong, demi-rel.

> 15 estampes par *Helman* et *Monnet* des *Principales Journées de la Révolution* précédées d'une feuille de texte. Belles épreuves.

334. COLLECTION COMPLÈTE DES TABLEAUX HISTORIQUES de la Révolution française (par Fauchet, Chamfort, Pagès). *Paris, impr. de P. Didot l'aîné, an* VI (1798), 3 tomes en 4 vol. in-fol., portr. et pl., basane.

> Cet important ouvrage tient le premier rang parmi les publications révolutionnaires dont le texte est accompagné d'estampes dues à des artistes contemporains, tant par le nombre et la qualité des planches, que par le talent des écrivains qui les ont commentées.
> Cette édition contient 3 frontispices, 144 pl. pour les 144 tableaux et 60 portraits. A ces estampes, gravées par *Malapeau, Berthault, Dupréel*, d'après *Prieur, Girardet, Swebach, Duplessis-Bertaux, Fragonard fils*, etc., sont jointes 9 planches par *Veny* et *Girardet*, accompagnant 9 discours préliminaires placés en tête du 1er volume.
> On a ajouté 6 portraits de Cambacérès, Le Brun, Talleyrand, Duhesme, Macdonald et Beurnonville (publiés dans l'édition de 1804). Ensemble 222 planches.
> PAPIER VÉLIN.

335. Album des Esquisses historiques des principaux Événements de la Révolution française par J.-A. Dulaure. *Paris, Baudoin frères,* 1825-1826, in-4 oblong, cart.

> 110 planches dessinées et gravées par *Couché fils*. Portrait ajouté.

336. La Cocarde citoyenne. Etrenne dédiée à la Nation. *Paris, Jubert, s. d.* (1790), in-24, fig., mar. rouge, fil., tr. dor. (*Rel. anc.*)

> Orné d'un frontispice et de 7 figures représentant des scènes de la Révolution.

337. Le Figaro du Patriotisme. Almanach lyrique, orné de jolies gravures. *Paris, Bance, s. d.* (1793), in-24, fig., mar. rouge, pet. dent., milieux allégoriques, tr. dor. (*Rel. anc.*)

> Titre gravé et 12 figures coloriées représentant des scènes de la Révolution.
> Reliure avec attributs révolutionnaires.

338. Révolutions-Almanach von 1793 (— 1804). *Göttingen, Dieterich,* 1793-1804, 12 vol. in-12, titres gravés, portr. et fig., demi-rel. veau rouge, *non rognés,* couv.

> Nombreuses figures historiques et portraits.
> Couvertures illustrées conservées.

339. Constitution de la République française, représentée par figures, gravées par F. A. David, précédée du Discours de Boulay. *Paris, David (de l'impr. de Gillé)*, 1800, pet., in-12, fig., mar. vert, dos orné, dent. à la grecque, tr. dor. (*Rel. anc.*)

> Orné de 7 figures tirées en sanguine.

340. Histoire générale et impartiale des erreurs, des fautes et des crimes commis pendant la Révolution française, à dater du 24 août 1787. Ornée de gravures et de tableaux. Par L. Prud'homme. *Paris,* 1796-1797, 6 vol. in-8, fig., demi-rel. basane. (*Rel. du temps.*)

> Les deux premiers volumes renferment le Dictionnaire des individus condamnés à mort pendant la Révolution.
> Cachets de Mr. J. H. Drême sur les titres et sur les plats des reliures.

341. Les Fastes du Peuple français. *S. l. n. d. (vers* 1801), in-4, demi-rel.

> Titre et 15 planches gravées en couleurs de faits célèbres, actions mémorables, traits de générosité, etc.

342. The History of the Wars occasioned by the French Revolution, etc., together with a complete History of the Revolution in France, the War in Spain and Portugal, Russia, Prussia, etc., etc. By William Nicholson. *London,* 1817, pet. in-fol., front. et pl. en couleurs, demi-rel. veau.

> Orné d'un frontispice et de 20 planches coloriées de portraits d'empereurs et de généraux qui se sont illustrés à cette époque et d'une vue coloriée de la bataille de Waterloo.
> Ensemble 22 planches.

343. VIE POLITIQUE ET MILITAIRE DE NAPOLÉON, par A. V. Arnault. Ouvrage orné de planches lithographiées, d'après les dessins originaux des premiers Peintres de l'Ecole française, exécutées par les plus habiles Artistes, et imprimées par C. Motte. *Paris, Emile Babeuf,* 1822-1826, 2 vol. in-fol., portr. et pl., mar. rouge à grains longs, dos orné, enc. de fil. et dent., coins ornés d'aigles, tr. dor. (*Hering et Müller.*)

> Important recueil orné de 2 frontispices (portraits de Napoléon Ier), et 133 planches lithographiées.
> On a joint : 1° 4 estampes gravées à la manière noire par *Charon* d'après *Martinet* relatives à la mort de Poniatowski.
> 2° 25 pl. coloriées extraites des Fastes de la Nation française.
> 3° 17 portraits divers de Napoléon, Marie-Louise et Cambacérès.
> Ensemble 181 planches.
> Belle reliure un peu restaurée.

344. VIE POLITIQUE ET MILITAIRE DE NAPOLÉON. Par A. V. Arnault. *Paris,* 1822-1826, in-fol. obl., pl., mar. rouge, dos orné, dent., doublé de tabis, tr. dor. (*Rel. anc.*)

> Album composé d'un portrait de Napoléon et de 143 planches lithographiées d'après *C. et H. Vernet, V. Adam, Grenier, Decamps, Bosio, Géricault, Wattier, Bellangé,* etc. Belles épreuves coloriées. Quelques planches sont en double avec différences.
> Riche reliure aux chiffres et armes de NAPOLÉON Ier.

345. Vie de Napoléon rédigée par une Société de Gens de Lettres sur les nouveaux documents dictés et corrigés à Ste-Hélène par Napoléon même. Ouvrage orné de planches lithographiées d'après les premiers peintres de l'Ecole française, par Madou. *Bruxelles, Jobard,* 1827, 2 vol. in-4 obl., titres gravés, portr. et pl., demi-rel.

> Ouvrage orné de 2 portraits de Napoléon et de 142 planches lithographiées relatives aux principaux événements de la vie de Napoléon Ier.

346. Les Fastes de la Nation française, par Ternisien d'Haudricourt. *Paris, Decrouan, s. d.,* 2 vol. in-4, titres gravés et pl., demi-rel., tr. dor.

> 2 titres, 2 frontispices et 200 planches d'actions célèbres sous le premier Empire, par *Swebach, Martinet, Lafitte,* etc.
> PAPIER VÉLIN.

347. Campagnes des Français sous le Consulat et l'Empire. Album de 52 batailles et 100 Portraits des Maréchaux et Personnages les plus illustres de l'époque et le portrait de Napoléon Ier accompagné d'un fac-simile de sa signature. Collection de 60 planches dite Carle Vernet. *Paris, s. d.*, in-fol., portr. et pl., demi-rel. dos et coins de mar. rouge brun à grains longs, dos orné, tête dor., *non rogné*.

348. Souvenirs Militaires de la République, du Consulat et de l'Empire, par H[te] Bellangé. *Paris, Gihaut frères, s. d. (vers* 1833), in-fol., *en feuilles*, couv.

> 12 belles lithographies sur Papier de Chine, représentant les principaux faits d'armes de la Révolution et de l'Empire. Couverture de livraison conservée.

349. Tableaux historiques des Campagnes d'Italie, depuis l'an iv jusqu'à la bataille de Marengo ; suivis du précis des opérations de l'armée d'Orient, des détails sur les cérémonies du sacre.... Tirés des rapports officiels et de la correspondance de Napoléon-le-Grand. *Paris, Auber*, 1806, 2 part. en un vol. in-fol., portr. et fig., cart., *non rogné*.

> Portrait, 24 planches gravées par *Duplessis-Bertaux* d'après *Vernet*, et une carte.

350. Vues des Champs de Bataille de Napoléon en Italie, dans les années 1796, 1797 et 1800. Dessinées sur les lieux par Mr. Bagetti, terminées par Ordre du Roi et gravées au Dépôt général de la Guerre sous la direction du Lieutenant Général Bon Pelet. *Paris*, 1837, in-plano obl., pl., chagrin bleu.

> Album de 68 planches de batailles et vues de villes d'Italie.

351. La Prise de Seringapatam, 1799, 4 estampes in-fol.

> Belles estampes anglaises coloriées, gravées par *Laminet* d'après *H. Singletan*.

352. Mémoires relatifs à l'Expédition Anglaise partie du Bengale en 1800 pour aller combattre en Egypte l'Armée d'Orient ; par M. le Comte de Noé. Avec 19 lithographies coloriées et deux cartes. *Paris*, 1826, in-8, cartes et pl., basane.

353. La Colonne de la Grande Armée d'Austerlitz ou de la Victoire. Description, accompagnée de 36 planches représentant la vue générale, les médailles, piédestaux, bas-reliefs et statue dont se compose ce monument. Par Ambroise Tardieu. *Paris, A. Tardieu*, 1822, in-4, pl., demi-rel.

> Orné de 38 planches avec 90 morceaux de gravure.

354. Ruinas de Zaragoza. *S. l. n. d. (vers* 1810), in-4 et in-fol., *en feuilles.*

> 2 suites l'une in-4 de 11 planches coloriées, représentant les principaux défenseurs de la ville, et l'autre de 22 planches in-folio en noir, dont une avant toutes lettres, des principaux événements du siège de Saragosse.
> Ensemble 33 planches par *J. Galbez* et *Fernando Brambila.*

355. FABER DU FAUR. FEUILLES EXTRAITES DE MON PORTE-FEUILLE, dessinées sur les lieux pendant la campagne de 1812. *Stuttgart, Autenrieth,* 1831, un vol. in-fol., pl., en 18 *livraisons,* couv.

> Précieux document pour servir à l'histoire de la campagne de Russie. L'auteur, Faber du Faur, major dans l'artillerie wurtembergeoise, a été l'un des témoins oculaires de cette guerre, il a fait ses esquisses sur les lieux mêmes et a su exprimer tout ce que les soldats ont souffert du froid et de la faim.
> L'album est complet et renferme 100 planches lithographiées sur CHINE d'après les dessins de *Faber du Faur.* Une planche est en double avec différences. Ensemble 101 planches.
> On y a joint le texte explicatif (allemand et français) qui fut rédigé par de Kausler, compagnon d'armes du dessinateur. Il est incomplet de quelques feuillets.
> Excessivement rare.

356. FABER DU FAUR. FEUILLES EXTRAITES DE MON PORTE-FEUILLE, dessinées sur les lieux pendant la campagne de 1812. *Stuttgart,* 1831, in-fol. obl., demi-rel. dos et coins cuir de Russie, tr. jaspée.

> Exemplaire contenant un feuillet de dédicace au roi de Wurtemberg, Guillaume 1er et les 100 planches de l'Album, épreuves très finement coloriées. Rarissime dans cet état.

357. Voyage pittoresque et militaire de Willenberg en Prusse jusqu'à Moscou, fait en 1812, pris sur le terrain même et lithographié par Albert Adam. *Munic, Hermann et Barth,* 1827, in-fol., cart. toile, fers spéciaux.

> Recueil comprenant un titre avec portrait de l'artiste, trois portraits de l'Empereur Napoléon 1er et des princes Eugène et Murat, et 98 planches lithographiées sur CHINE par *Albert Adam.* Un texte imprimé donne l'explication des planches.
> L'auteur était attaché au service du prince Eugène de Beauharnais.

358. Voyage pittoresque et militaire (en France, en Allemagne et en Russie), par Alexis Noël. *Paris, lith. de Langlumé,* 1819, in-4 obl., demi-rel.

> Titre, 29 lithographies et un plan, avec feuillets d'explication.

359. Estampes relatives aux Guerres du Premier Empire. *Vienne, Artaria et Cie, s. d.* (1812-1815), in-fol. obl., demi-rel.

> 22 belles planches coloriées de batailles et défilés de troupes : Incendie de Moscou, Retraite de la Berezyna, Victoire de Katzbach, Bataille de Leipzig, Mort de Poniatowski, Bataille de Brienne, Entrée des Puissances coalisées à Paris, Bataille de Waterloo, etc., d'après *J. A. Klein, W. Kobell, F. P. Reinhold.*
> Collection devenue fort rare.

360. Russlands und Deutschlands Befreiungskriege von der Franzosen-Herrschaft unter Napoleon Buonaparte in den Jahren 1812-1815. Von D. Carl Venturini. *Leipzig und Altenburg, F. A. Brockhaus,* 1818-1819, 4 vol. in-8, portr., fig. en noir et coloriées et carte, demi-rel. basane.

> Cet ouvrage est orné de 4 figures, 9 planches contenant 45 portraits, 12 planches coloriées de costumes militaires et 3 cartes.

361. Campaigns of the British Army in Portugal, under the command of General the Marquis of Wellington. *London, Colnaghi and C^o,* 1813, in-fol., portr. et pl., demi-rel. dos et coins de cuir de Russie, éb.

> Orné d'un portrait et 18 planches par *Henri Levêque.*

362. An illustrated Record of important Events in the Annals of Europe, during the years 1812, 1813, 1814 et 1815. Comprising a series of Views of Paris, Moscow, The Kremlin, Dresden, Berlin, the Battles of Leipsic, etc. Together with a History of those momentous Transactions. *London, R. Bowyer,* 1815, in-fol., pl., cuir de Russie, dent. et fil., tr. dor. (*Rel. du temps.*)

> Orné de 19 planches coloriées dont 2 représentent l'entrée des Alliés à Paris et le Te Deum chanté dans la même ville en l'honneur des armées alliées et de 5 pl., cartes, portraits et autographes.
> A la suite : *The Campaign of Waterloo.* London, 1816, in-fol. avec 5 pl. dont 4 coloriées.

363. An Historical Account of the Campaign in the Netherlands in 1815, under in Grace the Duke of Wellington and Marshall Prince Blucher, comprising the Battles of Ligny, Quatre Bras, and Waterloo. Drawn up from the first Authorities by William Mudford. Embellished with a Series of Plates by James Rouse. *London, Henry Colburn,* 1817, in-4 carré, front. et pl., mar. rouge à grains longs, dos orné, ornements dorés sur les plats, doublé de tabis, tr. dor. (*Rel. de l'époque.*)

> Orné d'un titre, d'un frontispice, de 25 planches de diverses vues de la bataille de Waterloo, d'une grande vue d'ensemble de cette même bataille, d'une vue de la ville de Bruxelles, et d'un plan.
> Ensemble 29 planches en couleurs.

364. The Wars of Wellington, a narrative Poem ; in 15 cantos. Embellished with 30 Engravings, coloured from the original Paintings, by Heath. By Dr. Syntax (Villiam Combe). *London*, 1819, in-4, fig. en couleurs, demi-rel. dos et coins de mar. rouge à grains longs, tête peigne, *non rogné. (Thierry.)*

> 30 curieuses planches coloriées représentant les actions mémorables du duc de Wellington.

365. Historic Military, and Naval Anecdotes. *London, Edward Orme*, 1819, in-4, pl., demi-rel.

> 40 planches en couleur par *Atkinson, Manskirch,* **W. Heath,** etc d'actions célèbres, faits de bravoure des armées anglaises et alliées pendant les guerres contre Napoléon Ier.

366. Le Duc de Berry, ou vertus et belles actions d'un Bourbon. *Paris, Papy Descabanes,* 1820, in-4, pl., cart., couv.

> Portrait et 11 planches gravées à la manière noire, d'après *Colin, Chasselat, Fragonard, Desenne,* etc.

367. L'Enfance d'un Roi par A. Vallois et Charles Buet. *Paris, A. Vallois,* 1884, in-4 carré, demi-rel. chagrin bleu, plats toile, fers spéciaux, tr. dor.

> 14 reproductions.

368. Historical Portraiture of Leading Events in the Life of Ali Pacha, Vizier of Epirus, surnamed the Lion, in a Series of Designs, with a biographical Sketch. *London, Thomas M' Lean,* 1823, in-4, pl., cart., *non rogné.*

> 6 planches en couleur dessinées par *W. Davenport* et gravées par *G. Hunt.*

369. Expédition de l'Inde. *London, published by Kingsbury and Cᵒ,* 1825-1826, pet. in-fol. oblong, pl., cart. toile, *non rogné.*

> Suite de 18 belles planches dessinées par *J. Moore* et gravées en couleur par *G. Hunt, Fielding, H. Pyall,* et *Reeve Jr* représentant des scènes de bataille, vues de monuments, etc., prises pendant la campagne de l'armée anglaise dans l'Inde en 1824.

370. Histoire de la Révolution de 1830, ornée de 40 lithographies, avec portraits en pied du Roi, des Princes et des principaux personnages, dessinés et lithographiés d'après nature. Par M. Petit. *Paris*, 1831, in-fol., pl., cart., *dérelié*.

> Portrait de l'auteur, 17 portraits et 23 planches lithographiés par *Bellangé, Blanc, Julien, Hersent, Raffet, V. Adam, E. Lami,*etc.
> Plats de la couverture collés sur le cartonnage..

371. Histoire de la Révolution de 1830, ornée de 40 lithographies. Par M. Petit. *Paris*, 1831, in-fol., pl., demi-rel. dos et coins de mar. bleu à grains longs, dos orné, tête dor., *non rogné*.

> Très bel exemplaire avec les figures coloriées.

372. Révolution de 1830 en estampes. *Paris, Audin,* 1831, in-8 obl., pl., cart., *non rogné*, couv.

> Orné de 8 planches au trait.

373. 27, 28, 29 Juillet 1830 représentés en trois tableaux renfermant trois Chansons patriotiques. *Paris, Knecht et Roissy,* 1831, in-fol., titre et 3 pl., *en feuilles*.

374. La Révolution belge en 1830. *S. l. n. d. (lith. de Jobard et Dewasme-Pletinckx,* 1830), in-4 obl., demi-rel. dos et coins de mar. citron, *non rogné*.

> 31 planches lithographiées par *P. Lauters, Vanhemelryck,* etc., des principaux événements qui ensanglantèrent la Belgique en 1830.

375. Dessins faits d'après nature au Siége de la Citadelle d'Anvers par Raffet. *Paris. Gihaut et Bertaut, s. d.* (1833), in-fol. obl., *en feuilles*, couv.

> Suite complète d'une vignette de titre et 24 lithographies sur blanc ou sur CHINE. 16 planches sont coloriées.

376. Souvenirs de l'Armée du Nord, 1833, par Charlet. *Paris, lith. de Gihaut frères, s. d.* (1833), in-4 obl., cart. toile.

> Suite complète de 20 lithographies.

377. La Captive de Blaye. *Paris, A. Fonrouge,* 1833, in-4, *en feuilles*, couv.

> 12 planches lithographiées. L'une d'elles est signée par *Jaime*. Mouillures.
> On y joint : Une Journée du jeune exilé (le duc de Bordeaux), par d'Hardiviller. *Paris, Fonrouge,* 1832, in-4, *en feuilles*, couv., 6 lithographies (sur 12). Mouillures.

378. Retraite et Prise de Constantine, par Raffet. *Paris,
Gihaut frères, s. d.*, (1837-1838), in-fol., demi-rel. dos
et coins de mar. rouge, dos orné, tête dor., *non rogné*,
couv. (*Pagnant.*)

> 2 titres et 18 sujets lithographiés, épreuves sur Chine.
> On y joint 4 belles estampes de *Raffet* qui forment le complément
> de cette superbe collection : *Le Colonel du* 17e *léger ; le Drapeau du*
> 17e *léger ; S. A. R. Mgr. le duc d'Aumale* et le *Combat d'Oued-Alleg.*
> Belles épreuves sur Papier de Chine.

379. Journées illustrées de la Révolution de 1848. Récit
historique de tous les événements accomplis depuis le
22 février jusqu'au 21 décembre 1848. Accompagné de
600 gravures. *Paris, bureaux de l'Illustration, s. d.*
(1848), in-4, portr. et fig., demi-rel. dos et coins de mar.
rouge, dos orné, tête dor., *non rogné*. (*Petit, suc* de
Simier.)

380. Erinnerungen an den Feldzug in der Rheinpfalz und
Baden im Jahre 1849, von Friedrich Kaiser. *Berlin,
L. Sachse et C°*, 1849, in-fol., *en feuilles*.

> Titre et 6 planches lithographiées sur Papier de Chine.

381. Campagnes de l'Armée piémontaise, 1848-1849, par
Stanislas Grimaldi. *Paris, impr. Lemercier, s. d.*
(1850), in-fol. obl., demi-rel.

> Cet album comprend 35 belles lithographies, relatives à la guerre
> de l'indépendance italienne par *Stanislas Grimaldi* ; 15 sont en noir
> et 20 en couleurs. Elles représentent diverses batailles et faits d'armes
> relatifs à cette campagne.

382. Souvenirs d'Italie. Expédition de Rome, 1849.
Paris, Gihaut, s. d. (1850-1859), in-fol., demi-rel.
dos et coins de mar. rouge, tête dor., *non rogné.*
(*Lemardeley.*)

> Titre et 36 lithographies par *Raffet*, épreuves sur Chine. Très
> belle suite.
> On a ajouté 14 pièces en divers états et 11 portraits lithographiés
> des principaux officiers de l'expédition.
> Ensemble 61 pièces. De la collection de M. G. Bapst.

383. Souvenirs d'Italie. Expédition de Rome, 1849.
Paris, Gihaut, s. d. (1850-1859), in-fol., *en feuilles*,
couv.

> Titre et 35 lithographies coloriées sur Chine, par *Raffet.*
> Couverture un peu fatiguée conservée.

384. Erinnerungen an die Feldzüge der K. K. Œster. Armee in Italien in den Jahren 1848-49. *München, s. d.* (1851), in-fol. obl., pl., *en feuilles.*

Titre et 24 planches lithographiées sur PAPIER DE CHINE, par *Brüdern Adam*, de combats et scènes militaires.

385. Winter Campagne des Graf Schlik' schen Armee-Corps. *Wien, L. T. Neumann (lith. V. Bachmann Hohmann), s. d.* (1850), in-fol., pl., *en feuilles* dans un portefeuille.

Suite complète de 12 belles planches lithographiées en couleurs par *J. Rauh* et *M. Bäcker*, d'après *Oberl. Koczicska.*

On y joint 7 planches sur la même campagne par *Zulder, Zeilner, Panza*, etc. lithographiées et coloriées, également publiées à *Vienne* par *Neumann.*

386. Gedenkblätter aus der Geschichte des K. K. Heeres. *Wien, H. Martin,* 1868, in-fol. obl., pl., *en feuilles* dans un carton.

12 planches lithographiées sur PAPIER DE CHINE de scènes militaires et de batailles d'après *J. N. Geiger, W. Diez*, etc.

Avec le volume de Notice par Q. Leitner, in-8, plan, *broché.*

387. The Campaign in the Crimea : an Historical Sketch, by George Brackenbury. Illustrated by 40 double tinted plates, from Drawings taken on the Spot by William Simpson. *London, Colnaghi,* 1855, in-8, front. et pl., cart., fers spéciaux, tr. dor.

388. Dolby's Sketches in the Baltic. 1854. *London, Colnaghi and C°,* 1854, in-fol., portr. et pl., demi-rel. dos et coins de veau gris.

Titre, dédicace, 45 planches relatives aux campagnes de la Baltique et de la Crimée et 6 portraits.

La plupart de ces lithographies sont en couleurs et les portraits sont tirés sur PAPIER DE CHINE.

Bel album. Quelques taches de rousseur.

389. Estampes relatives à la Guerre de Crimée. *London et Paris,* 1854-1855, en un vol. in-plano, demi-rel.

Recueil de 26 planches représentant les principaux événements de cette campagne. Une planche est en deux états, noir et colorié.

Ensemble 27 superbes lithographies la plupart en couleurs, par *H. Bellangé, Morel-Fatio, Sorieul, H. Martens, A. F. de Prades, O. Norie*, etc.

390. The War in Italy, from Drawings by Carlo Bossoli. *London, Day and son,* 1859, in-4, front. et fig. en couleurs, demi-rel. dos et coins de chagrin vert, dos orné, tr. dor.

> Orné d'un titre-frontispice, de 2 cartes et de 40 planches lithographiées et coloriées par *Bossoli*, de batailles, entrées triomphales, événements de la guerre d'Italie, etc. Manque la planche 39.

391. Heldenzüge aus dem Jahre 1859. *Wien*, 1862, in-fol. oblong, pl. en couleurs, dos et coins de mar. citron à grains longs, tr. dor.

> Un feuillet de texte et 35 planches lithographiées en couleurs d'après *Grottger, Ludwig Mayer, Noltsch*, etc. représentant les différents faits de la guerre d'Italie de 1859.

392. Erinnerungs-Blätter aus dem Feldzuge in Böhmen und Mähren im Sommer 1866. Herausgegeben durch Prinz Biron von Curland und Alfred Hindorf. *Gera, C. B. Griesbach*, 1878, in-4 obl., *en feuilles*, dans un carton avec fers spéciaux.

> 42 planches, la plupart en couleur, des événements de la guerre austro-allemande de 1866.

393. La Troisième Invasion. Texte par M. Eugène Véron, eaux-fortes par M. Auguste Lançon. *Paris, Librairie de l'Art*, 1876-1877, 2 vol. in-fol., pl. et cartes, demi-rel. dos et coins de mar. rouge, tête dor., *non rognés*. (*Pouillet.*)

> Orné de 154 eaux-fortes et de 14 cartes.
> Bel exemplaire imprimé sur Papier vélin de cet important ouvrage.

394. Souvenirs d'un Assiégé par Andrieux, 1870-1871. *Paris, Lecomte, s. d.* (1871), in-4, fig., demi-rel. dos et coins de mar. bleu, tr. dor., couv. (*Belz-Niedrée.*)

> Suite intéressante de 18 planches lithographiées sur Papier de Chine.
> On y joint 19 épreuves d'artiste.

395. Les Conquêtes de l'Empereur de la Chine. *A Paris, chez Helman*, 1784-1788, in-fol. veau, fil., tr. dor.

> Suite de 24 estampes en largeur gravées par *Helman*, d'après les dessins de missionnaires. 4 pl. sont déreliées.
> On y joint : 1º la même suite, épreuves coloriées, *en feuilles*.
> 2º Faits mémorables des empereurs de la Chine. *Paris, chez Helman*, 1788, texte gravé en 18 pl. (sur 24), *en feuilles*.
> 3º Abrégé historique des principaux traits de la vie de Confucius, *Paris*, (1788), texte gravé et 24 pl.

C. — HISTOIRE DU COSTUME.
RECUEILS DE COSTUMES.

I. — GÉNÉRALITÉS.

396. IL COSTUMO ANTICO E MODERNO o storia del governo, della milizia, della religione, delle arti, scienze ed usanze di tutti i popoli antichi e moderni, provata coi monumenti dell' antichita e rappresentata cogli analoghi disegni dal Dottore Giulio Ferrario. *Milano*, 1815-1829, 15 tomes en 18 vol. gr. in-4, portr. et fig., mar. vert, fil. à froid, tête dor., *non rognés*.

> Très bel ouvrage orné d'une quantité de figures de costumes coloriées. *Asia*, 4 vol. — *Africa*, 2 vol. — *America*, 2 vol. — *Europa*, 9 vol. — *Indice*, 1 vol.
> Exemplaire de première émission aux armes et chiffres de la duchesse de BERRY.

397. Il Costume di tutte le Nazioni e di tutti i Tempi descritto ed illustrato dall'abate Lodovico Menin. *Padova*, 1833-1843, 6 vol. in-fol., portr., demi-rel.

> Les 3 volumes d'album renferment près de 300 planches de costumes de toutes les nations. 6 planches, relatives aux médailles, sont coloriées.

398. Le Costume. Les Armes, Ustensiles, Outils des Peuples anciens et modernes. Dessinés et décrits par Frédéric Hottenroth. *Paris, A. Guérinet, s. d..* 2 part. en un vol. in-4, titre et 240 pl. coloriées, *en feuilles*, dans un carton.

399. Le Costume historique. Types principaux du vêtement et de la parure, rapprochés de ceux de l'intérieur de l'habitation dans tous les temps et chez tous les peuples avec de nombreux détails sur le mobilier, les armes, les objets usuels, les moyens de transport, etc., publié sous la direction de M. A. Racinet. *Paris, F. Didot et Cie*, 1888, 6 tomes en 21 *livraisons* in-4.

> **Orné de 500 planches dont 300 en couleurs.**

400. Recherches sur les Costumes, les Mœurs, les Usages religieux, civils et militaires des anciens peuples, par J. Malliot. Publié par P. Martin. *Paris, impr. P. Didot l'aîné,* 1804, 3 vol. in-4, pl., demi-rel. veau.

Ouvrage orné de près de 300 planches au trait dont 112 sont relatives aux costumes français du Ve au XVIIe siècle.

401. Tableau historique des Costumes, des Mœurs et des Usages des principaux Peuples de l'Antiquité et du Moyen-Age. Par Robert de Spallart. *Metz, Collignon,* 1804-1809, 7 vol. in-8 et 7 cahiers de pl. en 2 vol. in-4 obl., demi-rel. dos et coins de chagrin vert, tr. jaspée.

Les volumes de texte et les 2 albums sont ornés de près de 500 planches coloriées.

402. Costumes des Peuples Anciens. (*Paris, lith. Engelmann, vers* 1820), in-4, pl., cart.

Grèce, 32 pl. — Egypte, 36 pl. — Rome, 11 pl.
Ensemble 79 planches de costumes, lithographiées et coloriées.

403. La Vie Privée des Anciens. Les Peuples (la Famille, le Travail, les Institutions), dans l'Antiquité. Texte par René Ménard, dessins d'après les Monuments antiques par Cl. Sauvageot. *Paris, Vve A. Morel et Cie,* 1880-1883, 4 vol. in-8, fig., demi-rel. dos et coins de mar. rouge, tête dor., *non rognés.*

404. La Vie Antique. Manuel d'Archéologie Grecque et Romaine. Traduit de E. Guhl et W. Koner par F. Trawinski. *Paris, J. Rothschild.* 1884-1885, 2 part. en un vol. pet. in-4, fig., demi-rel. dos et coins de veau fauve, tête dor., *non rogné.*

Ces deux ouvrages sur la Grèce et sur Rome ont été revus et annotés par O. Riemann et A. Dumont. Ils sont ornés de plus de 1000 gravures, beaucoup représentant des costumes civils et militaires.

405. Fêtes et Courtisanes de la Grèce. Supplément aux Voyages d'Anacharsis et d'Antenor. (Par J. B. P. Chaussard). *Paris, Barba,* 1803, 4 vol. in-8, front. et pl. par Garnerey, veau, dos orné sur fond bleu. (*Rel. anc.*)

Planches de costumes, parures et ornements de courtisanes.

406. La Femme dans l'Antiquité Grecque. Texte et dessins de G. Notor. Préface de M. Eugène Müntz. 33 reproductions en couleurs et 320 dessins en noir. *Paris, Renouard et H. Laurens,* 1901, in-4, pl. et fig., demi-rel. dos et coins de mar. bleu, dos orné, tête dor., *non rogné*, couv. (*Pouillet.*)

407. Costume du Moyen-Age d'après les manuscrits, les peintures et les monuments contemporains. Précédé d'une dissertation sur les mœurs et les usages de cette époque. (Par Van Beveren et du Pressoir). *Bruxelles,* 1847, 2 tomes en un vol. in-4, pl., demi-rel. dos et coins de mar. rouge, tête dor., *non rogné.*

> Cet ouvrage est orné de 150 planches coloriées de costumes du XIIIe au XVe siècle.

408. Le Costume au Moyen-Age d'après les Sceaux, par G. Demay. *Paris, Dumoulin et Cie,* 1880, in-4, front. en couleurs et fig., demi-rel. dos et coins de chagrin rouge, dos orné, tête dor., *non rogné.*

> Un des 75 exemplaires imprimés sur PAPIER VÉLIN de cuve.

409. Iconographie (— et Supplément) générale et méthodique du Costume du IVe au XIXe siècle (315-1815). Collection gravée à l'eau-forte d'après des documents authentiques et inédits par Raphaël Jacquemin. *Paris, s. d.* (1863-1869), 2 vol. in-fol., *en feuilles.*

> 280 planches coloriées. L'ouvrage le plus exact et le plus précis publié sur les costumes.

410. Costumes Historiques des XIIe, XIIIe, XIVe et XVe siècles, tirés des monuments les plus authentiques de peinture et de sculpture dessinés et gravés par Paul Mercuri avec un texte historique et descriptif par Camille Bonnard. Nouvelle édition, soigneusement revisée avec une introduction par M. Charles Blanc. *Paris, A. Lévy fils,* 1860-1861, 3 vol. in-4, pl., demi-rel. chagrin noir, *non rognés.*

> 200 belles planches en or et en couleurs.
> On y joint : Costumes historiques des XVIe, XVIIe, et XVIIIe siècles, dessinés par E. Lechevalier-Chevignard, gravés par A. Didier, L. Flameng, etc. Avec un texte historique et descriptif par G. Duplessis. *Paris, A. Lévy,* 1867, 2 vol. in-4, pl., demi-rel. chagrin noir, *non rognés.*
> 150 belles planches en or et en couleurs.
> Ensemble 5 volumes en reliure uniforme ornés de 350 planches.

411. COSTUMES. ŒUVRES D'ART ET USTENSILES depuis le commencement du Moyen-Age jusqu'à la fin du XVIIIe siècle, d'après les originaux contemporains par J. H. Hefner-Alteneck. Le texte traduit de l'allemand en français par Daniel Ramée et Raymond Daly. *Franc.*

fort s/Mein, Henri Keller, 1880-1897, 10 vol. in-4, pl-
en noir et en couleurs, demi-rel. dos et coins de mar.
rouge brun, tête dor., *non rognés*, couv. (*Thierry.*)

> Ouvrage très important contenant 720 planches coloriées, repro-
> ductions de miniatures, peintures, objets d'art et ustensiles de tous
> genres. La part consacrée à la représentation des costumes des
> différents peuples depuis le sixième siècle jusqu'à la fin du dix-
> huitième siècle est considérable.

412. Modes et Costumes historiques, français et Etrangers,
dessinés et gravés par Pauquet frères, d'après les
meilleurs maîtres de chaque époque et les documents les
plus authentiques. *Paris, Pauquet frères, s. d.* (1865-
1868), 2 vol. in-4, demi-rel. de chagrin rouge, tête dor.,
non rognés.

> 192 planches de costumes coloriés.

413. Monographien zur deutschen Kulturgeschichte
herausgegeben von Georg Steinhausen. *Leipzig, Eug.
Diederichs*, 1899-1903, 11 vol. in-4, fig., cart.

> Edition sur PAPIER GENRE ANCIEN, de ces études par G. Liebe,
> G. Steinhausen, H. Peters, F. Heinemann, H. Boesch, etc., sur les
> militaires, les négociants, la médecine et la chirurgie, la justice, les
> paysans, les savants, les ouvriers, etc., etc. du 15e au 18e siècle.
> Nombreuses illustrations documentaires principalement de
> costumes.

414. HABITUS PRÆCIPUORUM POPULORUM tam virorum quam
feminarum singulari arte depicti... *Nurnberg, bey
Hans Weigel*, 1577, in-fol., fig., cart. parchemin.

> Très belle suite de 219 grandes figures de costumes très bien
> dessinées et gravées sur bois, par *Jost Amman*. Manque le titre.

415. Costumes de diverses nations gravés sur bois par Jost
Amman. *Nuremberg*, 1577, pet. in-fol., cart.

> Suite de 110 figures découpées, montées sur papier et coloriées.
> Déchirures et taches.

416. DIVERSARUM GENTIUM ARMATURA EQUESTRIS, ubi fere
Europæ, Asiæ atque Africæ equitandi ratio propria
expressa est. *S. l., Abraham Bruynus, exude., s. d.*
(*vers 1576*), in-4, mar. La Vallière, fil., bande d'entre-
lacs, tr. dor. (*Capé.*)

> Cet ouvrage se compose d'un titre gravé, d'une planche d'armoiries,
> de 8 ff. de texte, d'un frontispice, de 75 planches de costumes
> équestres et de 8 planches d'armoiries, toutes ces planches gravées
> sur cuivre par *Bruyn*.
> Volume très intéressant pour les costumes ; on y trouve quelques
> portraits de princes et souverains.
> Bel exemplaire.

417. A. Bruyn. Omnium pene Europæ, Asiæ, Aphricæ atque Americæ gentium habitus. Habits de diverses nations de l'Europe, Asie, Afrique et Amérique. *S. l. (Antverpiæ)*, 1581, in-fol. obl., demi-rel.

> Suite de costumes des plus rares ; elle se compose d'un titre, d'un frontispice et de 62 planches, chacune avec plusieurs costumes ; certaines en ont de 10 à 12.
>
> A la suite, du même artiste : *Costumes d'Ecclésiastiques et d'Ordres religieux*, 1 f. d'Avis et 19 planches, quelques-unes avec plusieurs costumes.
>
> Ensemble 81 planches.

418. Im Frauwenzimmer wirt wermeldt von allerley schönen Kleidungen unnd Trachten der Weiber, hohes und niders Stands, wie man fast an allen Orten geschmückt unnd gezieret ist... Jetzund erst durch den weitberühmbten Jost Amman..... *Franckfurt am Mayn, Sigmund Feyrabends*, 1586, in-4, fig., vélin.

> Très jolie suite de 122 figures gravées sur bois par *Jost Amman*, de costumes de femmes européennes au XVIe siècle.
> PREMIER TIRAGE. Rare.

419. DE GLI HABITI ANTICHI, ET MODERNI de diverse parti del Mondo libri due, fatti da Cesare Vecellio, et con discorsi da lui dichiarati. *In Venetia, Damian Zenaro*, 1590, 2 part. en un vol. in-8, fig., vélin à recouvrements.

> PREMIÈRE ÉDITION. Ce recueil renferme 420 figures de costumes gravées sur bois. Ces planches ont été dessinées par *Cesare Vecellio*, peintre habile, cousin du Titien, et gravées par *Christoforo Guerra*, ou plus exactement *Christophe Krieger* de Nuremberg.
> Chacune des planches est entourée d'un élégant encadrement.

420. Costumes Anciens et Modernes. Habiti Antichi et Moderni di tutto il Mondo. Précédés d'un Essai sur la gravure sur bois par M. Amb. Firmin Didot. *Paris, typ. de Firmin Didot*, 1860, 2 tomes en un vol. in-8, fig., cart. vélin, tête dor., *non rogné*, couv. (*Champs.*)

> Exemplaire imprimé sur PAPIER DE CHINE.

421. DIVERSARUM NATIONUM HABITUS centum et quattuor iconibus in ære incisis diligenter expressi. Item ordines duo processionum unus summi Pontificis alter Seneriss. Principis Venetiarum. Opera Petri Bertellii. *Apud Alciatum Alcia et Petrum Bertellium, Patavii, 1592-*

1604, 3 vol. pet. in-8, fig., vélin, dos orné, enc. de fil., tr. rouge.

> Une des plus importantes séries de planches de costumes. Elles sont très bien gravées à l'eau-forte.
> Exemplaire renfermant 3 parties :
> Première partie, 1592. — Titre gravé, 1 f. d'armoiries, 2 ff. de dédicace, 104 pl. numérotées, 2 pl. pliées pour les processions du pape et du doge et 2 ff. imprimés.
> Seconde partie, 1592. — Titre gravé, 1 f. d'armoiries, 78 pl. numérotées et 1 pl. pliée, procession du sultan.
> Troisième partie, 1604. — Titre gravé et 99 planches.
> Belles épreuves, quelques-unes avec pièces de rapport. Très rare.

422. Des Habits, Mœurs, Cérémonies, Façons de faire anciennes et modernes du monde, avec les Portraicts des Habits taillés par Jean de Glen, Liégois. *Liège. Jean de Glen,* 1601, pet. in-8, fig., veau.

> Nombreuses planches de costumes gravées sur bois.

423. [Costumes d'hommes et de femmes de différents pays d'Europe]. Séb. Vrancx inv. (*Anvers*), *P. de Jode exc.,* s. d. (*vers* 1630), pet. in-4, *en feuilles.*

> Suite de 8 pl., costumes belges, anglais, français, italiens, etc.

424. Miroir des plus belles Courtisanes. *S. l. n. d.* (*vers* 1640), in-4, demi-rel. mar. bleu.

> Copies par *M. Van Lochom* de 34 figures de *Crispin de Pas* qui ornent le MIROIR DES PLUS BELLES COURTISANES. Costumes de femmes de divers pays.
> Epreuves coupées et remontées à plat.

425. Neu-Erōffnete Welt-Galleria, Woriñen sehr curios und begnùgt unter die Augen kommen allerley Aufzùg und Kleidungen unterschiedlicher Stànde und Nationen... von P. Abrahamo à S. Clara. *Nùrnberg, Chr. Weigel,* 1703, in-fol., pl., veau.

> 100 planches de costumes européens par *C. Lùyken,* inspirées des planches publiées en France par les *Bonnart.*
> 9 planches de portraits du Roi Louis XIV et de Princes et Princesses de la famille royale, par *B. Picart* et *Trouvain* ajoutés.

426. Costumes royaux, princiers et militaires. *Augsbourg, Mart. Engelbrecht,* s. d. (*vers* 1750), pet. in-fol., demi-rel.

> Recueil de 110 planches de costumes coloriés et rehaussées d'or, dont 22 de personnages royaux et princiers et 88 de militaires autrichiens.

427. **Diverses modes** dessinées d'après nature par Bernard Picart. *Paris, veuve Chereau, s. d.*, in-8, mar. rouge, riches dorures, tr. dor. (*Rel. anc.*)

> Recueil de 27 dessins originaux de *B. Picart*, à la sanguine. Ces dessins, très finement exécutés, sont montés dans un album in-8, accompagnés d'un titre gravé, et de 50 planches de costumes gravées d'après les dessins de *B. Picart*.

428. A Collection of the Dresses of different Nations; Antient and Modern; particulary old English Dresses; after the Designs of Holbein, Vandyke, Hollar, and others. *London, Th. Jefferys*, 1757-1772, 4 vol. in-4, fig., demi-rel. dos et coins de mar. rouge.

> 480 figures de costumes bien gravées à l'eau-forte.

429. Recueil d'Estampes représentant les grades, les rangs et les dignités suivant le Costume de toutes les Nations existantes. *Paris, Duflos*, 1783, in-fol., pl., demi-rel. dos et coins de cuir de Russie, *non rogné.*

> Album de 60 planches gravées à l'eau-forte par *P. Duflos* d'aprè *Touzé*. Belles épreuves coloriées avec rehauts d'or et d'argent.

430. Costumes civils actuels de tous les peuples connus, dessinés d'après nature, gravés et coloriés, accompagnés d'une notice historique sur leurs coutumes, mœurs, religions, etc., rédigés par M. Sylvain Maréchal. *Paris, Pavard*, 1788, 4 vol. pet. in-4, front. et fig., veau. (*Rel. anc.*)

> Première édition de cet intéressant recueil renfermant plus de 300 planches de costumes en couleurs dessinées par *Desrais*.

431. Costumes civils actuels de tous les peuples connus, dessinés d'après nature, gravés et coloriés, accompagnés d'une notice historique sur leurs coutumes, mœurs, religions, etc., rédigés par M. Sylvain Maréchal. Seconde édition. *Paris, Deterville, s. d.*, 4 vol. in-8, fig., demi-rel. dos et coins de mar. vert, dos orné, tête dor., *ébarbés.*

> Cette édition renferme également les 300 planches de costumes en couleurs dessinées par *Desrais*.

432. Encyclopédie des Voyages, par J. Grasset Saint-Sauveur. *Paris*, 1795-1796, 2 vol. in-4, demi-rel. mar. rouge, *non rognés.*

> Recueil de 348 planches coloriées de costumes des divers habitants du monde publiées dans cet ouvrage.
>
> Ces planches ont été gravées par *Labrousse, Laroque*, etc. d'après *J. Grasset Saint-Sauveur.*

433. Collection de divers Habillements suivant les différens Costumes. *Wienne, Artaria et C*[ie]*, 1796, in-4, en feuilles.*

Titre gravé et 7 planches coloriées par *M. Wocher, J. Schaffer, Pitschmann*, etc. Epreuves remargées. On y joint 3 planches diverses, costumes de valaques et croates.

434. Colleccion general de los Trages que usan actualmente todas las naciones del mundo descubierto dibujado y grabados con la mayor exactitud por R. M. V. A. R. *Madrid, A. del Castillo*, 1799, 4 vol. in-12, demi-rel. dos et coins de mar. rouge, dos orné, tr. dor.

Collection complète comprenant un frontispice et 400 planches gravées d'après *Rodriguez*, finement coloriées, de costumes des habitants de tous les pays de l'Ancien et du Nouveau Monde.

435. Voyages pittoresques dans les quatre parties du Monde, ou troisième édition de l'Encyclopédie des Voyages, contenant les Costumes des principaux Peuples de l'Europe, de l'Asie, de l'Afrique, de l'Amérique et des Sauvages de la mer du Sud, gravés et coloriés avec soin. Accompagnés de six cartes géographiques ; suivis d'un Précis historique sur les Mœurs de chaque Peuple ; par J. Grasset Saint-Sauveur. *Paris, Veuve Hocquart*, 1806, 2 vol. pet. in-4, front., pl. et cartes, cart., *non rognés.*

4 frontispices, 6 cartes et 156 planches coloriées de costumes des divers habitants du monde ; les planches sont gravées par *Luchaussée, Mixelle*, etc.

436. Sketches illustrative of the Manners and Costumes of France, Switzerland, and Italy, by R. Bridgens. *London,* 1821, in-4, fig., demi-rel. dos et coins de mar. vert, *non rogné,* couv.

Orné de 50 planches coloriées, costumes des habitants de Dieppe, Boulogne, Paris, Turin, Rome, etc. Une planche remontée à plat.

437. Costumes des femmes de Hambourg, du Tyrol, de la Hollande, de la Suisse, de l'Espagne, etc., dessinés la plupart, par M. Lanté, gravés par M. Gatine et coloriées. *Paris*, 1827, pet. in-fol., pl., demi-rel. dos et coins de mar. rouge à grains longs, dos orné, *non rogné.* (*Bretault.*)

Très belle suite de 100 planches coloriées. Rare.

438. Galerie Royale de Costumes, peints d'après nature par divers artistes et lithographiés par Alophe, Janet-Lange et Dollet. *Paris, Gache (Aubert et Cie), s. d. (vers 1840)*, in-fol., pl., demi-rel. mar. bleu, couv.

> 50 belles lithographies coloriées de costumes de femmes de divers pays.

439. Galerie Universelle des Peuples, publiée par Charles Lallemand et Hart. *Paris, Londres, Munich et Vienne,* 1865-1866, 6 vol. in-4, pl., *en feuilles,* dans des cartons.

> Alsace. — Grand Duché de Bade. — Beyrouth et Damas. — Forêt Noire. — Syrie. — Würtenberg. Nombreuses illustrations photographiques coloriées.
> Les photographies du Duché de Bade sont en noir et il n'y a pas de livraison de texte au fascicule Beyrouth et Damas.

440. Katalog der Freihrrlich von Lipperheide'schen Sammlung für Kostumwissenschaft mit Abbildungen. *Berlin, Franz Lipperheide,* 1896-1905, 2 vol. in-8, fig., en 18 *livraisons.*

> Importante bibliographie des ouvrages sur le Costume.

II. — Costumes des religieux.
Ordres militaires.

441. Cérémonies et Coutumes religieuses de tous les Peuples du Monde. *Amsterdam,* 1723-1737, in-fol., *en feuilles.*

> Illustrations seules de cet ouvrage, au nombre de 2 frontispices et 215 planches (sur 224), par *Bernard Picart.* Nombreux costumes des personnages religieux de différents cultes.

442. Histoire complète et Costumes des Ordres Monastiques, Religieux et Militaires, et des Congrégations séculières des deux sexes ; par le R. P. Hélyot. Avec notice, annotations et complément par V. Philipon de La Madelaine. *Guingamp, B. Jollivet,* 1838-1840, 8 vol. gr. in-8, pl. en couleurs, cart., *non rognés,* couv.

443. Histoire et Costumes des Ordres Religieux, par M. l'abbé Tiron. Deuxième édition, considérablement augmentée. *Bruxelles,* 1843-1845, 2 vol. in-8, pl., demi-

rel. dos et coins de mar. rouge, dos orné, tête dor.,
non rognés, couv.

> Orné de près de 100 planches coloriées de costumes religieux
> hommes et femmes. Les titres sont en double, différents.

444. Raccolta degli Ordini Religiosi che esistono nella
Città di Roma. Disegnati ed incisi all'acquaforte da
Giuseppe Capparoni. *Roma, G. Capparoni,* 1826-1828,
4 vol. pet. in-4, pl., mar. rouge, dos orné, dent., tr.
dor. (*Rel. du temps.*)

> 4 titres et près de 300 planches gravées par *Capparoni* et coloriées,
> des costumes des Papes, Cardinaux, Ordres religieux hommes et
> femmes, etc.
> Bel exemplaire.

445. Figures des différents habits des Chanoines réguliers
en ce siècle. Avec un discours sur les habits anciens et
modernes des Chanoines tant Seculiers que Reguliers.
Par le P. C. Du Molinet. *Paris, Siméon Piget,* 1666,
in-4, fig., vélin.

> Titre gravé et 31 figures par *Le Doyen.*

446. Costumi Religiosi Civili e Militari della Corte Ponti-
ficia. *Roma, Garroni. s.d. (vers* 1840), in-4, *en feuilles,*
couv.

> 50 planches coloriées et rehaussées d'or et d'argent gravées par
> *Pistolesi* d'après *Liberati.*

447. Collection complète des Costumes de la Cour de
Rome et des Ordres Religieux des deux Sexes. Dessinée
d'après nature, sous la direction de Fernandez, avec un
texte explicatif en français et en italien. *Paris, impr.
Carré-Michels,* 1856, in-4, pl., demi-rel. chagrin rouge,
tr. dor.

> 80 planches coloriées de costumes religieux et de personnages de
> la maison du Pape.

448. Mascarades Monastiques et Religieuses de toutes les
Nations du Globe, par G. C. Rabelli. *Paris,* 1793, in-8,
pl., cart.

> 26 curieuses figures coloriées de costumes de différents ordres.

449. Histoire de tous les Ordres militaires ou de chevalerie, contenant leurs institutions, leurs cérémonies,
leurs pratiques, leurs principales actions et les vies des

grands-maîtres, avec leurs vêtemens, leurs armes et leurs devises, gravées en cuivre par A. Schoonebeek. *Amsterdam, Desbordes*, 1699, 2 vol. in-8, front. et fig., mar. bleu, fil., tr. dor. (*Belz-Niedrée.*)

Très bel exemplaire, tiré sur GRAND PAPIER.

450. Collection historique des Ordres de Chevalerie Civils et Militaires, existant chez les différens peuples du Monde, suivie d'un tableau chronologique des Ordres éteints, par A. M. Perrot. *Paris, André*, 1820, in-4, pl., cart., *non rogné*.

Frontispice et 39 planches coloriées représentant les Costumes, Plaques, Croix, Médailles, Rubans, etc., des Ordres anciens et nouveaux.

451. Précis historique des Ordres de Chevalerie, Décorations militaires et civiles, reconnus par les Souverains d'Europe et dans les Etats des autres parties du monde. Orné de 106 planches. Par Jacques Bresson. *Paris, Aubert et Londres*, 1844, in-8, fig. coloriées, cart. toile, fers spéciaux.

452. Ordres de Chevalerie et Marques d'Honneur. Publié par Auguste Wahlen. *Bruxelles*, 1844, in-8, pl., cart.

Nombreuses illustrations coloriées.

III. — COSTUMES CIVILS
SPÉCIAUX AUX DIVERS PAYS.

1. France.

a. *Généralités.*

453. Histoire du Costume en France depuis les temps les plus reculés jusqu'à la fin du XVIIIe siècle, par J. Quicherat. Deuxième édition contenant 483 gravures dessinées sur bois. *Paris, Hachette et Cie*, 1877, in-8, fig., cart. toile, tr. dor.

454. Costumes français depuis Clovis jusqu'à nos jours, extraits des monumens les plus authentiques de sculpture et de peinture, avec un texte historique et descriptif. (Par M. de Clugny). *Paris, L. Massard*, 1834-1839,

4 vol. in-8, pl., demi-rel. veau, dos orné. (*Rel. du temps.*)

Orné de plus de 600 planches coloriées de costumes français, à toutes les époques. Bel exemplaire.

455. Costumes Français, civils et religieux, avec les meubles, les armes, les armures, l'architecture domestique, etc., depuis les Gaulois jusqu'à 1834 ; dessinés d'après les historiens et les monumens, par Herbé. *Paris,* 1840, pet. in-fol., cart., *non rogné.*

105 planches lithographiées et coloriées avec près de 2500 costumes divers.
Lettre autographe de l'auteur sur le premier feuillet.

456. P. Lacroix. Moyen-Age et Renaissance. — XVIIe siècle. — XVIIIe siècle. — XIXe siècle. Directoire, Consulat et Empire. *Paris, Didot et Cie*, 1869-1893, 10 vol. pet. in-4, fig. en noir et en couleur, demi-rel. dos et coins de mar. rouge brun, tête dor., *non rognés,* couv. (*Ritter.*)

Importante illustration documentaire de plus de 3500 figures dont 150 en couleurs, relatives aux mœurs, usages, costumes, lettres, sciences, arts, etc.
Le dernier volume est l'œuvre de M. Grand-Carteret.

457. Costumes Civils et Militaires de la Monarchie Française par Numa. *Paris, Gihaut frères, s. d. (vers* 1840), in-4, pl., demi-rel. dos et coins de chagrin rouge, tr. dor.

Suite de 100 planches lithographiées et coloriées de costumes civils et militaires du Ve au XIVe siècle.
Bel exemplaire.

458. Collection des Costumes, Armes et Meubles, pour servir à l'Histoire de France, depuis le commencement du Ve siècle jusqu'à 1814, par M. le Cte Horace de Viel-Castel. *Paris, (lith. de Villain),* 1845, in-fol., titre orné et pl., en 24 *livraisons,* couv.

Orné de 120 planches lithographiées et coloriées.

459. Costumes Civils et Militaires de la Monarchie française, depuis 1200 jusqu'à 1820, par H^{te} Lecomte. *Paris, Impr. de F. Delpech, s. d.* (1821), 2 vol. in-fol., pl., demi-rel., *non rognés.*

Intéressante suite de costumes, composée de 378 lithographies coloriées (sur 380).
Exemplaire en mauvais état, raccommodages, cassures et déchirures.

460. Album keepsake des Costumes de la Cour française depuis Charles VII, jusqu'à Louis XVI, dessinés par Compte-Calix. *Paris,* 1854, in-fol., cart., couv.

> 20 planches lithographiées en couleurs.

461. La Noblesse, par Callot. *S. l. n. d.*, in-8, vélin.
> Douze costumes d'hommes et de femmes de la noblesse lorraine.
> Epreuves sur Papier teinté.

462. Le Jardin de la Noblesse françoise dans lequel ce peut cueillir leur manierre de Vettements. *Paris, Melchior Tavernier,* 1629, in-8, *en feuilles.*

> Titre et 11 planches gravées par *Abraham Bosse* d'après *Saint-Igny.*
> Belles épreuves.

463. Elémens de Pourtraiture ou la metode de representer et pourtraire toutes les parties du corps humain. Par le Sieur de S. Igny. *Paris, François l'Anglois dit Chartres,* 1630, pet. in-8, cart.

> Ce rare volume est orné de nombreuses et jolies planches gravées
> en taille-douce, soit par *Jean de St-Igny* lui-même, soit d'après ses
> dessins. Plusieurs figures représentent des hommes et des femmes
> dans différents costumes de l'époque Louis XIII, vus de face, de
> profil ou de dos.
> A la suite : *Libro novo da Dissegnare. F. L. D. Ciartres excudit
> Parigi.* Studio del sig^r Valleze pictor fatto in Roma.
> Quelques petits raccommodages et feuillets plus courts.

464. Recueil de Portraits de Femmes du dix-septième siècle, dans de riches costumes. *Paris, Le Blond et Mariette, s. d. (vers* 1635), in-fol., *en feuilles.*

> 34 portraits de femmes célèbres du XVIIe siècle déguisées sous
> les noms de romans à la mode, de l'*Astrée* notamment, ou bien avec
> des légendes en vers galants ou satyriques.
> Ces estampes ont été gravées en grande partie par *Ch. David.*

465. Les Quatre Saisons, par Abraham Bosse. *Paris, Le Blond, s. d. (vers* 1650), in-fol. obl., *en feuilles.*

> 4 planches gravées par *Le Blond.* Belles épreuves.

466. Costumes d'hommes et de femmes à la fin du dix-septième siècle, par Bonnart, Saint-Jean, Le Pautre, Bérain, etc. *A Paris, chez Bonnart, Trouvain, Saint-Jean, Mariette,* etc. (1685-1695), pet. in-fol., *en feuilles.*

> La plus importante collection de gravures de modes publiée au
> dix-septième siècle. Nous avons ici 290 pièces, portraits de person-

nages célèbres, costumes d'hommes et de femmes, allégories, costumes de ballets et d'acteurs, etc.

165 pièces sont coloriées et 2 ont été décorées avec des applications d'étoffes. Marges inégales.

On y joint 50 pièces publiées par *Guérard, Daumont* et *Chiquet*, scènes de mœurs, proverbes, costumes, etc. en noir et coloriées. Ensemble 340 pièces.

467. ESTAMPES RELATIVES AUX MŒURS populaires et domestiques ; proverbes illustrés, allégories, etc. *A Paris, chez Nic. Guérard, s. d. (vers 1700)*, pet. in-fol., veau.

Collection de 98 estampes dessinées et gravées à l'eau-forte par *N. Guérard*, curieuses pour l'histoire des Mœurs et du Costume.

On a relié à la suite 40 planches représentant des hommes et des femmes dans diverses occupations publiées par *N. Arnoult* et 4 pl. de scènes bachiques éditées à *Amsterdam*. Ensemble 142 planches. Rare et intéressant recueil.

468. Divers Desseins de Figures, par Le Clerc. *Paris, Jeaurat, s. d. (vers 1715)*, in-4, *en feuilles*.

Titre et 19 planches dessinées et gravées par *Séb. Le Clerc*. Ces planches coupées au cadre sont remontées.

469. Costumes Français. *A Paris, chez J. Mariette, s. d.*, pet. in-8, cart.

Suite de 36 planches de costumes d'hommes et de femmes, de l'époque de la fin du règne de Louis XIV. On y trouve aussi représentés certains personnages de la Comédie Italienne. Belles épreuves.

470. Figures de Modes dessinées et gravées à l'eau-forte par Watteau et terminées au burin par Thomassin le fils. *Paris, Duchange et Jeaurat, s. d. (vers 1720)*, pet. in-8, mar. bleu, fil., tr. dor. (*Chambolle-Duru.*)

Titre et 11 figures de costumes d'hommes et de femmes.

471. Figures françoises et comiques. Nouvellement inventées par M. Watteau. *Paris, Du Change, s. d. (vers 1720)*, pet. in-8, mar. rouge, fil., tr. dor. (*Chambolle-Duru.*)

Titre et 7 figures gravées par *Hecquet* et *Deplace*. Jolie suite.

472. Livre de différents Caractères de têtes. Inventez par M. Watteaux, et gravez d'après ses desseins par Fillœul. *A Paris, chez F. Chéreau*, 1752, in-4, veau marbré, dos orné, fil. (*Pagnant.*)

Charmant volume extrêmement rare. Il se compose d'un titre orné et de 27 figures gravées par *Filleul* d'après *Watteau*. Une des planches : **Bon voyage**, est gravée à l'eau-forte par le comte de *Caylus*.

473. Suite de figures inventées par Watteau, gravées par son ami C. (Cochin), *S. l. n. d.*, in-8, mar. vert jans., *non rogné.*

> Belle suite composée d'un titre et de 24 planches gravés à l'eau-forte par *Cochin.* Épreuves à toutes marges.

474. Recueil des différentes Modes du temps. *Paris, Herisset,* 1729, in-4 obl., pl., demi-rel. mar. bleu.

> Suite très rare, gravée par *Herisset,* comprenant un titre et 11 planches de costumes d'hommes et de femmes.
> On y joint : 1° Un dessin original à la plame et à la sépia d'un des costumes de femmes (*Les Mantes*).
> 2° 2 planches de costumes d'hommes et de femmes.
> 3° Les articles de Modes (Février et Mars 1729), extraits du *Mercure de France,* accompagnés de quatre curieuses planches dessinées par *Coypel* et gravées par le *Comte de Caylus* ; l'une d'elles représente une *Dame menée en traisneau sur la neige 1729.*
> Ensemble 19 pièces.
> Plusieurs planches et le texte sont remargés.

475. Recueil des Différentes Modes du Temps. *Paris, chez Crépy, s.d. (vers* 1730), in-4 obl., cart.

> 8 planches à deux ou trois personnages chacune.
> Le même album renferme : *Acteurs du Théâtre italien,* 6 pl.
> Ensemble 14 planches de même nature.

476. Types du dix-huitième siècle par Aug. de Saint-Aubin. *A Paris, rue Saint-Jacques, (vers* 1760), in-8, cart.

> Très jolie suite de 6 pièces : la *Provençale,* l'*Abbé Blondin,* la *Fruitiére, Blaise, Colin* et *Collette.* Epreuves en double état : avant la lettre (rarissimes) remargées et avec la lettre.

477. Les Sens, par Queverdo. *Paris, Martinet, s. d. (vers* 1770), pet. in-8 obl., pl., mar. vert, dos orné, fil., tr. dor. (*Chambolle-Duru.*)

> Jolie suite de 5 planches par *Queverdo* avec encadrements très ornés : *L'Odorat, L'Ouïe, Le Goût, Le Touché* et *L'Approche.* Jolis costumes.
> On y joint une sixième planche par *Queverdo : Le Produit du Baiser.*

478. Habillements à la Mode de Paris, par Aug. de Saint-Aubin et Wille. *Paris, V°° Chereau, s. d. (vers* 1775), pet. in-8, *en feuilles.*

> 12 pièces en 2 cahiers (1er et 3e) gravées par *Gilberg.* Epreuves tirées en sanguine.

479. Costumes de l'Epoque de Louis XVI. *Paris, s. d. (vers* 1860), in-4, pl., cart.

> 15 planches coloriées, par *Compte-Calix.*
> **Envoi autographe de E. Philipon à Grévin.**

480. Modes et Usages au temps de Marie-Antoinette, par le Comte de Reiset. Livre-Journal de Madame Eloffe. *Paris,* Didot, 1885, 2 vol. gr. in-8, fig. en noir et en couleur, carte toile, dent. et armoiries, tr. dor. (*Rel. de l'éditeur.*)

> Cet ouvrage n'est pas seulement consacré à l'histoire des modes du dix-huitième siècle ; il renferme aussi un grand nombre de documents et de notices sur Marie-Antoinette et Louis XVI, sur le séjour des souverains au Temple, sur la prison de la Conciergerie, etc.
> Nombreuses figures de modes et vues diverses du Temple et de la Conciergerie. Epuisé.

481. Les Costumes François, representans les differents etats du royaume, avec les habillemens propres à chaque etat et accompagnés de reflections critiques et morales. *Paris, Le Père et Avaulez,* 1776, pet. in-fol., cart. en étoffe avec fleurettes de couleur.

> Très beau titre orné gravé par *Arrivet* et 10 planches de costumes à plusieurs personnages gravées par *Dupin*. Suite belle et rare.
> Au-dessous de chaque estampe une explication gravée.

482. Costumes par Desrais. *S. l. n. d. (vers* 1780), in-24, mar. brun, dent.

> Jolie suite de 12 figures de costumes féminins, ayant été publiée dans un almanach.

483. CABINET DES MODES ou les modes nouvelles, décrites d'une manière claire et précise, et représentées par des planches en taille-douce enluminées. *Paris, Buisson,* 1785-1789, in-8, fig., cart. et *en feuilles.*

> Collection de 44 livraisons diverses avec 92 planches coloriées de costumes, coiffures, chapeaux, meubles, etc., par *Desrais, Defraine,* etc.

484. Les Intrigues de la Capital (*sic*). Accompagnées de plusieurs autres. *Paris, Jubert, s. d.* (1788), in-24, fig., mar. rouge, dos orné, fil., tr. dor. (*Rel. anc.*)

> Titre gravé et 12 figures dessinées par *Binet* gravées par *Dorgez,* curieuses pour les coiffures et costumes. Épreuves coloriées. Manque un peu de fraîcheur.

485. L'Amant trompé par l'Amour, et autres sujets agréables. *Paris, Desnos, s. d.* (1789), in-24, fig., mar. rouge, fil., tr. dor. (*Rel. anc.*)

> Titre et frontispice coloriés et 8 figures à l'aqua-tinte, également coloriées, curieuses pour les costumes.

486. Etude pour les Demoiselles, par J. B. Huet. *Paris,
Bonnet,* 1788, in-fol., pl., *en feuilles.*

> 7 planches tirées en sanguine, gravées par *Gubert* d'après *J. B.
> Huet,* très intéressantes pour l'histoire du costume féminin à cette
> époque.
> On y joint une planche également tirée en sanguine, par *Clermont,*
> Paysanne revenant des champs, en épreuve AVANT LA LETTRE.
> Ensemble 8 planches à toutes marges.

487. Collection des nouveaux Costumes des Autorités
Constituées Civils et Militaires. *S. l. n. d.,* pet. in-4,
vélin vert.

> Cet ouvrage est orné de 26 planches coloriées de costumes civils
> et militaires dessinées par *Garnerey* et gravées par *Alix.* Rare.

488. Collection des nouveaux Costumes des Autorités
constituées, Civils et Militaires. *Augsburg, s. d. (vers
1795),* in-4, pl., demi-rel. mar. rouge.

> Titre gravé et 26 planches coloriées, gravées par *Wili,* d'après
> *Garnerey* de costumes civils et militaires à l'époque du Consulat.
> Textes allemand et français.

489. Costumes des Représentants du peuple (français),
Membres des deux Conseils, du Directoire exécutif, des
Ministres, des Tribunaux, des Messagers d'Etat, Huis-
siers, etc. *Paris,* 1796, in-8, couv. en papier.

> 16 figures de costumes en couleurs gravée par *Labrousse* d'après
> *Grasset Saint-Sauveur.* L'une d'elles est en noir et plus courte.

490. L'Empire de la Beauté par les Éléments, les Ages et
les Saisons. *Paris, Janet, s. d.* (1796), in-24 carré,
mar. rouge, fil., tête dor.

> Suite séparée de un titre et 12 figures coloriées probablement **par**
> *Dorges* ? Curieux pour les costumes de l'époque du Directoire.

491. MODES ET MANIÈRES DU JOUR A PARIS, à la fin du
XVIIIᵉ siècle et au commencement du XIXᵉ, par
Debucourt. *Paris, s. d.* (1798-1808), in-8, *en feuilles.*

> Une des plus rares et des plus curieuses collections de costumes
> d'hommes et surtout de femmes qui aient été publiées.
> Elle se compose de 52 planches par *Debucourt,* sur lesquelles nous
> n'en n'avons que 22.
> On y joint 7 planches de copies faites en Allemagne.
> Ensemble 29 planches coloriées. Marges inégales.

492. Caricatures politiques. *S. l., an* VI (*Paris,* 1798),
in-12, fig., couv. en papier.

> Orné de 5 planches de costumes coloriées : L'Indépendant, l'Exclu-
> sif, l'Acheté, l'Enrichi et le Sistématique.
> **Texte signé Beauverr.**

493. Costumes Français. *Paris, Chereau, s. d. (vers 1800)*, in-fol., *en feuilles*.

> 12 planches gravées et coloriées sans noms d'artistes. Elles ont été publiées sous le Consulat et appartiennent à une suite assez nombreuse, devenue très rare.
> Epreuves à toutes marges.

494. Costumes du Directoire, tirés des Merveilleuses, avec une lettre de M. V. Sardou. 30 eaux-fortes de A. Guillaumot fils avec un portrait de M. V. Sardou. Dessins de MM. E. Lacoste et Draner. *Paris, Rouquette, 1875*, in-4, cart. toile, *non rogné*.

> Les 30 planches de costumes sont coloriées.

495. Costumes des Dames et des Modes de la Mésangère. *Paris, an VII (1799)-1825*, in-8, *en feuilles*.

> 220 planches coloriées de costumes d'hommes et de femmes.
> On y joint 100 planches coloriées, copies exécutées en Allemagne.

496. Le Suprême Bon-Ton, ou Etrennes de la Mode aux personnes curieuses de leur parure. *Paris, Janet, (1801-1802)*, in-24, fig., mar. rouge, fil., tr. dor. (*Rel. anc.*)

> Orné d'un frontispice et de 12 amusantes figures de modes; quelques-unes sont des copies des planches de la rare suite de *Debucourt* intitulée *Modes et manières du jour*.

497. Les Douze Mois. Par J. P. Simon. *Paris, Bance*, 1808, in-fol., pl., *en feuilles*.

> Suite complète de 12 belles planches dessinées et gravées par *J. P. Simon*.

498. Recueil de Sujets de divers genres, dessinés et gravés à l'eau-forte, par J. Duplessi-Bertaux. *Paris, Thierry, s. d.*, pet. in-4 obl., demi-rel.

> Portrait et 40 planches par *Duplessi-Bertaux* gravées au trait. Scènes populaires et scènes militaires. Manque 1 pl.

499. Almanach des Modes (— suivi de l'Annuaire des Modes). — Almanach des Modes et des Mœurs parisiennes. *Paris, Rosa*, 1814-1821, 8 tomes en 4 vol. in-12, demi-rel.

> 51 planches de coiffures et de costumes français et étrangers en couleurs, par *Vernet, Blanchard, Gatine*, etc.

500. Annuaire des Modes de Paris, orné de 12 gravures. *Paris*, 1814, in-12, pl., cart., *non rogné*.

> 12 figures de costumes féminins coloriées.

501. Costume Caractéristique de France ; d'après des desseins faits par un Artiste dernièrement revenu du continent ; avec des Descriptions appropriées. *Londres, William Fearman*, 1819, in-4, front. et fig., demi-rel. dos et coins de mar. rouge, tète dor., *non rogné.*

> Textes anglais et français.
> Frontispice et 18 planches lithographiées en couleur d'après les dessins de *Peake.* Rare et curieuse collection. Nombreuses scènes populaires parisiennes.
> Toutes les planches sont remontées à plat.

502. Le Petit Modiste français, rédigé par une Société de Dames. *Paris, Lefuel et Delaunay, s. d.* (1819), pet. in-12, pl., demi-rel. dos et coins de mar. bleu, tète dor., *non rogné,* couv.

> 24 figures de costumes coloriées dont une de double format. Manque la pl. 9.

503. L'Echo des Modes. *Paris, Marcilly, s. d. (vers* 1820), in-16, titre gravé et fig., cart., tr. dor., étui.

> 6 figures coloriées.

504. INCROYABLES ET MERVEILLEUSES, par Horace Vernet. (*Paris, vers* 1820), in-fol., *en feuilles.*

> Suite de 33 estampes de costumes gravées par *Gatine* d'après *H. Vernet.* La planche 33 est plus courte.
> Belles épreuves coloriées.

505. Modes Françaises ou histoire pittoresque du Costume en France, depuis le mois d'Août 1818. *Paris, P. Blanchard*, 1821, 3 vol. in-8, fig., cart., *non rognés.* (*Cart. du temps.*)

> Journal de Modes, publié d'Août 1818 à Juillet 1821, orné de 150 jolies planches coloriées de costumes de dames, d'hommes, d'enfants, chapeaux, etc.
> Rare. Manque la planche 143.

506. Paris et ses Modes. Nouvel almanach rédigé par le Caprice. *Paris, Louis Janet, s. d. (vers* 1821), pet. in-12, titre gravé et fig., cart., *non rogné.*

> Titre gravé et 6 figures coloriées dans le genre de *Chasselat.*

507. Candeur et Bonté ou les quatre Ages d'une Femme. Par Augustin Legrand. *Paris, Louis Janet, s. d.* (1821), in-16, front. et fig., cart., tr. dor., étui.

> **Titre gravé, frontispice et 28 figures coloriées.**

508. A Series of Groups, illustrating the physiognomy, manners, and character of the people of France and Germany, by G. Lewis. *London*, 1823, in-4, demi-rel. veau, tête dor., *ébarbé*.

Suite de 52 curieuses figures gravées à l'eau-forte et tirées sur Papier de Chine, par *Lewis*.

Ces figures peuvent servir à l'illustration du *Voyage en France et en Allemagne* de Th. Fr. Dibdin. 9 figures représentent des scènes parisiennes. Manque le titre.

509. Petit Courrier des Dames ou Nouveau Journal des Modes, des Théâtres, de la Littérature et des Arts. *Paris*, 15 *Janvier* 1826-30 *Juin* 1831, 6 années en 10 vol. in-8, fig., veau fauve, fil. et milieux, tr. marbr. (*Rel. du temps.*)

Ces 10 volumes sont ornés de 506 planches coloriées de costumes d'hommes et surtout de costumes de femmes, coiffures, etc.

Quelques lacunes.

510. Journaux de Modes illustrés. *Paris*, 1829-1873, 13 vol. in-8 et in-12., fig., basane, demi-rel. et cart.

La Mode, Oct. 1829-Sept. 1830, 4. vol. in-8 avec 84 pl. Début de ce journal fondé par Em. de Girardin.

La Revue des Modes, 1833-1834. 2 vol. in-8 avec 37 planches.

La Lanterne Magique, 1835, avec 33 planches.

Revue du Grand Monde, 1836-1840, 3 vol. avec 50 planches.

Paris Elégant, 1840, avec 32 planches.

La Nouvelle Mode, 1841, avec 13 planches.

La Mode Miniature, 1872-1873, avec 52 planches.

511. Le Lys, Chronique de la Cour. Modes, Théâtres, Littérature, Beaux-Arts. *Paris*, *Pillet aîné*, 1830, 2 tomes en un vol. in-8, pl., cart., *non rogné*.

Orné de 17 planches coloriées de costumes féminins par *Ch. Philipon?* Vignettes en-têtes gravées sur bois.

A la suite : La Revue des Revues. *Paris, impr. de Aug. Mie*, 1830. Tome 1er le seul paru.

512. Haute et Moyenne Classes, par Lanté. *S. l. n. d.* (*Paris, vers* 1830), in-4, pl., demi-rel. dos et coins de mar. bleu, dos orné, tête dor.

Suite de 14 belles planches de costumes féminins dessinées par *Lanté*, gravées par *Gatine* et coloriées.

513. Costume of the Lower orders in Paris. *London*, (1831), in-12, chagrin violet, comp. de fil. droits et courbés, tr. dor. (*Rel. angl.*)

28 planches de costumes parisiens gravées et coloriées par *Th. Landseer*.

Cette suite est reliée dans un guide : A New Picture of Paris ; or, the Strangers Guide to the French Metropolis. *London*, 1831, in-12 avec de nombreuses planches.

514. Album de la Mode. Chroniques du monde fashionable ou choix de morceaux de littérature contemporaine, par MM. Jules Janin, Alexandre Dumas, P. L. Jacob bibliophile, Petrus Borel, etc. *Paris, L. Janet,* 1833, in-8, fig., cart. en moire verte, tr. dor.

> Cet ouvrage est orné d'un frontispice et de 12 lithographies coloriées par *Devéria, A. et T. Johannot,* etc. Intéressant pour les modes de l'époque.

515. Illustrations du Journal des Gens du Monde, par Gavarni. *Paris, lith. de Benard,* 1833-1834, in-4, *en feuilles.*

> 14 jolies lithographies coloriées par *Gavarni,* avec 21 costumes féminins et travestissements.

516. La Vie de Château par Eugène Lami. *Paris, H. Gache, s. d.,* in-4 obl., demi-rel. mar. vert.

> Suite complète de 20 lithographies coloriées.

517. Récréations, par Henry Monnier. *Paris, Aubert et Cie, s. d. (vers 1840),* in-4 obl., cart. toile, *non rogné.*

> 6 planches avec 27 sujets lithographiés et coloriés.

518. Le Musée des Dames composé et dessiné par Compte-Calix. *Paris, Aubert et Cie (impr. Lemercier), s. d. (vers 1860),* pet. in-fol., cart.

> Titre et 12 jolies planches lithographiées en couleur dans le cartonnage original.

519. Costumes de France. *Paris, Ancienne Maison Aubert, s. d. (vers 1860),* in-4, cart.

> 100 planches coloriées et numérotées d'hommes et de femmes publiées dans le *Musée Comopolite* (15) et le *Musée de Costumes* (85). Elles sont l'œuvre de *Compte-Calix, Alophe, C. Maurice,* etc.

520. Six Tableaux de Compte-Calix. Scènes coloriées de la Bonne Compagnie Parisienne. *Paris, au Bureau du Journal des Modes Parisiennes, s. d. (vers 1860),* pet. in-fol. obl., cart., *non rogné,* couv.

> Suite complète de 6 lithographies coloriées. Intéressant pour les costumes sous le second Empire.

521. La Mode Artistique par Gustave Janet. *Paris, impr. Lemercier, s. d.,* in-4, cart. toile.

> 48 planches coloriées de costumes féminins vers 1865.

522. A travers Paris. *Paris, Ancienne Maison Martinet (impr. Lemercier et Cie), s. d.,* in-fol., cart. toile.

Suite complète de 12 lithographies coloriées par *A. Grévin,* représentant des costumes de parisiennes.

523. Les Chefs-d'Œuvre à l'Exposition Universelle Internationale de 1900. Les Toilettes de la Collectivité de la Couture. (Par L. Perdoux). *Paris, s. d.* (1900), in-fol., pl., *en feuilles,* dans un emboitage.

52 planches en couleurs, de costumes féminins.

b. *Costumes particuliers en usage dans les Provinces de France.*

524. Costumes de différens Départements de l'Empire français. *Paris, Martinet. s. d. (vers* 1815), in-8, pl., demi-rel. dos et coins de mar. rouge, dos orné, *non rogné.*

Suite de 29 belles planches coloriées, de costumes français, féminins pour la plupart.
Ces planches ont été gravées par *Maleuvre.*

525. Les Français. Costumes des principales provinces de la France dessinés d'après nature par MM. Gavarni, H. Emy, Pauquet, etc. Lithographiés par M. A. Coindre. *Paris, L. Curmer (lith. de Thierry frères), s. d.,* in-4, pl., cart. toile, fers spéciaux, tr. dor.

Titre colorié et 16 lithographies en double épreuve, l'une en noir sur Chine, l'autre très bien coloriée.
Types de Normands, Bretons, Marseillais, Arlésiens, Basques, etc.

526. French Costume. *London, Rodwell,* 1826, in-12 carré, *broché,* couv.

24 planches coloriées de costumes féminins des principales villes de Normandie, gravées par *R. Havel.*

527. Costumes des Départemens de la Seine-Inférieure, du Calvados, de la Manche et de l'Orne dessinés par Lanté. *Paris,* (1827), 2 vol. in-4, demi-rel.

79 planches (sur 105) de costumes de la Normandie, lithographiées et coloriées par *Gatine.*

528. Galerie Armoricaine. Costumes et vues pittoresques de la Bretagne par H^{te} Lalaisse et F^{x} Benoist. *Nantes,*

· *Charpentier*, 1848, in-4, pl., demi-rel. chagrin, **non rogné**.

> 135 planches, dont 10 titres et cartes, de costumes et de vues de Bretagne lithographiées et coloriées.
> Les vues de Bretagne sont en noir.

529. Costumes de la Bretagne par Darjou. *Paris, s. d.* (*vers* 1860), in-4, cart., couv.

> 20 lithographies coloriées.

530. Costumes Poitevins, études dessinées et gravées à l'eau-forte par Ch. Escudier. Texte explicatif par **H.** Gelin. *Niort*, 1896, in-4, pl., *en feuilles*, dans un carton.

> 30 eaux-fortes la plupart de costumes féminins.

531. Costumes Auvergnats par Delorieux. *Clermont-Ferrand et Paris, Gihaut frères, s. d..* in-fol., cart., couv.

> 18 planches de costumes lithographiées et coloriées. Couverture de livraison conservée.

532. Costumes de Femmes à Bordeaux. Lithographiés d'après nature par Edmond Sewrin. *Bordeaux, Michon frères* (*lith. de Légé*, 1835), in-4, pl., cart., couv.

> 6 lithographies coloriées.

533. Costumes des Pyrennées (*sic*) dessinés d'après nature et lithographiés par Ed. Pingret. *Paris, Gihaut frères, s. d.* (*vers* 1835), in-4, demi-rel.

> Suite de 40 lithographies coloriées.

534. Nouvelle Suite de Costumes des Pyrénées **par** Férogio d'après Lagarrigue. *Paris, Gihaut,* (*lith. d'Aug. Bry*), *s. d.* (*vers* 1855), in-4, cart.

> Titre et 12 lithographies coloriées.

535. Costumes de la Vallée d'Ossau, par Eug. Deveria. *Pau, A^{te} Bassy* (*lith. de E'. Vignancour*), 1844, in-fol., pl., *en feuilles*, couv.

> Titre et 6 lithographies coloriées par *Eug. Deveria*, dans la couverture de publication.

536. Costumes de Nice, par Barberi. *S. l. n. d.* (*lith. de Villain, vers* 1835), in-fol., pl., cart.

> 10 planches coloriées, lithographiées par *Desmaisons* d'après les dessins de *Barberi*.

537. Costumes de Nice dessinés d'après nature, par A. de Lattre. *Paris, impr. Lemercier*, 1850, in-4, cart.

> Titre et 10 lithographies en couleur.

538. Benjamin Roubaud. Costumes Algériens. *Paris, Aubert et Cie, s. d. (vers 1835)*, in-fol., pl., cart.

> 20 planches coloriées de costumes algériens faisant partie de la *Galerie Royale de costumes.*

539. Costumes de l'Algérie et des Colonies françaises. *S. l. n. d. (Paris, Aubert, vers 1860)*, in-4, pl., demi-rel. dos et coins de mar. rouge.

> 55 planches de costumes lithographiés et coloriés par *Compte-Calix, A. Portier, d'Hastrel, Camina, etc.*

2. Pays-Bas (Belgique et Hollande).

540. Toonneel des Wereldts. Ontdeckende De Ongestuy-migheden en Ydelheden in woorden ende wercken deser verdorvene Eeuwe.... getekent door den Konstigen Schilder P. Breugel. En seer net in 't Coper ghesneden, door C. J. Visscher. *Weesp, A. E. van Panhuysen*, 1658, pet. in-4 obl., cart.

> 36 planches à 2 sujets chacune par *P. Breughel* de costumes populaires.

541. La Nouvelle Figure à la Mode de ce temps desine (*sic*) G. vanden Eeckhout et gravé par J. Troyen, mis en lumière par Hugo Allardt. *S. l. n. d. (vers 1660)*, in-4, cart.

> Suite complète comprenant 12 planches de costumes d'hommes et de femmes du dix-septième siècle.

542. Les Eléments, les Quatre Parties du Jour, 8 planches gravées par Gaspard Huberti. *Anvers, Martin Vanden Euden, exc., s. d. (vers 1680)*, in-fol., *en feuilles*.

543. Costumes d'hommes et de femmes de P. Quast, gravés par Savery. *Amsterdam, Clement de Jonghe exc., XVIIe siècle*, in-8, cart.

> Jolie suite de 12 planches, costumes d'hommes et de femmes en pied.

544. Tableaux des habillements, des mœurs et des coutumes en Hollande, au commencement du dix-neuvième

siècle. *Amsterdam, Maaskamp, s. d.* (1805), in-4,
front. et fig., demi-rel.

> Frontispice et 20 jolies figures de costumes gravés et coloriés
> d'après *J. Kuyper, Overman*, etc.

545. Collection des Costumes des Provinces septentrio-
nales du royaume des Pays-Bas, dessinés d'après
nature par A. Greeven et lithographiés par Vallon de
Villeneuve. *Amsterdam, Fr. Buffa et Paris, Engelmann*, 1828, in-4, pl., demi-rel. du temps.

> Collection complète de 20 planches coloriées de costumes d'hommes
> et de femmes dans leurs diverses occupations.

546. Costumes Belgiques (*sic*) anciens et modernes, Militaires, Civils et Religieux. *Paris, Jobard*, 1830, in-4,
pl., *en feuilles*.

> Titre gravé et 124 planches coloriées par *Madou* et *Van Hemebryck*.
> 4 couvertures de livraisons ajoutées.

547. Recherches historiques sur les Costumes civils et
militaires des Gildes et des Corporations de Métiers,
leurs drapeaux, leurs armes, leurs blasons, etc., par
Félix de Vigne. Avec une introduction historique par
J. Stecher. *Gand, Gyselynck. s. d.* (1847), in-8, pl.,
cart., *non rogné*.

> Orné de 35 planches, la plupart coloriées, de costumes, drapeaux,
> blasons, etc. des diverses corporations de la ville de Gand.

548. Costumes des Pays-Bas, dessinés d'après nature par
V. Bing et Braet von Ueberfeldt. *Amsterdam, Fr. Buffa
en Zonen, s. d.* (1857), in-fol., cart. toile.

> 56 planches lithographiées et coloriées de costumes et de scènes de
> mœurs hollandais.

549. Praxis rerum criminalium iconibus materiæ subjectæ
convenientibus.... Authore Jodoco Damhouderio Bru-
gen.... *Antverpiæ*, 1562, in-4, fig., veau.

> Orné de nombreuses figures sur bois curieuses pour les costumes
> et les scènes de la vie qui y sont représentées.

550. J. de Brunes. Emblemata of Zinne-werck : voorg-
hestelt, in beelden, ghedichten, en breeder uyt leggin-
ghen. *T' Amsterdam, (Hans Vander Hellen)*, 1624,
in-4, fig., vélin.

> Ce volume est orné d'un frontispice et de 50 figures d'emblèmes
> finement gravés sur cuivre, intéressantes pour les mœurs et les
> **costumes.**

551. Œuvres diverses de J. Cats (en hollandais). *La Haye, Middelbourg et Dordrecht*, 1625-1637, 3 vol. in-4, demi-rel.

Spiegel Van den Ouden ende Nieuwen Tijdt, — *Houwelyck,* — *Trou-Ringh.* Ces trois volumes sont ornés de nombreuses gravures en taille-douce, curieuses pour les nombreuses scènes de mœurs représentées.

3. Italie.

552. Costumes d'Italie d'après les Peintures faites par Barbault à Rome en 1750, gravés à l'eau-forte par Léon Gaucherel. *Paris, Chardon.* 1862, in-4, titre gravé et pl., demi-rel. dos et coins de vélin blanc.

Titre et 12 planches par *Gaucherel* en double état. La planche 8 n'est qu'en un seul état.

553. B. Pinelli. Costumes et Scènes de Mœurs en Italie. *Roma*, 1809-1823, in-fol., pl., cart. vélin.

Album de 175 planches gravées à l'eau-forte par *Pinelli* :
Raccolta di 50 Costumi Pittoreschi, titre et 50 pl. — *Raccolta di 50 Costumi del Regno di Napoli,* titre et 50 pl. — *Costumi diversi,* titre et 25 pl. de double format. — *Nuova Raccolta di 50 Costumi de' Contorni di Roma,* titre et 50 pl.

554. Raccolta di 50 Costumi pittoreschi incisi all acqua forte da B. Pinelli. *Roma. L. Lazzari,* 1809, in-fol. obl., cart.

50 planches coloriées.

555. Costumes des femmes d'Italie. *S. l. n. d. (vers 1820),* in-4, pl., demi-rel., *non rogné.*

16 belles planches numérotées, de costumes coloriés dans le genre de *Lanté* et *Gatine.*

556. Collection de Costumes Italiens dessinés d'après nature en 1827 et lithographiés par Jules Boilly. *Paris, Daudet l'aîné, s. d.* (1829), in-4, demi-rel. mar. bleu.

Suite complète de 48 planches de costumes coloriées. Rare.

557. Costumes de diverses provinces d'Italie recueillis et lithographiés par A. Colin. *Paris, Giraldon-Bovinet (lith. de Lemercier),* 1830, in-4, *en feuilles,* couv.

Suite complète de 12 lithographies sur PAPIER DE CHINE, de costumes féminins italiens dans la couverture illustrée de publication.

558. Raccolta di 30 Costumi con altretante Vedute le più interessanti della Città di Milano. *Milano, s. d.* (vers 1815), in-8, fig., demi-rel.

> Titre et 30 planches gravées à l'aquatinte des petits métiers milanais.

559. I Contadini della Toscana , expressi al naturale secondo le diverse loro vestiture, in sessanta stampe a colori. *Firenze,* 1797, in-fol., demi-rel.

> Titre et 60 planches de costumes en couleurs dessinées par *A. Bicci* et gravées par *Lasinio, Cecchi, Zancon,* etc.
> Jolie suite de costumes d'hommes et de femmes de diverses conditions, dans différentes occupations.
> Bel exemplaire.

560. Figurini di Mode. *In Firenze presso la Societa Calcographica,* 1797-1798, in-4, fig., demi-rel. mar. vert.

> Un titre et 24 planches dessinées par *A. Volpini* et gravées par *Lasinio.*
> Belles estampes de modes coloriées à deux ou trois personnages par planche ; scènes de la vie privée et de la vie publique, curieuses pour l'histoire des mœurs et du costume.

561. Costumes du Grand Duché de Toscane. *Paris et Florence, s. d.* (vers 1826), in-4, cart.

> 48 planches (sur 50) lithographiées et coloriées de costumes, par *Pieraccini* et *J. Gialli.*
> Quelques feuilles tachées.

562. Habiti delle Donne Venetiane intagliate in rame da Giacomo Franco. (*Venetia, Ongania, vers* 1885), in-4, veau marbr., fil., tête dor., *non rogné.*

> Costumes féminins italiens du commencement du XVIIe siècle.
> Reproduction moderne, tirée à 100 exemplaires.

563. Un An à Rome et dans ses Environs. Recueil de dessins lithographiés représentant les costumes, les usages et les cérémonies civiles et religieuses des Etats romains, par Thomas. *Paris, Didot,* 1823, in-fol., pl., cart., *non rogné.*

> Ce volume est orné de 72 belles planches lithographiées et coloriées. Beaucoup sont très intéressantes pour les Costumes.

564. Coup d'œil sur Rome en 1828. Affaires du Jour. *Paris, Gihaut frères* (*lith. de Langlumé*), 1829, in-4, pl., cart.

> 12 planches lithographiées et coloriées par *Pigal.* Cartonnage original.

565. Costumi di Roma e dei Contorni, per Bertini. *Roma*, 1846, in-24, pl., cart., étui.

> 30 planches de costumes italiens, hommes et femmes. Epreuves coloriées.

566. Scènes Napolitaines. (*Napoli*), *lith. Cuciniello e Bianchi, s. d. (vers* 1825), in-fol., *en feuilles.*

> 22 lithographies coloriées à toutes marges, par *F. Wenzel,* d'après *Morner.* Taches de rousseur.
> On y joint 2 planches de même nature par *D'Auria.*

567. Costumes Napolitains. *S. l. n. d. (Naples, lith. Fergola, vers* 1825), in-4, *en feuilles.*

> 6 planches lithographiées et coloriées par *Aveta,* de costumes des petits marchands ambulants de Naples.

568. Scènes Napolitaines. *S. l. n. d. (Naples, lith. Cuciniello e Bianchi, vers* 1830*)*, in-4, *en feuilles.*

> 20 lithographies coloriées d'après *Morner.*
> Série différente du n° 566.

569. Panorama delle Scene Popolare di Napoli, da Lindstrom, Pittore Suedese. *S. l.*, 1832, in-fol. obl., pl., demi-rel. dos et coins de veau vert, dos orné, *non rogné.*

> 18 planches en forme de frise, gravées à l'eau-forte par *Lindstrom.* Scènes diverses des rues de Naples, marchands, voitures, promeneurs, etc.

570. Usi e Costumi di Napoli e Contorni Descritti e Dipinti. Opera Diretta da Francesco de Bourcard. *Napoli, Nobile,* 1853-1858, 2 vol. in-8, front. et pl., chagrin rouge, couv.

> 100 planches coloriées par *G. Martovana, T. Duclère, P. Maltei,* etc. de scènes diverses, usages, mœurs et coutumes des Napolitains.

571. Napoli et Contorni. Album da G. Dura. (*Napoli*), *lit. Gatti e Dura, s. d.,* in-4, cart.

> 16 lithographies coloriées dont un titre.

572. Cenni sulla Sardegna owero Usi e Costumi Amministrazione, Industria e Prodotti dell' Isola, ornati di 26 tavole miniate e compilati dal Dottore Luciano. Seconda edizioni. *Torino, C. Schiepatti,* 1843, gr. in-8, pl., demi-rel.

> Frontispice et 26 planches coloriés de costumes et scènes de mœurs des habitants de la **Sardaigne.**

4. Suisse.

573. Recueil de XII Costumes Suisses civils et militaires, hommes et femmes, du XVIᵉ siècle. Gravés d'après les dessins originaux du célèbre Jean Holbein. *Basle, Chrétien de Méchel*, 1790, in-4, pl., demi-rel. dos et coins de mar. grenat.

> Titre et 12 planches coloriées.

574. Nouvelle Collection de Costumes Suisses, d'après les dessins de Mr. F. N. Koenig. *Zuric, Fuessli et Cⁱᵉ*, 1813, in-12, pl., chagrin rouge, dent. (*Rel. du temps.*)

> 48 jolies planches coloriées de costumes suisses hommes et femmes.

575. Switzerland, as now divided into nineteen Cantons... with Picturesque Representations of the Dress and Manners of the Swiss. By A. Yosy. *London, J. Booth*, 1815, 2 vol. in-8 carré, fig., mar. rouge grains longs, ornements à froid, tr. dor. (*Rel. du temps.*)

> Orné de 50 planches coloriées.

576. Costumes Suisses. *S. l. n. d. (vers* 1815), in-24, mar. rouge, fil., tr. dor.

> 22 petits médaillons de femmes en buste donnant les costumes et coiffures des habitants des cantons de la Suisse. Epreuves coloriées et remontées. Jolie collection.

577. Collection de Costumes Suisses des XXII Cantons, peints par J. Reinhard de Lucerne. *Basle, Birmannn et Huber*, 1819, in-4, pl. en couleurs, basane rouge. (*Rel. anc.*)

> Exemplaire complet renfermant 46 planches coloriées, représentant les habitants des différents cantons dans leurs occupations diverses.
> Intéressante série. Bel exemplaire.

578. La Suisse, ou Costumes, Mœurs et Usages des Cantons suisses, suite de gravures coloriées ; avec leurs explications, par J. B. B. Eyriès. *Paris, Gide fils, s. d. (vers* 1820), in-8, fig., demi-rel. mar. bleu, tête dor.

> 63 belles figures coloriées de costumes de différents cantons de la Suisse.
> On a joint 10 planches diverses de costumes suisses coloriés. Ensemble 73 planches.

579. Collection de Costumes Suisses, d'après les dessins de Reinhardt. *Londres, Gilling,* 1822, in-4, pl., demi-rel. dos et coins de mar. rouge.

> Textes anglais et français avec 30 belles planches de costumes suisses par *Reinhardt.* Chaque planche représente un costume avec une vue prise sur les lieux.

580. Recueil de Costumes Suisses dessinés d'après nature et lithographiés par Ed. Pingret. *Paris, G. Engelmann, s. d.* (1824-1825), in-4, pl., cart.

> Titre et 40 planches lithographiées et coloriées par *Pingret.*

581. Costumes de femmes Suisses vues à mi-corps. *Paris, Dusacq et Cie, (impr. Lemercier), s. d. (vers 1840),* in-fol., *en feuilles.*

> Suite de 25 planches, lithographies coloriées par *Grenier* et *Schultz,* d'après *Fuchslin.*

582. Schweizer-Trachten Zürichgebiets von J. Rod. Schellenberg. *Winterthur,* 1784, in-12, couv. en papier.

> Titre et 11 planches gravées à l'eau-forte par *Schellenberg;* costumes des habitants de Zurich.
> La dernière planche a la marge du bas enlevée.

5. Espagne et Portugal.

583. Coleccion de Trajes de Espana, tanto Antiquos como Modernos : dispuesta y gravada, por D. Juan de la Cruz Cano y Holmedilla. *Madrid,* 1777, in-fol., titre gravé et pl., cart., *non rogné.*

> Tome premier, le seul publié ?, comprenant un titre et 85 planches numérotées sauf les trois dernières.
> Belles épreuves coloriées, dessinées par *D. Manuel de la Cruz, D. Ant. Carnicero, D. Luis Paret,* etc. et gravées par *D. Juan de la Cruz,* de costumes espagnols d'hommes et de femmes, paysans, ouvriers, marchands, acteurs, actrices, toréadors, etc.
> Importante collection.

584. Costumes Espagnols. *S. l. n. d. (vers* 1780), pet. in-fol., *en feuilles.*

> 12 planches coloriées de costumes d'hommes et de femmes, gravées par *Devere.* Epreuves remargées.

585. Colleccion general de los Trages que en actualidad
se usan en España principiada en el año 1801. *Madrid,
A. del Castillo*, 1801, in-12, demi-rel. mar. rouge,
dos orné, tr. dor.

> Suite de 112 planches. Manque le titre.

586. L'Espagne et le Portugal, ou Mœurs, Usages et
Costumes des habitans de ce royaume, par M. Breton.
Paris, Nepveu, 1815, 6 vol. in-12, fig., cart., *non
rognés*, couv.

> Nombreuses figures coloriées.

587. Coleccion de Trages de España. *S. l. n. d. (vers
1820)*, in-8, fig., chagrin bleu, ornements dorés et à
froid, tr. dor.

> Titre et 112 planches coloriés de costumes d'hommes et de femmes.
> Jolie collection.

588. Album d'un Soldat pendant la campagne d'Espagne
en 1823. (Par Clerjon de Champagny). *Paris, impr. de
Cosson*, 1829, in-8, pl., veau rouge, dos orné, dent.
(Rel. du temps.)

> Orné de 40 planches lithographiées et coloriées par *Cœuré* d'après
> les dessins de l'auteur, de costumes espagnols.
> Envoi autographe de l'auteur.

589. Lewis's Sketches of Spain and Spanish Character
made during his Tour in that Country in the Years
1833-4. *London, F. G. Moon, s. d. (vers 1835)*, in-fol.,
pl., demi-rel.

> 25 belles planches et une vignette sur le titre lithographiés par
> *J. F. Lewis*, intéressantes pour les mœurs, les modes et les usages
> espagnols au milieu du dix-neuvième siècle.
> Quelques taches de rousseur.

590. Lewis's Spanish Sketches. *London, s. d. (vers 1835)*.
in-fol., pl., demi-rel. mar. rouge.

> 18 planches et une vignette lithographiées et coloriées, doubles du
> n° précédent.
> Épreuves coupées au cadre et montées à plat.

591. Costume of Portugal (par M. Levêque). *London,
Colnaghi and C°*, 1814, gr. in-4, pl., demi-rel.

> 50 belles planches coloriées de costumes, mœurs et usages des
> Portugais. Textes anglais et français. Manque le titre.

6. Allemagne.

592. Tableaux de la Civilisation et de la Vie Seigneuriale en Allemagne dans la dernière période du Moyen-Age, d'après un manuscrit allemand du XVᵉ siècle. Album de 25 planches avec Avant-Propos et Notes explicatives. *Paris, A. Quantin*, 1885, in-4, pl., cart. vélin blanc, tête rouge, *non rogné*, couv.

593. Scènes de la Vie domestique ; scènes populaires, scènes militaires, etc. *Leipzig, s. d.*, in-4 obl.

> Suite d'environ 100 estampes, la plupart par *Chodowiecki*.

594. Volkstrachten der Deutschen. *Leipzig, Breitkopf und Härtel, s. d.* (1830), in-fol., pl., *en feuilles.*

> Suite complète de 6 planches lithographiées d'après les dessins de *Opis*, de costumes des habitants d'Allemagne et d'Autriche.

595. Deutsche Volkstrachten. *S. l. n. d. (Leipzig, vers* 1835), in-4, cart. toile, tr. dor.

> 50 planches coloriées par *Mühlig, Döring, Schurig*, etc. de costumes d'habitants de l'Allemagne dans leurs occupations diverses.

596. Collection de Costumes Nationaux d'Allemagne, dessinés et gravés à l'eau-forte par A. Schott et H. Knauth, recueillis et publiés par Charles Jügel. *Francfort sur le Mein*, 1832, in-4, *en feuilles* dans un carton.

> 20 planches de costumes coloriés. Jolie collection.

597. Costumes nationaux Allemands. Dessins originaux avec texte explicatif par Albert Kretschmer. *Leipzig, J. G. Bach*, 1870, in-4, pl., chagrin violet, fers spéciaux, tr. dor. (*Rel. de l'éditeur.*)

> Textes français et allemands et 88 planches de costumes lithographiés en couleur, des habitants d'Allemagne, de Bohême, d'Autriche, du Tyrol, etc. Les 8 dernières planches donnent certains détails d'habillements et de coiffures, bijoux, etc.

598. Deutsche Volkstrachten — Städtische und Ländliche — von XVI. Jahrundert an bis zum anfange des XIX. Jahrunderts, von Friedrich Hottenroth. *Frankfurt am Main, H. Keller*, 1898-1902, 3 vol. in-8 carré, fig., demi-rel. de l'éditeur.

> Histoire du costume en Allemagne, ornée de 144 planches en couleurs hors texte. Illustrations en noir dans le texte.

599. Baierische Volkstrachten herausgegeben von J. L. C. Rheinwald. *München*, 1804 (-1806), 2 *livraisons* in-fol., pl., *brochées*.

12 planches coloriées de costumes bavarois, dessinées et gravées par *Neureuther*.

600. Sammlung Bayerischer National Costume mit histo-rischem Text von Felix Joseph Lipowski. *München, Hermann et Barth, s. d. (vers 1825)*, in-4, pl., demi-rel.

49 lithographies coloriées de costumes bavarois féminins pour la plupart, scènes de mœurs, fêtes, etc.

601. Das Königreich Bayern in Seinen Acht Kreisen. *S. l. n. d. (Sommel et Bauer, vers 1835)*, in-fol., *en feuilles*.

Titre orné et 8 planches coloriées de costumes d'habitants de la Bavière, sous des portiques.
L'une des planches a été dessinée par *Kreul* et gravée par *Wagner*; les autres, dont une gravée par *Walther*, ne portent que des initiales de dessinateurs.

602. Modes de la Ville d'Augsbourg. *Augsbourg, aux dépens de M. G. Crophius, marchand d'Estampes, (J. G. Merz exc.) s. d. (vers 1720)*, in-12, cart.

Suite complète d'un titre et de 36 planches de costumes coloriées avec rehauts d'or et d'argent.

603. Portraits en pied des patriciens de la Ville de Nürem-berg. *Nüremberg, 1610*, in-4, cart.

Suite de 76 estampes anonymes gravées sur métal et publiées dans l'ouvrage intitulé : *Geschlecht Buch dess heiligen Reichs Stat Nürnberg...*
Chaque personnage en costume particulier s'appuie sur un écusson armorié.

604. Nurnbergische Trachten und Schaü-Würdige Stadt Gebäude oder Plätze. *Nürnberg, J. A. Bœner, s. d.*, in-4 obl., fig., mar. rouge jans., tr. dor. (*Trautz-Bau-zonnet.*)

Titre gravé et 54 planches, plusieurs de double grandeur repliées, représentant les costumes, les mœurs, les monuments de la ville de Nuremberg au commencement du dix-septième siècle.
Les planches de ce rare volume ont été gravées en taille-douce par *Joh. Alex. Bœner*, graveur nurembergeois. Très bel exemplaire.

605. Costumes in Sachsen, de S. Grænicher. *Dresden, H. Rittner, s. d. (vers 1805)*, in-4, *en feuilles*.

17 planches coloriées, par *S. Grænicher*, de costumes d'hommes et de femmes.

606. Gallerie der Stände. Ein unterhaltendes und belehrendes Lese-und Bilderbuch für die Jugend zu Erweiterung ihrer Kenntniffe, von H. U. Kerndörffer. *Pirna, C. A. Friese, s. d.*, in-12, fig., cart.

> Orné de 18 planches coloriées, avec 58 costumes saxons divers.

607. Les Paysans Badois, Esquisse de Mœurs et de Coutumes. Texte et Dessins par Charles Lallemand. *Paris, Hachette et Cie, s. d. (vers 1865)*, in-4, carte et pl., cart.

> 16 planches coloriées de costumes.

608. Westfälisches Trachtenbuch Die jetzigen und ehemaligen westfälischen und schaumburgischen Gebiete umfassend. Bearbeitet von Dr. Franz Jostes. Mit 24 Tafeln von Johs. Gehrts. *Bielefeld, Berlin und Leipzig*, 1904, in-4, pl. et fig., cart. toile, fers spéciaux.

> Nombreuses illustrations en noir et planches hors texte en couleurs, de costumes féminins, costumes masculins, bijoux, ornements du costume, coiffures, ameublement, scènes de mœurs, etc.

609. Représentation des Modes et Habillemens qui sont en usage à Strasbourg. *(Strasbourg). Jean Daniel,* 1731, in-8, veau marbré, dos orné, fil. (*Pugnant.*)

> Suite très rare composée de un titre gravé et de 20 planches de costumes (14 de femmes et 6 d'hommes). Ces planches très curieuses ont été gravées par *Fouhonne* et *Folkema.*
> Epreuves remargées à châssis.

7. Autriche-Hongrie.

610. Costumes des États héréditaires de la maison d'Autriche, consistant en cinquante gravures coloriées ; dont les descriptions, ainsi que l'introduction, ont été rédigées par M. Bertrand de Moleville. *Londres, W. Miller,* 1804, pet. in-fol., pl., mar. bleu à grains longs, dos orné, fil., dent. dor. et à froid, milieux, tr. dor. (*Rel. du temps.*)

> 50 belles planches coloriées de costumes d'hommes et de femmes.
> Bel exemplaire.

611. Costumes des différentes Nations composant les Etats héréditaires de S. M. et R. (Marie-Louise, Impératrice des Français), dessinés par Kininger et gravés par les meilleurs artistes. *Vienne, T. Mollo, s. d. (vers 1808)*, in-fol., *en feuilles*, dans un carton.

> Titre collé sur le carton et 72 planches coloriées de costumes autrichiens, polonais, hongrois, vénitiens, etc. *Jolie suite.* 4 planches sont plus courtes.

612. Picturesque Representations of the Dress and Manners of the Austrians. Illustrated in 50 coloured Engravings. With Descriptions. By William Alexander. *London, Th. M'Lean, s. d. (vers 1813)*, pet. in-4, pl., demi-rel. dos et coins de mar. rouge, *non rogné*.

> 50 planches coloriées de costumes autrichiens.

613. Austria, containing a Description of the Manners, Customs, Character, and Costumes of the People of that Empire. *London, Ackermann, s. d. (1823)*, 2 tomes en un vol. in-12, fig., cart. toile, tr. dor.

> Orné de 32 planches coloriées de costumes autrichiens, hommes et femmes.

614. Pannoniens Bewohner in ihren volksthümlichen Trachten auf 78 Gemählden dargestellt ; Nebst ethnographischer Erklärung. Verfasst und herausgegeben von J. H. Edlen v. Bikkessy. *Wien, 1820*, in-4, pl., mar. rouge, fil., tr. dor. (*Rel. du temps.*)

> 78 planches coloriées de costumes civils et militaires, scènes de mœurs, danses, etc. de l'Autriche, Hongrie, Bohême, etc.
>
> Un des ouvrages les plus importants sur les costumes de la Hongrie.

615. Souvenirs de la Monarchie Autrichienne, suite de dessins d'après nature gravés à l'eau-forte par Théodore Valerio. *Dresde, impr. R. Meyer et Cⁱᵉ, s. d. (vers 1855)*, 2 part. en un vol. in-fol., pl., vélin à recouvrements, *non rogné*, couv. (*Pouillet.*)

> Premier tirage à 150 exemplaires de 42 belles planches gravées à l'eau-forte sur Papier de Chine par *Th. Valério* : Costumes de la Hongrie, de la Croatie, de la Slavonie et des Frontières militaires.
>
> On y joint les deux livraisons de Dalmatie (6 pl.) et du *Monténegro* (12 pl.) également en Premier tirage, tiré à 150 exemplaires.
>
> Ensemble 60 eaux-fortes.

616. Costumes de la Hongrie et des Provinces Danubiennes, Dalmatie, Monténégro, Croatie, Slavonie, Frontières militaires. Dessinés d'après nature et gravés à l'eau-forte par Théodore Valerio, avec une notice par

Henri Vuagneux. *Paris, Librairie Centrale des Beaux-Arts, s. d. (vers* 1891), in-fol., *en feuilles* dans un carton.

Nouvelle édition ornée de 78 belles planches.

617. Esquisses de la Vie populaire en Hongrie d'après l'ouvrage de M. le baron Gabriel de Pronay, par F. A. Schwiedland, avec une introduction de M. Xavier Marmier. *Pesth, H. Geibel, s. d.* (1857), in-4, pl., cart. toile, fers spéciaux, tr. dor.

25 planches coloriées, scènes de mœurs, occupations diverses, chasses, etc.

618. Costumes des habitants du Tyrol. *Augsburg, V. Zanna et Cie, s. d. (vers* 1800), in-4, pl., demi-rel. veau.

Portrait d'Andreas Hofer et 12 planches coloriés de costumes tyroliens hommes et femmes par *J. Georg. Laminit.*
. Le même album renferme : Altenburger National Trachten. *Leipzig, Murchner, s. d. (vers* 1800), in-4 avec 4 pl. de costumes coloriés d'hommes et de femmes.
Ensemble 17 planches.

619. Costumes Tyroliens. *Nurnberg, Campe,* 1823, in-4 obl., cart., couv.

12 planches gravées à l'eau-forte par *J. Nussbiegel* et coloriées.

8. Grande-Bretagne.

620. Angleterre ancienne, ou tableau des mœurs, usages, armes, habillemens, etc. des anciens habitans de l'Angleterre. Ouvrage traduit de l'anglois de M. Joseph Strutt, par M. B***. *Paris, Maradan,* 1789, 2 vol. in-4, 68 pl., veau, dos orné en mar. rouge. (*Rel. anc.*)

621. Antient Costume of England. *London, L. A. Atkinson,* 1815, in-4, pl., demi-rel. dos et coins de mar. brun, *non rogné.*

Titre, dédicace gravée et 60 belles planches coloriées représentant des costumes civils et militaires, des scènes de mœurs, etc.
4 planches sont doubles, différentes.
Ensemble 64 planches.

622. The Costume of the Original Inhabitants of the British Islands and adjacent Coasts and the Baltic, including the Ancestors of the Anglo-Saxons and Anglo-Danes from the earliest Periods of the sixth Century. By Samuel Rush Meyrick and Charles Hamilton Smith. *London, J. Dowding, s. d.* (1815), pet. in-fol. carré, front. et pl., demi-rel. dos et coins de mar. noir.

> Un frontispice et 24 planches coloriées par *R. Havell* d'après *Ch. Hamilton Smith.*
> Belles et intéressantes illustrations.

623. A Complete View of the Dress and Habits of the People of England, from the Establishement of the Saxons in Britain to the present Time. Illustrated by Engravings. By Joseph Strutt. A new improved Edition, with critical and explanatory Notes by J. R. Planché. *London, Henry G. Bohn,* 1842, 2 vol. in-4, pl. en couleurs, demi-rel. dos et coins de chagrin vert olive, *non rognés. (Rel. anglaise.)*

> Ces deux volumes sont ornés de 2 frontispices et de 151 planches de costumes enluminées en or et en couleur à l'imitation des anciennes miniatures.
> On y joint : J. Strutt et J. R. Planché. The Regal and Ecclesiastical Antiquities of England. With a Supplement. *London, H. G. Bohn,* 1842, in-4, demi-rel., avec un front. et 72 planches en or et en couleur.
> Ensemble 3 front. et 223 planches coloriées.

624. Ornatus Muliebris Anglicanus or the several Habits of Englich Women, from the Nobili^tie to the contry Woman, as they are in these times. Wenceslaus Hollar, Bohemus fecit Londini A^o 1640. (*London, printed and sold by R. Sayer*), in-8, monté pet. in-fol., fig., demi-rel. dos et coins de mar. brun.

> Titre gravé et 26 jolies planches de costumes des femmes anglaises, gravées par *Hollar.*

625. GALLERY OF FASHION. *London, N. Heideloff, avril* 1794-*mars* 1801, 7 vol. in-4, front. et pl., veau. (*Rel. anc*).

> Cet ouvrage est un des plus remarquables recueils de costumes publiés en Angleterre. Ces 7 volumes contiennent, outre 7 titres ornés, 167 planches donnant chacune la représentation de 2 ou 3 riches costumes féminins. Bel exemplaire.
> Manque la livraison de Novembre 1800 avec les 2 pl. (numérotées 279, 280, 281) ; les livraisons de Février 1797 et de Juin 1798 sont en double.

626. The Costume of Great Britain designed, engraved and written by W. H. Pyne. *London*, 1804, pet, in-fol., pl., mar. rouge, fil. et dent., tr. dor. (*Rel. anc.*)

Vignette sur le titre et 60 planches coloriées de costumes civils et militaires, scènes de mœurs, etc. Très jolie collection.
Bel exemplaire.

627. LA BELLE ASSEMBLÉE or, Bell's Court and Fashionable Magazine, addressed particulary to the Ladies. *London, J. Bell, Février* 1806-*Décembre* 1809, 8 vol. in-8, pl., basane.

Ce magazine anglais est orné de 279 planches, modes féminines, portraits, ornements, musique, etc. Quelques planches sont coloriées.

628. Modes Anglaises. — Meubles Anglais. *London. R. Ackermann*, 1809-1815, 2 vol. in-8, pl., demi-rel. veau fauve, dos orné, *non rognés*.

Ces deux volumes renferment les planches extraites du *Repository of Arts*, journal publié à Londres de *Janvier* 1809 jusqu'à *Juin* 1815. Ils comprennent 226 planches : 159 pour les *Modes anglaises féminines* et 67 pour les *Meubles anglais*. Belles épreuves coloriées.

629. Costumes féminins. *London*, 1809-1829, 4 vol. in-8, pl., veau et mar., dent. (*Rel. anglaises du temps.*)

Importante réunion de 260 planches coloriées de costumes anglais féminins par *Brighty, miss Blacklin, Hopwood*, etc., la plupart extraites du *Repository of Arts* et du *Lady's Magazine*. Jolie collection.
Reliures non uniformes.

630. The Repository of Arts, Literature, Fashions, Manufactures, etc. The Second Series. *London. R. Ackermann, January* 1816-*August* 1818, 28 fascicules in-8, front. et fig., *brochés*, couv.

Ces livraisons sont ornées de 165 planches, la plupart coloriées, de costumes féminins, broderies, ameublements, habitations, etc. Quelques lacunes.

631. The Mirror of the Graces; or, the English Lady's Costume. *London, s. d. (vers* 1811), in-12, fig., cart., *non rogné*.

4 figures coloriées de modes anglaises, dessinées par *Corbould*, gravées par *Hopwood*.

632. Picturesque Representations of the Dress and Manners of the English. Illustrated in Fifty coloured Engravings, with Descriptions. *London, Th. M' Lean*, (1813), pet. in-4, pl., demi-rel., *non rogné*.

50 très jolies planches coloriées de Costumes anglais : le roi, ministres, personnages de professions diverses, militaires, etc. Chaque planche est accompagnée d'un feuillet de texte.

633. Poetical Sketches of Scarborough : illustrated by twenty-one Engravings of humorous subjects, coloured from original Designs, made upon the spot by J. Green, and etched by T. Rowlandson. *London, Ackermann,* 1813, in-8, fig., veau fauve, dos orné, fil., tête dor. (*Larkins.*)

Figures humoristiques en couleur par *Rowlandson.* Rare.

634. THE ENGLISH DANCE OF DEATH, from the designs of Thomas Rowlandson, with metrical illustrations by the author of « doctor Syntax » (W. Combe). — The Dance of Life, a poem by the author of « doctor Syntax » ; illustrated with couloured engravings by Thomas Rowlandson. *London, Ackermann,* 1815-1817, 3 vol. in-8, fig., cart., *non rognés.*

Ces deux ouvrages qui se complètent sont ornés de 100 figures en couleurs par *Rowlandson,* curieuses pour l'histoire des mœurs et du costume. Rare dans cet état.

635. The Tour of Doctor Syntax in Search of the Picturesque (and Consolation). A Poem (by W. Combe). *London, s. d.* et 1820, 2 vol. in-8, fig., demi-rel. dos et coins de mar. rouge, tête dor., *non rognés.*

Nombreuses figures coloriées par *Rowlandson,* curieuses pour les mœurs et les costumes.

636. Real Life in London ; or, the Rambles and Adventures of Bob Tallyho, Esq. and his Cousin, the Hon. Tom. Dashall, through the Metropolis ; exhibiting a living picture of fashionable Characters, Manners, and Amusements in high and low life. By an amateur. Embellissed and illustrated with a series of coloured prints, designed and engraved by M. M. Heath, Alken, Rowlandson, etc. *London, Jones and C⁰,* 1821, 2 vol. in-8, front. et fig., veau fauve, dos orné, fil., tr. dor. (*W. Pratt.*)

Orné de figures en couleurs. Rare.

637. Life in London ; or, the Day and night Scenes of Jerry Hawthorn. Esq. and his elegant friend Corinthian Tom, accompanied by Bob Logic, the Oxonian in their Rambles and Sprees trough the Metropolis, by Pierce Egan. *London,* 1822, in-8, front. et fig., demi-rel. dos et coins de veau bleu, dos orné, tr. dor. (*Rel. du temps.*)

Un frontispice et 35 figures en couleurs par *Cruikshank.*
Bel exemplaire.

638. The English Spy, an original work (by Westmascott). *London, Sherwood, Jones et C°*, 1825, in-8, fig., demi-rel.

> Tome premier seul orné de 1 frontispice et 35 figures coloriées par *Cruikshank*, des plus curieuses pour l'histoire des mœurs en Angleterre. Rare.

639. Sketches in London, by James Grant. *London, Th. Tegg,* 1840, in-8, fig. de Phiz, etc., cart., *non rogné.*

640. George Cruikshank's Table-book. Edited by G. Abbott à Beckett. *London,* 1845, in-8, fig., veau fauve, fil., tr. dor.

> Figures sur bois et sur cuivre en épreuves du PREMIER TIRAGE.

641. Manners and Customs of Y[e] Englyshe, drawn from Y[e] Ovick by Richard Doyle. (*London*), *Bradbury et Evans,* (1850), in-4 obl., demi-rel. dos et coins de mar. bleu, tr. dor. (*Champs.*)

> Orné de 40 planches au trait.

642. A Series of 29 Designs of Modern Costume, Drawn and Engraved by Henry Moses Esq. *London, E. and C. M' Lean,* 1823, in-4, pl., demi-rel. dos et coins de mar. rouge.

> Suite complète comprenant un titre-couverture et 29 planches gravées au trait par *H. Moses* et coloriées ; curieux documents pour les mœurs, les costumes et l'ameublement du temps du premier Empire.
> Etiquette de titre collée sur le cartonnage.

643. Costume of the Various Orders in the University of Cambridge. Drawn and Published by R. Harraden. *Cambridge, Willer,* 1805, in-4, titre gravé et pl., demi-rel. dos et coins de cuir de Russie.

> Frontispice et 40 planches des principaux bâtiments de Cambridge et costumes des professeurs et élèves. Les planches de costumes sont coloriées.

644. Costumes du Comté d'York, représentés dans une série de quarante planches, fac-similés des desseins originaux, accompagnées de descriptions en anglois et en françois. *Londres,* 1814, in-4, pl., demi-rel. mar. brun.

> Orné d'un frontispice et de 40 planches coloriées dessinées par *G. Walker* et gravées par *R. et D. Havell.* Costumes militaires et civils, occupations diverses, etc. Textes anglais et français.
> **Estampes d'une belle qualité.**

645. The Clans of the Scottish Highlands, illustrated by appropriate Figures, displaying their Dress, Tartans, Arms, Armorial insignia, and social occupations from Original Sketches, by R. R. Mᶜ Jan Esq. With accompanying Description and Historical Memoranda of Character, Mode of Life, etc., etc. by James Logan Esq. *London, Ackermann and Cᵘ*, 1845-1847, 2 vol. in-fol., front. et pl., demi-rel. dos et coins de mar. rouge, tête dor.

> Très bel exemplaire de la PREMIÈRE ÉDITION de cet ouvrage important orné de 74 planches de costumes très bien coloriées.

9. Suède. — Norvège. — Danemark.

646. Costumes de Suède, Norvège, Danemark, Hollande et Allemagne. *Paris, s. d. (vers* 1860), in-4, cart., couv.

> 20 planches gravées et coloriées par divers artistes.

647. Une Année en Suède, ou Tableaux des Costumes, Mœurs et Usages des Paysans de la Suède, suivis des Sites et Monuments historiques les plus remarquables. Texte explicatif par A. Grafström. Publié par C. Forssell. *Stockholm, impr. de J. Hörberg*, 1829, in-4, pl., cart. original, couv.

> Frontispice et 47 belles planches coloriées de costumes des habitants et vues diverses par *Sandberg, Forssell*, etc.

648. Norske Nationaldragter tegnede af forskjellige norske Kunstnere og ledsagede med oplÿsende Text. Udgivne af Chr. Tönsberg. *Christiania, lith. de Winckelmann et Sönner*, 1852, in-4, pl., reliure souple en chagrin violet, fers spéciaux, tête dor.

> Titre et 33 planches lithographiées d'après *J. F. Eckersberg,* coloriées et rehaussées d'or et d'argent, de costumes norvégiens.

649. Les Suédois, Mœurs et Coutumes, Tableaux et Légendes, par J. W. Wallander et Onkel Adam. *Stockholm, A. Bonier, s. d. (vers* 1870), in-4, pl., cart. toile.

> 17 planches lithographiées en couleur de scènes de mœurs, scènes de chasse et de pêche, scènes de travailleurs, etc.

650. Costumes Danois. *S. l. n. d. (vers* 1800), in-4, veau marbr., fil. (*Rel. anc.*)

> 50 belles planches à l'eau-forte et coloriées de costumes d'hommes et de femmes, sans nom d'artiste.
> 10 planches sont *en feuilles* non reliées.
> Très rare.

651. Kjobenhavns Klœdedragter eller Det daglige Liv i Hovedstaden i characteristiske Figurer, tegnede ester Naturen og udgivne af G. L. Lahde. *Kjobenhavn, s. d. (vers* 1800), in-4, *en feuilles.*

> Titre, table et 37 planches coloriées de costumes civils et militaires, marchands et marchandes des rues, petits commerçants, etc. La table n'indique que 35 planches.
> On y joint 4 planches de costumes militaires coloriées d'une série différente.
> Ensemble 41 planches. Marges inégales.

652. Det daglige Liv i Hovedstaden, i Karakteristiske Figurer ester naturen. Tolv Kobbere, med poetiske Forklaringer af Professor Sander. *Kjsbenhavn, G. L. Lahde*, 1818, in-4, pl., cart.

> 12 planches coloriées de costumes danois, hommes et femmes, dans diverses occupations.

653. Costumes nationaux Danois. *S. l. n. d. (B. Bendix et C. W. Stinck, vers* 1820), in-4, pl., demi-rel. vélin.

> 18 lithographies coloriées de costumes d'hommes et de femmes.
> Epreuves rognées et remontées.

654. Danske National·Dragter. *Kjöbenhavn, s. d. (vers* 1890), in-4, demi-rel. dos et coins de chagrin brun, tr. rouge.

> 52 photographies coloriées de costumes d'habitants danois.

10. Russie.

655. Œuvre de J.-B. Le Prince sur les Mœurs, les Coutumes et les Habillemens de différens Peuples, gravé en partie à l'eau-forte et le reste par le procédé qu'il a inventé pour produire l'effet des dessins lavés. *S. l. n. d. (Paris, Basan*, 1764-1769), in-fol., pl., demi-rel.

> Très beau recueil contenant un titre gravé et 124 estampes tirées sur 52 feuilles. Rare.
> La plupart des sujets traités par *Le Prince* se rapportent aux *mœurs, costumes* et *usages* des Russes; on trouve aussi dans ce volume de très belles estampes dans le genre de *Boucher, Huet*, etc.

656. Description de toutes les Nations de l'Empire de Russie, ou l'on expose leurs mœurs, religions, usages, habitations, habillemens et autres particularités remarquables. Traduite de l'allemand (de J. G. Georgi). *St-Pétersbourg, Ch. G. Müller*, 1776-1777, 3 vol. in-4, pl., veau marbr., fil., tr. marbr. (*Rel. anc.*)

Orné de 75 planches de costumes gravés sur cuivre et coloriés.

657. Costume de l'Empire Russe, représenté en plus de 70 gravures superbement colorées (*sic*). *Londres, E. Harding*, 1803, in-4, pl. en couleurs, mar. rouge à grains longs, dos orné, fil., tr. dor. (*Rel. anglaise du temps.*)

70 belles planches de costumes russes coloriées.
Textes anglais et français.
Bel exemplaire bien relié.

658. A Picturesque Representation of the Manners, Customs, and Amusements of the Russians, in one hundred couloured Plates; with an accurate Explanation of each plate in English and French, by John Augustus Atkinson and James Walker. *London*, 1803-1804, 3 tomes en un vol. in-fol., pl., veau brun, ornements à froid sur le dos et les plats, tr. marbr. (*Rel. angl.*)

Ouvrage remarquable pour ses 100 belles planches gravées en couleur par *J. A. Atkinson*, de costumes et scènes russes. En tête portrait de l'empereur Alexandre 1er. Reliure restaurée.

659. Les Peuples de la Russie, ou description des mœurs, usages et costumes de diverses nations de l'Empire de Russie (par le comte Charles de Rechberg, texte revu par M. Depping), accompagnée de figures coloriées. *Paris, Impr. de D. Colas, (Treuttel et Würtz)*, 1812-1813, 2 vol. in-fol., pl., demi-rel. mar. vert, *non rognés*.

Très bel ouvrage orné de 96 planches finement coloriées à la main.
Publié dans cet état à 2400 francs.

660. La Russie, ou Mœurs, Usages et Costumes des habitans de toutes les Provinces de cet Empire. Par M. Breton. *Paris, Nepveu*, 1813, 6 vol. in-12, fig., veau marbr. fil., tr. dor.

Bel exemplaire en PAPIER VÉLIN.
Nombreuses illustrations en noir ou coloriées.

661. Picturesque Representations of the Dress and Manners of the Russians. Illustrated in 64 coloured Engravings, with Descriptions. *London, Murray*, 1814,

pet. in-4, pl., mar. rouge à grains longs, dos orné, dent.
et fil., tr. dor. (*Rel. angl.*)

64 planches coloriées de costumes russes.

662. Description ethnographique des Peuples de la Russie
par T. de Pauly. *Saint - Pétersbourg, impr. de
F. Bellizard*, 1862, 5 part. en un vol. in-fol., pl. et
carte, demi-rel. dos et coins de chagrin vert, tr. dor.

Cet ouvrage est orné de 62 belles planches en couleurs de scènes
de mœurs et de costumes civils et militaires relatifs aux peuples de
la Russie (Indo-Européens, Caucase, Ouralo-Altaïques, Sibérie orien-
tale et Amérique russe). Il est de plus accompagné d'une planche
crânologique et d'une carte ethnographique.

663. Portraits, Scènes historiques et populaires, etc.
Saint-Pétersbourg, 1851-1858, in-fol., *en feuilles* dans
un carton.

Collection de 250 planches à un ou plusieurs sujets chacune, de
vues de villes, portraits, costumes, scènes militaires, etc., etc. par
Timm. Quelques-unes sont coloriées.

664. Album Russe ou Fantaisies dessinées lithographi-
quement par Alexandre Orlowsky. *St-Pétersbourg,
lith. d'Alexandre Pluchart*, 1826, in-4, pl., cuir de
Russie, ornements dorés et à froid sur les plats, tr.
jaspée, couv. (*Rel. du temps.*)

12 lithographies coloriées : paysans, marchands, artisans, etc.. de
la Russie.

665. Les Costumes du Peuple Polonais suivis d'une
description exacte de ses mœurs, de ses usages et de ses
habitudes. Ouvrage pittoresque rédigé et publié par Léon
Zienkowicz. *Paris*, 1841, in-4, musique gravée et pl.,
demi-rel. dos et coins de chagrin rouge, dos orné, tr.
jaspée. (*Rel. du temps.*)

Orné de 39 planches lithographiées par *Lewicki* et coloriées.

11. Turquie. — Grèce. — Orient.

666. Costumes des Grecs, Turcs, Arabes et autres nations
orientales, gravés à l'eau-forte par Léonard Thiry de
Daventer. *S. l.*, 1568, in-fol., cart. en vélin.

Suite complète de 60 estampes insérées dans les *Navigations et
pérégrinations orientales de Nicolas de Nicolaï, Dauphinois* publiées à
Lyon en 1568. Le graveur est aussi appelé *Davent*.
Epreuves remargées à plat.

667. Les Navigations, Peregrinations et Voyages, faicts en la Turquie, par Nicolas de Nicolay Daulphinois Seigneur d'Arfeville, contenants plusieurs singularitez que l'Autheur y a veu et observé. *Anvers, Silvius,* 1576, in-4, fig. veau.

> Orné de 60 figures de *Léonard Thiry* réduites et gravées sur bois par *A. von Landfeld*, comprise chacune dans un joli encadrement. Costumes d'hommes et de femmes.
> Exemplaire court de marges. Reliure restaurée.

668. Recuel (*sic*) de divers portraits des principales Dames de la porte du Grand Turc, tirée au naturel sur les lieux, et dédiés à Madame la comtesse de Fiesque, par George de La Chappelle, peintre de la ville de Caen. *Paris, Antoine Estienne,* 1648, in-fol., mar. rouge, dos orné, fil., tr. dor. (*Capé.*)

> Suite complète de un titre et douze estampes gravées par *Nicolas Cochin* de Troyes, d'après les peintures de *La Chappelle*. Portraits de sultane, dame grecque, femme juive, dame arménienne, dame de Perse, de Turquie, etc. Jolis paysages de fond gravés avec une pointe fine et spirituelle.

669. Differents Habillements des Turcs. *Paris, s. d. (vers* 1700), in-4 obl., cart.

> 30 jolies figures dont un titre, dessinées par *C. F. Silvestre*, de costumes d'habitants de la Turquie : Le sultan, personnel du sultan, militaires, marchands, etc.

670. Explication des cent estampes qui représentent différentes nations du Levant (par Le Hay). Avec de nouvelles estampes de cérémonies turques qui ont aussi leurs explications. *Paris, Collombat,* 1715, in-fol., front. et pl., veau.

> Album de 100 planches (sur 102) gravées par *Scotin, Haussard, Baron, Rochefort*, etc. d'après les dessins de *J. B.* ? peintre qui avait accompagné M. de Ferriol en Orient ; costumes, scènes de mœurs, etc.

671. RECUEIL DES DIFFÉRENTS COSTUMES des principaux Officiers et Magistrats de la Porte ; et des peuples sujets de l'Empire Othoman. *Paris, Onfroy, s. d. (vers* 1780), in-fol., titre et texte gravés, pl., veau marbré, dos orné, fil., tr. dor. (*Rel. anc.*)

> Très beau titre orné et 96 planches de costumes orientaux d'hommes et de femmes.
> Bel exemplaire dans lequel le titre et les planches ont été très finement coloriés et rehaussés d'or et d'argent.

672. Picturesque Representations of the Dress and Manners of the Turks. Illustrated in 60 coloured Engravings, with Descriptions. *London, J. Goodwin, s. d. (vers 1815)*, petit in-4, pl., mar. brun à grains longs, dos orné, dent., tr. dor. *(Rel. anglaise.)*

> 60 planches coloriées de costumes turcs.

673. Scènes, Types et Costumes Grecs et Turcs, par Th. Leblanc. *Paris, lith. de Gihaut frères, s. d. (vers 1828)*, in-fol., *en feuilles.*

> 30 lithographies coloriées, quelques-unes sur PAPIER DE CHINE, par *Th. Leblanc.*

674. Mœurs, Usages, Costumes des Othomans, et abrégé de leur histoire. Par A. L. Castellan. *Paris, Nepveu,* 1812, 6 vol. in-12, fig., cart., *non rognés.*

> Nombreuses illustrations coloriées.

675. La Turquie au dix-neuvième siècle. Par Camille Rogier. *Paris, H. Gache et Londres, E. Gambart et Cie,* 1854, in-fol., pl., cart.

> 30 belles planches lithographiées et coloriées. Mœurs et usages des Orientaux, Harems, Bazars, Cafés, Danses, Costumes, etc.
> Cartonnage original.

676. Deux années à Constantinople et en Morée (1825-1826) ou Esquisses historiques sur Mahmoud, les Janissaires, etc. par M. C. D. (Deval). *London et Paris,* 1828, in-8, fig., veau violet, fil., milieux à froid, tr. dor. *(Germain-Simier.)*

> 16 belles planches de costumes en or et en couleurs.

677. Stamboul. Souvenir d'Orient, par Preziosy. *(Paris, Impr. Lemercier)*, 1861, in-fol. obl., pl., cart., fers spéciaux.

> Titre et 29 belles lithographies en couleurs intéressantes pour les mœurs et usages turcs, les costumes, etc.

678. Vestiture ed Usi de Popoli della moderna Grecia. Litografizzati e Colorati d'appresso i Disegni eseguiti sopra luogo nel 1811 dal Barone O. M. de Stackelberg. *Napoli, lith. de Cuciniello e Bianchi,* 1827, in-4, *en feuilles,* couv.

> 40 lithographies coloriées de costumes grecs.

12. Asie.

679. Costumes Persans, par Chopin. *S. l. n. d. (lith. de G. Engelman, vers* 1830), in-4, *en feuilles.*

8 lithographies coloriées.

680. Costumes de l'Indostan, dessinés dans l'Inde en 1798 et 1799 et représentés en 60 planches enluminées avec les explications en anglais et en français. Par Balt. Solvyns, de Calcutta. *Londres, Edward Orme,* 1807, pet. in-fol., pl., demi-rel., *non rogné.*

Textes anglais et français avec 60 planches coloriées des habitants de l'Inde, par *B. Solvyns.*

681. Ouvrages divers sur les Mœurs, Usages et Costumes des habitants de l'Inde. *Paris, Nepveu et Crapelet,* 1797-1817, 6 vol. in-12, cart., *non rognés.*

Voyage de l'Inde à la Mekke par A'bdoûl-Kerym. Par L. Langlès, 1 vol. — Tableau du Royaume de Caboul, par M. Mountstuart Elphinstone, traduit par M. Breton, 3 vol. — Les Marattes, par Th. Duer Broughton, traduit par M. Breton, 2 vol.
Nombreuses illustrations coloriées.

682. Scenery Costumes and Architecture chiefly on the Western Side of India, by Captain Robert Melville Grindlay. *London, Smith, Elder and C°,* 1830, in-4, front. et pl. en couleurs, demi-rel. dos et coins de mar. brun, dos orné, tr. dor. (*Rel. angl.*)

Orné d'un frontispice et de 36 belles planches coloriées, par *D. Roberts, C. Fielding, W. Purcer, W. Westall,* etc.

683. Portraits of the Princes and People of India by the Honble Miss Eden. Drawn on the Stone by L. Dickinson. *London,* 1844, in-fol., pl., demi-rel.

Titre, liste des planches et 24 planches avec 28 sujets lithographiés et coloriés.

684. Indian Scenes and Characters : Sketched from Lief by Prince Alexis Soltykoff. *London, Smith and Bombay,* 1859, in-fol., pl., cart.

Titre avec vignette et 15 belles lithographies par *J. Trayer* et *de Rudder* d'après l'auteur, avec le mot *Proof.*

685. Types Indiens Néerlandais, par A. Van Pers. *La Haye, C. W. Mieling,* 1856, in-fol., pl., cart. toile.

Titre lithographié et 44 planches lithographiées et coloriées d'après *A. Van Pers* de costumes, mœurs, usages dans les colonies hollandaises. Textes hollandais et français.

686. L'Estat présent de la Chine, en figures (par J. Bouvet). *Paris, Pierre Giffart,* 1697, pet. in-fol., pl., mar. rouge, dos orné, double rangée de fil., tr. dor. (*Rel. anc.*)

42 planches coloriées, gravées par *P. Giffart,* représentant les costumes d'hommes et de femmes de la haute société chinoise.

687. Breton. La Chine en miniature, ou choix de Costumes, Arts et Métiers de cet Empire. Par M. Breton. *Paris, Nepveu,* 1811-1812, 6 vol. in-12, fig., cart., *non rognés.*

Nombreuses figures coloriées.
On y joint : Arts, Métiers et cultures de la Chine. *Paris, Nepveu,* 1815, in-12, pl. coloriées, cart.

688. LA CHINE. Mœurs, Usages, Costumes, Arts et Métiers, Peines Civiles et Militaires, Cérémonies Religieuses, Monuments et Paysages, d'après les dessins du Père Castiglione, du peintre chinois Pu-Qua, de W. Alexandre, etc. par MM. Devéria, Régnier, Schaal, etc. Avec les Notices explicatives et une Introduction par D. B*** de Malpierre. *Paris,* 1825-1827, 2 vol. gr. in-4, front. et pl., demi-rel.

Orné de 140 lithographies coloriées et de 4 ff. de musique.

689. Les Punitions des Chinois, représentées en 22 gravures ; avec des explications en anglais et en français. *Londres, W. Miller,* 1804, pet. in-fol., pl., mar. vert à grains longs, dent., tr. dor. (*Rel. anc. anglaise.*)

Textes anglais et français. Orné de 22 curieuses planches de supplices chinois, gravées par *Dudley* et coloriées.

690. The Costume of China, illustrated in 48 coloured Engravings. By William Alexander. *London, W. Miller,* 1805, in-4, pl., demi-rel. dos et coins de mar. rouge à grains longs, tr. jasp.

48 planches lithographiées en double état : noir et colorié. Costumes, mœurs et usages des Chinois. Intéressante suite.

691. Le Japon, ou Mœurs, Usages et Costumes des habitans de cet Empire. Par M. Breton. *Paris, Nepveu,* 1818, 4 vol. in-12, cart., *non rognés,* couv.

PAPIER VÉLIN. Figures coloriées.

692. Bijdrage tot de Kennis Van het Japansche Rijk, door J. F. Van Overmeer Fisscher. Met Platen.

Amsterdam, J. Müller et Comp., 1833, in-4, front. et pl., veau violet, dos orné, fers spéciaux, tr. dor., couv. (*Rel. du temps.*)

Ouvrage orné d'un frontispice et de 14 belles planches coloriées de scènes, d'intérieurs et de costumes japonais.

693. Promenades Japonaises. Texte par Emile Guimet. Dessins d'après nature par F. Régamey. *Paris*, *G. Charpentier*, 1878-1880, 2 vol. in-4, pl. et fig. en noir et en couleur, cart., plats, doublures et egards en étoffes japonaises, tête dor., *non rognés*, couv. (*Pouillet.*)

Dessin original de *F. Régamey* sur le faux-titre du tome 2.

13. Afrique.

694. Ouvrages divers sur les Mœurs, Usages et Costumes des habitants de l'Afrique. *Paris, Nepveu*, 1814-1821, 13 vol. in-12, cart., *non rognés*, couv.

L'Egypte et la Syrie, par M. Breton, 6 vol. — L'Afrique (Le Sénégal, par R. G. V. 4 vol. — La Guinée, par John M' Leod, 1 vol. — Le Fezzan, G. F. Lyon, 2 vol.)
Nombreuses illustrations coloriées.

695. Scènes de Mœurs, Costumes, Usages des Egyptiens. *S. l. n. d.* (*London et Paris, Madden et Malcolm, vers* 1850), in-fol., *en feuilles.*

Portrait de G. Lloyd Esqre et 27 planches lithographiées **par** *Lemoine, Mouilleron,* etc. d'après *E. Prisse.*
On y joint : 12 planches par *C. Rogier* de costumes et usages de la Turquie.
Ensemble 40 lithographies.

14. Amérique.

696. J. O. Lewis. Album of the American Indians. *Philadelphie, lith. Lehman et Duval*, 1825-1827, in-fol., pl., demi-rel.

Album de 72 lithographies coloriées de types de guerriers, scènes de mœurs, portraits, etc.

697. History of the Indian Tribes of North America, with Biographical Sketches and Anecdotes of the principal

Chiefs. Embellished with 120 portraits from the Indian Gallery in the War Departement at Washington. By Thomas L. Mc Kenney. *Philadelphia, D. Rice et C°*, *s. d. (vers 1845)*, 2 vol. in-8 de texte et 2 vol. in-fol. de pl., demi-rel. dos et coins de chagrin rouge, dos orné, tête dor., éb.

> 120 planches lithographiées et coloriées de portraits de chefs indiens.

698. Sketches of Character, in Illustration of the Habits, Occupation, and the Costume of the Negro Population in the Island Jamaïca, Drawn after Nature, and in Lithography by I. M. Belisario. *Kingston, Jamaïca*, 1837, in-4, pl., cart., *non rogné*, couv.

> Orné de 8 curieuses caricatures coloriées, en deux livraisons avec couvertures.

699. Costumes civils, militaires et religieux du Mexique, dessinés d'après nature par C. Linati. *Bruxelles, Sattanino (lith. Jobard)*, *s.d.*, in-4, fig., cart.

> Titre, portrait et 48 planches de costumes lithographiées et coloriées.

700. Indumentaria Antigua Vestidos Guerreros y Civiles los Mexicanos por el Dr. Antonio Peñafiel. *Mexico*, 1903, in-fol., pl., cart. toile, fers spéciaux.

> Frontispice (répété 2 fois) et 198 planches en noir et en couleur. 4 planches sont doubles. Ensemble 202 planches.

701. Le Brésil, ou Histoire, Mœurs, Usages et Coutumes des habitants de ce royaume, par M. H. Taunay et F. Denis. *Paris, Nepveu, 1822*, 6 vol. in-12, fig., cart., *non rognés*, couv.

> PAPIER VÉLIN. Nombreuses illustrations coloriées.

702. Costumes de Buenos-Aires. *S. l. n. d. (vers 1820)*, in-4, cart.

> 5 lithographies coloriées signées J.D., de militaires et d'Indiens.

703. Trages y Costumbres, de la Provincia de Buenos-Aires. *Buenos-Aires, Bacle y Cⁿ*, 1833, in-4, pl., demi-rel. dos et coins de mar. rouge. (*Rel. du temps.*)

> Suite complète comprenant 6 livraisons de 6 planches coloriées chacune. Ensemble 36 pl. de Marchands, Toilettes féminines, Inconvénients des grands peignes, etc.
> Curieux album pour les mœurs, usages et costumes de Buenos-Aires. Couvertures de livraisons conservées.

704. The Costume of the Inhabitants, of Peru. *London,
J. Edington, s. d., (vers* 1815), in-4 carré, cart., *non
rogné.*

> Frontispice et 18 lithographies coloriées de costumes péruviens.

IV. — Costumes particuliers d'Artisans,
Crieurs de la rue, Vagabonds, etc.

705. Costumes des Métiers parisiens, par Desrais. *S.l.n.d.
Paris, (vers* 1780), in-4, *en feuilles,* dans un étui.

> Suite de 12 planches gravées à la manière du lavis par *Mixelle.*

706. Les Ouvrières de Paris, par Lanté. *S.l.n.d. (Paris,
vers* 1825, in-4, demi-rel. dos et coins de mar. bleu,
dos orné, *non rogné.*

> Suite complète de 47 planches dessinées par *Lanté*, gravées par
> *Gatine* et coloriées. Rare. Quelques figures un peu plus courtes.

707. Recueil de petites *figures gravées d'après les desseins*
des plus habilles Maîtres, propres à différents usages.
Paris, Huquier, s. d., in-4, obl., cart.

> Trois suites de 12 planches chacune, à plusieurs sujets, par
> *Duncker, Freudebergh, Bout* et *Le Grand* représentant surtout des
> costumes d'artisans, villageois, militaires, etc.
>
> Belles épreuves sur Papier teinté.

708. Opera di Giorgio Agricola de l'Arte de Metalli
partita in XII *libri, ne quali si descrivano tutte le sorti,*
e qualita de gli uffizii, de gli strumenti, delle machina,
etc. Tradotti in lingua Toscana da M. Michelangelo
Florio Florentino. *Basilea, H. Frobenio et N. Epis-
copio, s. d.* (1563), in-fol., fig., basane.

> Nombreuses figures gravées sur bois en partie, par *H. R. E.
> Deutsch,* intéressantes pour l'histoire de l'industrie, l'histoire de
> l'outillage, de la locomotion, les costumes des artisans, etc.

709. Panoplia, omnium illiberalium mechanicarum aut
sedentariarum artium genera continens, quotquot
unquam vel à veteribus, aut nostri etiam seculi, celebri-
tate excogitari potuerunt, breviter et delucidè confecta
per Hartman Schopperum, novoforens., noricum.
*Francofurti ad Mœnum, (Georgium Corvinum,
impensis Sigismundi Feyerabent),* 1568, pet. in-8,
fig., mar. vert jans., tr. dor. (*Thibaron-Echaubard.*)

> Première édition de ce joli volume contenant 130 figures gravées
> sur bois par *Jost Amman* et représentant les costumes des différents

dignitaires et artisans du XVI⁰ siècle, ces derniers étant figurés dans leurs occupations habituelles.

Très bel exemplaire.

710. Th. Garzoni Piazza universale oder Allgemeiner Schawplatz aller Künst, Professionen, und Handtwercken. *Franckfurt am Main,* 1641, in-4, basane.

Cette encyclopédie des professions de toutes sortes, est ornée des figures de *Jost Amman,* déjà utilisées dans le livre des *Métiers* de Schopperus. Manque le titre.

711. Icones omnium ad Officinas Ærarias pertinentium (— Rem Mettallicam spectantium) Officialium et Operariorum. *Nürnberg, Christoph Weigeln, s. d.* (1721), 2 part. en un vol. in-4, front. et pl., veau.

2 frontispices et 48 planches rehaussées d'or et de couleur, d'artisans dans leurs occupations diverses.

712. Spiegel van het Menselyk Bedryf... Door Jan en Kasper Luiken. *Te Amsteldam, K. Vander Sys,* 1730, pet. in-8, front. et fig., vélin.

Orné d'un frontispice et de 100 planches des *Métiers* par *J. Luiken.*
Le même volume renferme : Het Leerzaam Huisraad,... door Jean Luiken. *Te Amsteldam,* 1731, pet. in-8, front. et 50 figures des occupations des ménagères.

713. Costumes de Berlin. *S. l. n. d. (vers* 1825), in-4, pl., cart.

24 planches coloriées, dessinées par *W. Henschel* et gravées par *F. Henschel,* représentant les costumes des petits marchands de Berlin.

714. Der Ausruf in Hamburg vorgestellt in ein hundert und zwanzig colorirten Blättern gezeichnet radirt und geäzt von Professor Suhr. *Hamburg,* 1808, pet. in-8, titre gravé et pl., cart.

Orné de 120 planches coloriées des différents petits métiers et marchands des rues de Hambourg.

715. Costumes de Hambourg. Dessinés et gravés par C. Suhr. *S. l. (Hambourg ?),* 1808, pet. in-fol., *en feuilles.*

Titre, table et 35 planches (sur 36) gravées en taille-douce et coloriées.
Ces planches, soignées comme exécution, nous représentent les Servantes et les Artisans dans leurs diverses occupations.
On y joint 5 planches coloriées, probablement du même artiste, dont une de double format, de costumes d'ouvrières de Hambourg.

716. Costumes de Hambourg, dessinés et gravés par C. Suhr. *S. l. (Hambourg ?)*, 1808, pet. in-fol., cart.

13 planches coloriées dont 10 AVANT TOUTES LETTRES.

717. Etudes prises dans le bas peuple ou les Cris de Paris par Bouchardon. *Paris, Fessard,* 1737-1738, in-4, demi-rel. dos et coins de mar. rouge, dos orné, tr. dor.

Recueil de 37 planches (sur 60) représentant les types de différents marchands et ouvriers ambulants de Paris. Ces planches, dessinées par *Bouchardon*, ont été gravées à l'eau-forte par *Caylus* et terminées par *Fessard*.

718. LES PETITS ACTEURS DU GRAND THÉATRE ou Recueil de divers Cris de Paris (dessinés par Joly d'après nature). *A Paris, chez Martinet, s. d. (vers 1815),* in-4, demi-rel. dos et coins de mar. rouge à grains longs, *non rogné. (Pagnant.)*

Suite complète de 60 planches coloriées de costumes parisiens. Elle est précédée de 5 ff. de texte. Très rare.

719. LES CRIS DE PARIS, dessinés d'après nature par Carle Vernet. *Paris, Delpech, s. d.,* in-4, pl., demi-rel. dos et coins de mar. bleu, *non rogné,* couv.

Très beau recueil composé de 100 planches lithographiées en couleurs. PREMIER TIRAGE. Rare.

720. Recueil de Types des Rues de Paris par Louis Boilly. *Paris, lith. de Delpech, s. d. (vers 1822),* in-4, pl., cart.

Suite complète de 12 lithographies coloriées : la Chiffonnière, les Tailleurs de pierre, le Mendiant, la Vielleuse, etc.

721. Le Arti che Vanno per Via nella Citta di Venezia inventate, ed incise da Gaetano Zompini. *Venezia,* 1785, in-fol., demi-rel. dos et coins de mar. gris, tête dor.

Curieuse suite comprenant un titre, un frontispice et 60 planches gravées en taille-douce des Cris des marchands de Venise.

722. Le Arti di Bologna disegnate da Annibale Caracci ed intagliate da Simone Guilini coll'assistenza di Al. Algardi. *Roma,* 1740, in-fol., pl., cart.

Portrait et 80 planches par *A. Carrache* des différents métiers de Bologne au seizième siècle.

723. Petits Métiers de Naples. *S. l. n. d. (lith. Cuciniello e Bianchi, vers 1830),* in-4, *en feuilles.*

12 lithographies coloriées.

724. The Cryes of the City of London — Les Cris de la Ville de Londres. Dessignez apres la nature. *London, H. Overton*, 1731, in-4, pl., veau fauve, fil., tr. marbr. (*Rel. anc.*)

> Suite complète de 74 planches dessinées par *M. Lauron* et gravées par *Savage*.
> Ces planches par leur exécution rappellent celles des *Bonnart* et des *Saint-Jean*.

725. Douze des Cris de Londres, dessignez d'après Nature et gravez à l'eau-forte par Paul Sandby. *Londres, F. Vivarez*, 1760, in-4, pl., veau.

> Suite complète de 12 planches gravées à l'eau-forte.

726. CRIES OF LONDON, by T. Wheatley. *London, s. d.* (*vers* 1795), in-fol., pl., cart.

> Suite de 12 planches des Cris de Londres, dessinées par *Wheatley* et gravées par *P. Bonato* et *A. Gabrielli*.
> Épreuves remontées à plat. Petite restauration dans un angle à la pl. 12.

727. Les Cris de Londres par J. Thomas Smith. *London,* 1819, in-4, demi-rel. dos et coins de mar. vert, *non rogné*.

> Nouvelle édition de cette suite de 25 planches gravées à l'eau-forte par *J. Th. Smith* et coloriées, représentant *Les Petits métiers de Londres*.
> On a ajouté le portrait de Smith, eau-forte coloriée, publié en 1889.

728. London Cries : with Six Charming Children printed direct from stippled plates in the Bartolozzi style, and about 40 other Illustrations including 10 of Rowlandson's humorous subjects ; examples by G. Cruikshank, J. Crawhall, etc. The Text by Andrew W. Tuer. *London, s. d.* (*vers* 1880), in-4, pl. et fig., cart., *non rogné*.

> Nombreuses illustrations en noir et en couleur. Tiré à 250 exemplaires.

729. CRIS DE VIENNE. Etudes prises dans le bas peuple et principalement les Cris de Vienne. *S. l.*, 1775, in-fol., demi-rel.

> Titre et 40 planches numérotées dessinées par *L. Brand*, gravées à l'eau-forte et coloriées par *Ponheimer, Feigel, F. Brand, Mansfeld*, etc.
> Très belles épreuves de premier coloris, à toutes marges. Très rare dans cet état.

730. Russian Cries in correct Portraiture from Drawings done on the Spot, by G. Orlowski. *London, Edward Orme,* 1809, in-4 obl., *en feuilles.*

> Titre et 9 planches coloriées. Le titre est remargé.

731. Collection de Cris et Costumes de St-Pétersbourg, dessinés d'après nature, par divers Artistes. *St-Pétersbourg, Alex. Pluchart,* 1823, in-4, pl., cart.

> Suite complète comprenant un titre et 16 planches lithographiées par *Kollmann* et autres artistes.

732. Varie Figure Gobbi di Jacopo Callot, fatto in Firenza l'anno 1615. *I. Silvestre ex. excudit Nanceii,* pet. in-4 obl., vélin.

> Suite complète d'un titre et de 21 planches. Epreuves d'un tirage moderne sur papier teinté.

733. Le Grandissime Livre des Proverbes contenant la Vie des Gueux. Par J. Lagniet. *Paris,* (1660), in-4, pl., chagrin brun, tr. dor.

> 30 planches gravées par *Lagniet* consacrées à la *Vie des Gueux.* Rare. Recueil de gravures en taille-douce important pour l'histoire des mœurs au dix-septième siècle.

734. Suite de Mendiants, gravés à l'eau-forte par J. Duplessi-Bertaux. *S. l. n. d. (Paris, vers* 1810), in-24 carré, fig., chagrin bleu.

> Suite complète de 12 planches.

735. Vagabondiana, or Anecdotes of Mendicant Wanderers through the Streets of London ; with Portraits of the most remarquable, Drawn from the Life by John Thomas Smith. *London,* 1817, in-4, titre gravé, pl., demi-rel. dos et coins de chagrin noir, tr. dor.

> Frontispice et 32 curieuses planches des vagabonds et mendiants de Londres.

V. — Costumes de théatre.

Portraits d'acteurs et d'actrices dans leurs roles.

736. Recherches sur les Costumes et sur les Théâtres de toutes les Nations, tant anciennes que modernes ; avec des estampes en couleur et au lavis, dessinées par

Chéry, et gravées par Alix. *Paris, Drouhin*, 1790, 2 tomes en un vol. in-4, fig., demi-rel. cuir de Russie.

Orné d'un frontispice et de 53 gravures en noir et en couleurs par *Alix, Ridé* et *Sergent*. PREMIER TIRAGE. Rare.
Bel exemplaire.

737. Adolphe Jullien. Histoire du Costume au Théâtre depuis les Origines du Théâtre en France jusqu'à nos jours. Ouvrage orné de 27 gravures. *Paris, G. Charpentier*, 1880, gr. in-8, pl. en noir et en couleur, demi-rel. dos et coins de chagrin vert, dos orné, tête dor., *non rogné*, couv.

738. Arthur Pougin. Dictionnaire historique et pittoresque du Théâtre et des Arts qui s'y rattachent, musique, danse, pantomime, jeux antiques, spectacles forains, etc. Ouvrage illustré de 350 gravures et de 8 chromolithographies. *Paris, Firmin-Didot et C^(ie)*, 1885, in-8, fig. et pl. en noir et en couleurs, demi-rel. chagrin bleu, plats toile, tr. dor.

Nombreuses planches de costumes d'acteurs et d'actrices.

739. Le Monde Dramatique. Revue des Spectacles anciens et modernes. *Paris, impr. F. Locquin*, 1835-1837, 4 vol. in-8, front. et fig., demi-rel. veau vert, dos orné, tr. marbrée. (*Rel. du temps.*)

Quatre premières années, ornées de 103 planches hors texte, beaucoup de costumes d'acteurs et d'actrices. Lacunes.

740. Le Costume au Théâtre et à la Ville, par Ch. Bianchini et Eug. Mesplès. *Paris, J. Hautecœur*, 15 *Décembre* 1886-1^(er) *octobre* 1887, in-4, fig. en couleur, demi-rel. chagrin vert, tête dor., *non rogné*, couv.

80 planches coloriées de costumes, la plupart sur PAPIER DU JAPON.

741. PRINCIPAUX HABITS DE THÉATRE, par Martinet. *S. l. n. d. (Paris, vers* 1780), in-8 carré, veau marbré, dos orné, fil., *non rogné. (Pagnant.)*

Très jolie suite de 12 planches, portraits d'acteurs ou d'actrices dans les costumes de leurs rôles de théâtre, dessinés par *Boquet*, compris dans de très riches encadrements ornementés par *Martinet*.

742. COSTUMES ET ANNALES DES GRANDS THÉATRES DE PARIS, en figures au lavis et coloriées. Ouvrage destiné à représenter le costume exact de nos comédiens les plus éclairés, à relever les erreurs des faux costumes,

à offrir des modèles à ceux inconnus ou altérés, etc.
Par M. de Charnois. *Paris, Janinet*, 1786-1789,
4 années en 9 vol., in-4, fig., basane.

> Cet ouvrage périodique, commencé par M. d'Auberteuil et continué
> par Le Vacher de Charnois, a régulièrement paru du 15 avril 1786
> jusqu'au 8 novembre 1789, où il fut arrêté du plein gré de Charnois.
> Il comprend 176 numéros avec autant de portraits d'acteurs et
> d'actrices gravés en couleurs par *Janinet, Chapuis, Guyot*, etc.,
> d'après *Berthault, Dutertre, Le Barbier*, de scènes de théâtre et
> costumes d'acteurs.
> Très rare exemplaire en GRAND PAPIER tiré de format in-4.
> Manque la planche 14 de la 4e année et les n°s 27 à 32 (texte et
> planches) de cette même année.
> 4 planches, dont le beau portrait de Mlle Contat (dans le rôle de
> Suzanne de la *Folle Journée*) sont en double in-8 et in-4.

743. Costumes d'acteurs. *S. l. n. d. (vers* 1800), in-4 obl.,
en feuilles.

> 8 planches numérotées à deux sujets par feuilles, de travestis-
> sements pour hommes : postillons, cochers, militaires, etc.
> Belles épreuves coloriées avec rehauts d'or et d'argent, remargées.

744. PETITE GALERIE DRAMATIQUE ou recueil de différents
Costumes d'Acteurs des Théâtres de la capitale. *Paris,
Martinet (et Hautecœur-Martinet), s. d.* (1805-1843),
10 vol. in-8, pl., demi-rel. dos et coins de mar. rouge,
dos orné, tête dor. (*Claessens.*)

> Suite complète de 1637 planches coloriées de costumes d'acteurs et
> d'actrices dans leurs principaux rôles (n°s 1 à 1637).
> 2 planches (n°s 526 et 740) sont en double, différentes.
> Ensemble 1639 planches par *Joly, Carle Vernet, Maleuvre, Duplessi-
> Bertaux, Garnerey*, etc.

745. Etrennes de Thalie, ou Précis historique sur les
Acteurs et Actrices célèbres des grands Théâtres de la
Capitale ; suivi d'un choix d'Anecdotes dramatiques et
d'un Traité de Déclamation. *Paris*, 1811, pet. in-12
carré, portr., cart.

> 60 portraits coloriés des principaux acteurs et actrices du
> commencement du dix-neuvième siècle.

746. GALERIE THÉATRALE ou Collection des Portraits en
pied des principaux Acteurs (et Actrices) des trois
premiers Théâtres de la Capitale. Gravé par les plus
célèbres artistes. Imprimé en noir et en couleur. *Paris,
Bance, (vers* 1820), 3 vol. in-4, pl., demi-rel. veau.

> Titre et 144 portraits coloriés d'acteurs et d'actrices, dans leurs
> principaux rôles. Beaucoup de pièces ont été gravées par *Proudhon
> fils*. Le tome 3 est particulièrement rare.
> Très bel exemplaire.

747. Galerie théâtrale. Collection de 144 portraits en pied des principaux acteurs et actrices qui ont illustré la Scène française depuis 1552 jusqu'à nos jours. *Paris, A. Barraud,* 1873, 2 vol. in-4, portr. et vign. dans le texte, demi-rel. dos et coins de mar. rouge, dos orné, tête dor., *non rognés.* (*Pouillet.*)

Dans cette nouvelle édition les 144 portraits d'acteurs et d'actrices sont coloriés et rehaussés d'or et d'argent.

748. Album Dramatique. Souvenirs de l'Ancien Théâtre français depuis Bellecour, Lekain, Brizard, etc. jusqu'à Molé, Larive, Monvel, etc. *Paris,* 1820), in-8, pl., demi-rel. dos et coins de chagrin rouge.

49 planches coloriées avec rehauts d'or et d'argent.

749. Recueil de Costumes de Théâtre, publié par Vizentini, comédien du Roi, d'après les dessins de Aug. Garnerey et H^te Lecomte. *Paris. lith. de G. Engelmann, s. d.* (*vers* 1820), 3 vol. in-4, demi-rel. chagrin brun.

350 lithographies coloriées de portraits d'acteurs et d'actrices. On a joint 15 costumes d'italiennes, épreuves coloriées. Ensemble 365 planches.

750. Galerie des Artistes dramatiques de Paris. *Paris, Marchant,* 1841-1842, 2 vol. in-4, titre gravé, et portr., demi-rel. dos et coins de mar. bleu, dos orné, tête dor., *non rognés.*

80 beaux portraits en pied dessinés d'après nature par *Al. Lacauchie,* et tirés sur PAPIER DE CHINE, accompagnés d'autant de notices littéraires.
Bel exemplaire.

751. COLLECTION DE PORTRAITS des Artistes des Théâtres de Paris. Dessinés et lithographiés d'après nature par Colin. *Paris, Noël aîné et Cie, s. d.* (*vers* 1825), in-fol., portr., demi-rel. mar. bleu, tr. jasp.

Très beau recueil de 66 planches (sur 70) lithographiées et coloriées donnant des portraits d'acteurs et d'actrices dans différents rôles. Ces planches ont été dessinées par *A. Colin* et *L. Marin.* Couverture de livraison conservée.

752. Les Théatres de Paris, (cent) Notices et portraits. Texte par une Société de Gens de Lettres, dessins par Eustache Lorsay. Lithographies par Collette. *Paris, Martinon, s. d.* (*vers* 1854), 2 vol. gr. in-8, pl., demi-rel. dos et coins de mar. bleu, dos orné, tête dor., *non rognés,* couv.

100 costumes d'acteurs et d'actrices coloriés.

753. GALERIE DRAMATIQUE. Costumes des Théâtres de Paris. Par MM^{rs} Dollet, Lacauchie et L. Lassalle. *Paris, Martinet, s. d. (vers* 1860), 10 vol. gr. in-8, fig., demi-rel. chagrin brun, tête dor.

> Réunion complète de 1000 planches numérotées de costumes d'acteurs et d'actrices dans leurs différents rôles. Toutes ces planches sont coloriées ou rehaussées d'or et d'argent.
> Les pl. n°s 499, 500, 600, 700, 800, 900 et 1000 n'existent pas.

754. Le Théâtre illustré (Album des Théâtres). *Paris, s. d.* (1869), in-4, pl., chagrin rouge.

> 76 portraits coloriés d'acteurs et d'actrices par *Theo.*
> Manque 3 livraisons (2, 3, 13) et la livraison 2 est double.

755. Nouvelle Galerie Théâtrale, par MM. Chatinière, Draner, Grévin, Morlon, Stop, faisant suite à la Petite Galerie dramatique et à la Galerie Dramatique, Costumes des Théâtres de Paris. *Paris, Martinet, (Impr. Becquet et Lemercier), s. d.* (1875-1880), 3 vol. in-4, pl., demi-rel. dos et coins de chagrin rouge, dos orné, tête dor., *non rognés.*

> 300 planches coloriées d'acteurs et d'actrices dans leurs rôles principaux. La table s'arrête au n° 287.

756. La Comédie française 1680-1880, par Arsène Houssaye. *Paris, Baschet,* 1880, in-fol., portr., *en feuilles.*

> PAPIER DE HOLLANDE. Les 32 portraits hors texte sont AVANT LA LETTRE sur PAPIER DU JAPON.

757. Album de la Comédie Française, par F. Febvre et T. Johnson. *Paris, Ollendorff, s. d. (vers* 1879), in-4, front., portr. et fac-similés, cart. toile, fers spéciaux, tr. dor.

> Orné d'un frontispice par *Sarah Bernhardt* et de 23 portraits d'acteurs et d'actrices par *E. Abot.*

758. Rachel et la Tragédie par Jules Janin. Ouvrage orné de 10 photographies représentant Mlle Rachel dans ses principaux rôles. *Paris, Amyot,* 1859, in-8, portr., cart., *non rogné,* couv.

759. Les Roses du Vaudeville. *Paris, Le Fuel, s. d.* (1819), in-16, fig., cart., tr. dor., étui.

> Illustré de 11 figures coloriées.

760. Histoire du théâtre italien depuis la décadence de la comédie latine ; avec un catalogue des tragédies et comédies italiennes imprimées depuis l'an 1500 jusqu'à l'an 1660, et une dissertation sur la tragédie moderne par Louis Riccoboni. *Paris*, (1728), in-8, pl., veau.

> Premier ouvrage important qui ait été écrit sur la comédie italienne.
> Ce volume est orné d'un frontispice gravé et de 17 planches très jolies, gravées par *Joullain*, représentant les acteurs de la Comédie italienne, dans leurs différents rôles.
> A la suite : Dell'Arte Rappresentativa capitoli sei di Luigi Riccoboni. *Londra*, 1728, in-8, poème.

761. Masques et Bouffons. (Comédie italienne). Texte et dessins par Maurice Sand, gravures par A. Manceau. Préface par George Sand. *Paris, A. Lévy fils*, 1862, 2 vol. gr. in-8, fig., demi-rel. chagrin vert, tête dor. et jaspée, *non rognés*.

> Figures en double état, coloriées et sanguine. Bel exemplaire.

762. Het Italiaansch Tooneel voortreffelyk in 16 verbeeldingen uytgevoert door G. J. Xavery, verrykt met Nederduytsche en Fransche Waarzendoor. F. H. J. van Halen. *T' Amsterdam, s. d. (vers* 1720), 2 part. en un vol. in-4, cart., *non rogné*.

> Première partie. Théâtre italien en figures. Titre et 16 planches par *Xavery*, représentant des scènes galantes où figurent les principaux personnages de la Comédie italienne. Légendes en français, en allemand, en hollandais.
> Deuxième partie. Nouveau théâtre italien. Titre et 16 pl. numérotées représentant Arlequin père de famille. Légendes en hollandais.
> Ces deux suites sont rares : elles sont curieuses pour les costumes des acteurs.

763. Kostüme auf den Kön. National Theater in Berlin. *Berlin, Wittich*, 1805, in-4, cart.

> Portrait et 166 planches coloriées de costumes d'acteurs et d'actrices.
> On y joint : Neu Kostüme auf den Beiden Koniglichen Theatern in Berlin. *Berlin, Wittich*, 1819, in-4, cart., *non rogné*. Orné d'un portrait et de 55 planches coloriées de costumes d'acteurs et d'actrices.
> Ensemble 221 planches.

764. Costumes du Théâtre allemand , dessinés par Stürmer et gravés par Jügel. *Berlin, s. d. (vers* 1832), in-4, cart.

> 56 planches coloriées de costumes d'acteurs et d'actrices.
> Manque le titre.

765. Bell's British Theatre. Consisting of the most esteemed English Plays. *London, G. Cawthorn*, 1797, 32 vol. in-12, fig., veau. (*Rel. anc.*)

> Recueil des meilleures pièces du théâtre anglais illustrés de portraits d'artistes en costumes et de scènes théâtrales par *De Wilde, Smirke, Burney*, etc. Manque les tomes 19 et 29.

766. Costumes d'Acteurs japonais. *XVIIIe siècle*, pet. in-fol., couv. en papier.

> Suite de 54 planches en couleurs.
> On y joint 3 albums, également exécutés au Japon, de scènes théâtrales ou romanesques et un album de scènes de la Vie domestique, également orné de jolies planches en couleurs.

767. Costumes du Ballet des Métiers, dessinés et gravés par N. de Larmessin. *A Paris, chez M. de Larmessin, s. d. (vers 1700)*, pet. in-fol., demi-rel.

> Suite de 76 pl. collées à plat. Marges inégales.

768. Costumes de Ballets, par Gillot. *S. l. n. d. (Paris, Duchange et Joullain, vers 1715)*, in-4, cart.

> Suite de 32 planches de costumes gravées par *Joullain* d'après *Gillot*. Epreuves remontées à plat.

769. Les Danseuses de l'Opéra. Costumes des principaux Ballets dessinés par Alophe. *Paris, impr. d'Auguste Bry, s. d.*, in-4, cart., couv.

> Suite de 14 planches lithographiées et coloriées.

770. Album de l'Opéra. Principales scènes et décorations les plus remarquables des meilleurs ouvrages représentés sur la scène de l'Académie Royale de Musique. Dessins par MM. Alophe, Baron, Challamel, C. Deshays, A. Deveria, Français, Lépaulle, Mouilleron et Célestin Nanteuil. *Paris, Challamel, s. d. (1844)*, in-4, *en feuilles*, couv.

> PREMIER TIRAGE. Sur les 24 planches, 13 sont coloriées.

771. Idées sur le Geste et l'Action théatrale, par M. Engel. Suivies d'une lettre du même auteur, sur la Peinture musicale. Le tout traduit de l'allemand (par Jansen). *Paris*, 1795, 2 tomes en un vol. in-8, pl., demi-rel. veau, tr. rouge.

> Orné de 34 planches gravées par *Copia*, intéressantes pour les costumes.

772. Albert de Rochas. Les Sentiments, la Musique et le Geste. *Grenoble, Falque et Perrin*, 1900, in-4, fig. en noir et en couleurs, *broché*, couv., dans un carton.

> On y joint : Ch. Hacks, Le Geste. Illustrations de Lanos. *Paris, s. d.*, in-8, cart.

VI. — TRAVESTISSEMENTS. — COSTUMES EN CARICATURES.

773. Mascarades et Grotesques. *S. l. n. d. (Anvers, J. de Gheyn, exc., vers* 1620), in-fol., *en feuilles.*

> Suite complète de 10 planches dessinées et gravées par *Jacob de Gheyn.*

774. CARAVANE DU SULTAN A LA MECQUE. Mascarade Turque donnée à Rome par Messieurs les Pensionnaires de l'Académie de France et leurs amis au Carnaval de l'année 1748. *Paris, Basan, s. d.,* in-4, demi-rel. dos et coins de mar. vert, tête dor., *non rogné.*

> Titre gravé et 31 belles planches dessinées et gravées à l'eau-forte par *J. Vien.* Curieux exemplaire auquel on a ajouté les dessins originaux à la sanguine de 22 planches.
> De la bibliothèque des frères de GONCOURT.

775. Nouveau (— Second, Troisième et Quatrième) Cahier de Charges à l'eau-forte par J. A. Chevalier. *Paris, Niquet,* 1770-1771, in-4 obl., pl., *en feuilles.*

> 24 planches de caricatures sur les costumes, mœurs, etc.
> Tirage moderne.

776. Album de huit types de femmes. *Paris, Bulla, s. d. (vers* 1810), in-4, cart.

> 8 jolies planches coloriées par *Vautier, Leroy fils* et *Chasselat* de bustes de femmes : *le Bonjour du Matin, la Jeune Pensionnaire, la Coquette, la Précieuse, la Surprise,* etc.

777. QUADRILLE DE MARIE STUART, 2 Mars 1829. (*Paris, lith. de Fonrouge,* 1829), in-fol., pl., demi-rel. dos et coins de mar. bleu, dos orné, tête dor.

> Titre et 26 planches de costumes, entrées et vues du bal offert par la duchesse de Berry.
> Ces planches lithographiées d'après les aquarelles d'*Eugène Lami,* ont été coloriées au pinceau, les planches de costumes sont tirées sur CHINE. Rare, n'ayant été tiré qu'à quelques exemplaires pour les personnages du quadrille.

778. Portraits de Femmes, par A. Devéria. *Paris, Janet, s. d. (vers* 1828), in-4, *en feuilles.*

> Portraits compris dans des encadrements de fleurs.
> 37 lithographies en noir ou coloriées (sur 48 ?).
> On y joint une planche en double avant la lettre. Ensemble 38 planches. Marges inégales.

779. Portraits de Femmes, par A. Devéria. *London et Paris, Janet, (lith. de Lemercier), s. d. (vers* 1830), in-4, *en feuilles.*

> 9 lithographies coloriées de jolis portraits d'héroïnes de romans célèbres.

780. [Costumes historiques pour travestissements dessinés d'après nature, par A. Devéria, et Costumes historiques de ville et de théâtre. *Paris, Goupilet Vibert, s. d.* (1831)], in-fol., cart.

> Collection complète de 125 très belles planches de costumes lithographiés et coloriés par *Cattier*, d'après les dessins de *Devéria*.
> Cette suite de costumes est en même temps une galerie de portraits, on y voit représentés : Mmes Dorval, Fanny Elssler, Cornélie Falcon, Noblet, Rachel, Plessy, Taglioni, Nodier, Regnier, etc., MM. Albert, Lockroy, Devéria, Gervais fils, A. Royer, etc.
> Premier tirage.

781. Alphabet varié, choix de Costumes dessinés d'après nature, par A. Devéria. *Paris, lith. de Fonrouge,* 1831, in-fol., cart., couv.

> Suite complète de 25 très belles planches lithographiées d'après *Devéria*, qui sont les portraits de Mlles H. Dubois, A. Boulanger, L. Devéria, Mmes Bixio, A. Devéria, Ménessier-Nodier, etc., dans des costumes pittoresques de différents pays.

782. Nouveaux Travestissements pour le Théâtre et pour le Bal. Année 1833. *Paris, Rittner et Goupil et London,* (1833), in-fol., pl., cart., couv.

> Jolie collection de 24 lithographies coloriées par *Gavarni*, quelquss-unes par *Devéria*, de costumes de travestissements féminins.

783. Bals de l'Opéra. Costumes du Quadrille historique. *Paris, Rittner et Goupil, s. d.* (1834), in-fol., *en feuilles* dans un carton.

> Titre et 17 belles lithographies coloriées de costumes par *Boulanger, Devéria, E. Lami, T. Johannot,* etc., depuis François Ier jusqu'à Louis-Philippe.
> Etiquette du titre collée sur la couverture.

784. Les Quatre Parties du Monde. Portraits de Femmes lithographiés d'après nature par H. Grevedon. *Paris, et London, (lith. de Lemercier), s. d. (vers* 1835), in-fol., *en feuilles,* couv.

> 4 superbes lithographies coloriées, dans la couverture de publication. On y joint 6 portraits de femmes du même artiste, lithographies coloriées de différents formats.
> Ensemble 10 pièces.

785. Douze nouveaux Travestissements par Gavarni, gravés sur acier par Portier. *Paris*, 1856, in-4, cart., *non rogné*, couv.

> Titre et 12 jolies planches lithographiées et coloriées.

786. Travestissements par Gatine. *S. l. n. d.* (*Paris, vers* 1860), in-4, fig., demi-rel. dos et coins de mar. rouge, dos orné, *non rogné*. (*Pagnant.*)

> 22 planches in-4 lithographiées et coloriées par *Gatine*. Jolie suite.

787. Travestissements élégants. Dessins inédits de M. Compte Calix, gravures de MM. Carrache, Ferdinand, Geoffroy, etc. *Paris, s. d.*, in-4, cart., couv.

> 15 planches de travestissements, coloriées et rehaussées d'or.

788. Pierre de Lano. Les Bals travestis et les Tableaux vivants sous le second Empire. Illustré de 25 aquarelles hors texte par Léon Lebègue. *Paris, Simonis Empis*, 1893, gr. in-8, pl., cart., tête dor., *non rogné*, couv., (*Champs.*)

> Un des 50 exemplaires imprimés sur Papier du Japon. Figures au trait, coloriées.
> Envoi d'auteur, nom du destinataire effacé.

789. Abhandlung über die Comödie aus dem Stegreif und die Italienischen Masken; nebst einigen Scenen des Römischen Carnevals. Vom Prof. Francesco Valentini. *Berlin, Wittich*, 1826, in-4, pl., couv. en papier.

> Orné de 20 belles planches coloriées d'après *Stürmer*, de déguisements, scènes carnavalesques, etc.

790. L. Mansion. Fancy Ball Dress. *London, W. Spooner*, *s. d.* (1831), in-fol., cart.

> Suite de 10 belles planches numérotées, de costumes féminins d'Europe, lithographiés et coloriés par *L. Mansion*.

791. Souvenir of the Bal Costumé, given by her most Gracious Majesty Queen Victoria, at Buckingham Palace, May 12, 1842 the Drawings from the Original Dresses by M. Coke Smith ; the Descriptive Letter Press by J. R. Planché Esq. *London, Paul and Dominic Colnaghi and Cº*, 1843, in-fol., pl., demi-rel.

> Orné d'une dédicace et de 52 belles planches de costumes coloriés avec rehauts d'or et d'argent. **Reliure brisée.**
> Exemplaire de Ruggieri.

792. Le Bon Genre. *Paris, au bureau du Journal des Modes, s. d. (vers* 1820), pet. in-fol. obl., demi-rel. mar. rouge, dos orné. (*Pagnant.*)

> Suite de 115 planches de caricatures, costumes, scènes de mœurs, etc. en couleurs d'après *Isabey, Gatine, Lanté, Bosio,* etc.
>
> Première édition contenant la suite des planches publiées séparément ; elle contient 7 pl. qui ont été modifiées dans les réimpressions de 1822 et 1827. Très rare.
>
> On a ajouté 4 des planches refaites. Ensemble 119 planches.

793. Folies-Gauloises, depuis les Romains jusqu'à nos jours, album de mœurs et de costumes, par Gustave Doré. *Paris, s. d.* (1852), in-4 obl., cart. toile, couv.

> 20 planches lithographiées.

794. La Ménagerie parisienne par Doré. *Paris, s. d.* (1854), in-4 obl., cart. toile.

> 24 lithographies coloriées : lions, lionnes, rats, pics, etc.

795. Exercices d'imagination de différens caractères et formes humaines, inventés, peints et dessinés par J.-F. de Goez. *Augsbourg,* (1783), in-4, demi-rel.

> Recueil de 100 planches de costumes d'hommes et de femmes dessinées par le baron de *Goes* et gravées à l'eau-forte par *Brichet.*

VII. — Accessoires du costume.
Coiffures. — Vêtements, etc.

796. Histoire de la Coiffure féminine par la Comtesse Marie de Villermont. *Bruxelles,* 1892, in-4, front. en couleurs, pl. et fig., demi-rel. dos et coins de mar. rouge brun, tête dor., *non rogné,* couv.

797. Livre d'Estampes de l'Art de la Coeffure des Dames françoises, avec des Estampes, ou sont représentées les têtes coeffées, gravées sur les dessins originaux de mes Accommodages, avec le Traité en abrégé d'entretenir et conserver les cheveux naturels, par le sieur Legros, coëffeur des Dames. *Paris, aux Quinze-Vingts,* 1767, pet. in-4, fig., demi-rel.

> 8 planches techniques et 38 figures coloriées représentant les coiffures inventées par *Legros,* qui fut un des principaux artistes en cheveux de son époque. Son recueil, qui a été détruit par l'usage, est devenu d'une excessive rareté.
>
> La planche 16 manquante a été remplacée par un dessin à la plume.

798. Recueil de Coeffures depuis 1589 jusqu'en 1778, avec des Vers analogues à chaque Costume, Collection fort désirée des Dames et la plus complète qui ait encore paru en ce genre. *Paris, Desnos, s. d.* (1780), in-24, front. et fig., veau. (*Rel. anc.*)

> Titre gravé, 2 frontispices et 48 figures de coiffures en partie par *Desrais*. Epreuves coloriées.
> Manque la pl. 41. Mouillures, reliure fatiguée.

799. Coiffures. *S. l. n. d. (fin du XVIIIe siècle)*, pet. in-12, *en feuilles*.

> 12 planches gravées et coloriées.

800. Les Cent et un Coiffeurs de tous les pays. Ouvrage fondé par Croisat. *Paris,* 1837-1840, 4 vol. in-4, pl., *brochés*, couv.

> Nombreuses planches en noir et en couleur de coiffures d'hommes et de femmes.
> On y joint du même auteur : Théorie de l'Art du Coiffeur. *Paris, s. d.*, in-12, *broché*, avec de nombreuses planches de coiffures.

801. Sabine, ou Matinée d'une dame romaine à sa toilette, à la fin du premier siècle de l'ère chrétienne, traduit de l'allemand de C. A. Bœttiger (par Clapier). *Paris,* 1813, in-8, 13 fig., demi-rel. dos et coins de mar. bleu, *non rogné.*

802. Avis important au Sexe, ou Essai sur les Corps baleinés, pour former et conserver la taille aux jeunes personnes. Par M. Reisser l'ainé. *Lyon, V. Reguilliat,* 1770, in-12, pl., cart.

> Orné d'une grande planche se dépliant avec figures de corsets, de paniers, etc. Rare.

803. E. Leoty. Le Corset à travers les Ages. Illustrations de Saint-Elme Gautier. *Paris, Ollendorff,* 1893, in-4, fig., cart., tête dor., *non rogné.*

> On y joint : 1° L. Riotor. Le Mannequin. Illustrations de F. Front. Préface d'Octave Uzanne. *Paris,* 1900, in-4, fig. en noir et en couleurs, cart.
> 2° Anecdotes historiques et religieuses comprenant l'histoire du décolletage et du corset, par G. J. Witkowski. *Paris, Maloine,* 1898, in-8, fig., veau bleu, fil., tête dor., *non rogné.*

804. Recherches et Considérations médicales sur les Vêtements des Hommes, particulièrement sur les Culottes. Seconde édition augmentée et ornée de

gravures. Par L. J. Clairian. *Paris, impr. d'A. Aubry,* 1803, in-8, pl., demi-rel. mar. bleu, dos orné, *non rogné. (Lemardeley.)*

805. L'Art de mettre sa Cravate de mille et une manières. Par le Bon Emile de l'Empesé (E. Marco de St-Hilaire). *Paris,* 1828, in-18, front. et fig., demi-rel.

> Frontispice colorié de *Henry Monnier* et 5 planches.
> On a relié à la suite, du même auteur. 1° L'Art de ne jamais Déjeuner chez soi et de Diner toujours chez les autres. *Paris,* 1827, in-18, front. colorié de *Henry Monnier.*
> 2° L'Art de payer ses Dettes et de Satisfaire ses Créanciers sans débourser un sou. *Paris,* 1827, in-18, front. colorié de *Henry Monnier.*

806. L'Art dans la Parure et dans le Vêtement par M. Charles Blanc. *Paris, Renouard, s. d.* (1875), in-8 carré, fig., cart., *non rogné,* couv.

> Envoi d'auteur.

807. Le Livre des Parfums, par Eugène Rimmell. Préface d'Alphonse Karr. *Paris, Dentu, s. d.,* pet. in-4, front. et fig. en noir et en couleur de A. de Neuville, Chéret, etc., cart. toile, fers spéciaux, tr. dor.

VIII. — Costumes militaires

1. Généralités.

808. Seele, Volz, etc. Characteristiche Darstellung der Vorzüglischten Europäischen Militairs. *Augsburg, s. d.* (1802-1810 ?), in-4, *en feuilles.*

> Superbe collection, la plus belle faite en Allemagne pendant le premier Empire.
> Elle comprend : *Autriche,* 5 pl. — *Prusse,* 5 pl. — *France,* 5 pl. — *Russie,* 5 pl. — *Angleterre,* 5 pl. — *Turquie,* 5 pl. — *Electorat de Bavière,* 5 pl. — *Electorat de Saxe,* 5 pl. — *Suède,* 5 pl. — *Wurtemberg,* 5 pl. — *Empire Français,* 5 pl. — *Danemark,* 5 pl. — *Bade,* 5 pl. — *Saxe,* 5 pl. — *Espagne,* 5 pl. — *Hollande,* 5 pl. — *Bavière,* 5 pl. — *Alliés,* 5 pl. — *Bourgeois Militaires de Bavière,* 7 pl.
> Ensemble 97 planches coloriées avec titre général et 4 titres particuliers.
> Exemplaire de la collection Millot, complété depuis.
> Le *Catalogue des principales suites de Costumes militaires français* n'indique pour cette suite que 90 planches. Nous avons ici en plus 7 planches pour les Bourgeois Militaires de Bavière. La planche des **Costumes des Alliés de Francfort, paraît être de tirage moderne.**

809. Représentation des Uniformes de toutes les troupes qui ont été casernées à Hambourg, de l'année 1806 à l'année 1815. Reproduction de l'album dit : « Manuscrit du Bourgeois de Hambourg » publiée par M. Terrel des Chênes, avec préface de M. Margerand. *Paris*, 1902, in-4, *en feuilles*, dans un carton.

158 planches de costumes militaires coloriés.

810. Armée des Souverains Alliés, année 1814-1815. *Paris, Martinet*, in-fol. obl., *en feuilles*.

13 estampes coloriées (sur 14), par *A. Godefroid,* donnant les costumes militaires des troupes françaises, russes, prussiennes, anglaises et autrichiennes.

On a joint à cette intéressante série, une planche frontispice : *Les Souverains Alliés à Paris, 1815,* du même artiste.

Ensemble 14 planches. Marges inégales.

811. UNIFORMES DES ARMÉES ALLIÉES par Finart. *S. l. n. d. (Paris, vers* 1815), 3 livraisons in-4, pl., *en feuilles*.

Cet ouvrage, resté inachevé, nous donne les costumes militaires des troupes russes, anglaises et prussiennes, infanterie et cavalerie.

Il est orné de 32 planches coloriées (sur 36) des militaires de ce pays, dessinées par *Finart* et gravées par *Duplessis-Bertaux* et *Levachez.*

Manque 4 pl. dans les deux premières livraisons. On y joint les 12 planches de la 3e livraison, épreuves avec les noms d'artistes.

812. [Les Alliés à Paris. Scènes de Mœurs]. *Paris, Basset, s. d. (vers* 1815), in-fol., *en feuilles*.

10 estampes coloriées, dessinées par *Finart, Debucourt* et *Malbranche* et gravées par *Blanchard, Thiébaut,* etc.

Scènes galantes de militaires et de parisiennes, intéressantes pour les costumes militaires et les costumes féminins de cette époque.

813. Costumes militaires Européens. *Paris, Noël, s. d. (vers* 1815), in-fol. obl., *en feuilles*.

14 planches de militaires de la Grande-Bretagne, Russie, Prusse, Autriche, France, etc.

Elles sont l'œuvre de *Saint-Fal* et ont été gravées par *Alix* et coloriées.

814. [THE MILITARY COSTUME OF EUROPE. *London, Goddard et Both, s. d. (vers* 1815)], in-8, pl., demi-rel. veau fauve, tr. marbr.

96 planches coloriées de militaires anglais (33), français (10), prussiens (18), autrichiens (11), russes (10), etc, etc.

815. Troupes Etrangères. *A Paris, chez Genty,* (1815), in-4, *en feuilles*.

12 planches diverses coloriées. Marges inégales.

816. COLLECTION DE COSTUMES dessinés d'après nature par Carle Vernet et gravés par Debucourt. *Paris, Ch. Bance*, (1814-1820), pet. in-fol., cart.

> Très belle suite donnant surtout la reproduction des costumes militaires des Français et de ceux des Anglais, Russes et Prussiens dessinés pendant leur séjour à Paris en 1814.
>
> La suite complète se compose de 56 pièces sur lesquelles nous n'en avons que 33 en très belles épreuves avec marges.

817. Costumes militaires étrangers. *Paris, Dero-Becker*, s. d. (1832), in-4, obl., *en feuilles*.

> 16 lithographies coloriées de militaires étrangers, par *Finart, Roland, Madou*, etc.

818. LES ARMÉES D'EUROPE représentées en groupes charactéristiques, composés et dessinés d'après nature par H. A. Eckert et D. Monten à Munich. Armées de la Confédération Germanique. *Würzbourg, Chr. Weiss*, s. d. (*vers* 1835), pet. in-fol., *en feuilles*, dans 8 cartons.

> Collection importante composée de 632 planches coloriées, en belles épreuves du PREMIER TIRAGE. Elle est ainsi formée :
> *France*, 20 pl. dont 1 double et 1 non citée et 3 tableaux. — *Suisse*, 16 pl. — *Prusse*, 41 planches de costumes et 9 tableaux synoptiques. — *Bavière*, 53 planches de costumes et 2 tableaux synoptiques. — *Würtemberg*, 30 pl. — *Bade*, 21 pl. — *Saxe et Duchés de Saxe*, 38 pl. — *Hanovre*, 23 pl. dont 2 doubles avec différences. — *Brunswick*, 14 pl. — *Electorat de Hesse et Grands-Duchés de Hesse*, 42 pl. — *Mecklembourg*, 20 pl. — *Holstein*, 13 pl. — *Oldenbourg*, 8 pl. — *Nassau*, 11 pl. — *Villes libres*, 14 pl. — *Principautés diverses*, 28 pl. dont 3 doubles. — *Autriche*, 44 pl. et 4 tableaux. — *Suède*, 40 pl. — *Russie*, 107 pl. et 31 tableaux.
> Un certain nombre de couvertures de livraisons conservées.
> Un des exemplaires les plus complets qui existent.

819. Moltzheim. L'Artillerie Européenne. *Metz et Paris, Gihaut frères*, s. d. (*vers* 1835), in-4, pl., cart.

> Suite complète de 27 lithographies coloriées. Titre-table collé **sur** la garde du volume.

820. GALERIE MILITAIRE. Collection des Costumes Militaires de toutes les Nations. *Paris, Dero-Becker, s. d.*, 1840-1850, in-4, *en feuilles*, dans un carton.

> 1re Série comprenant 286 (sur 302) lithographies coloriées par *L. David, V. Adam, F. Bastin, Bour*, etc.
> 7 planches de la 2e série ajoutées.
> Ensemble 293 lithographies coloriées.

821. Uniformenkunde. Lose Blätter zur Geschichte der Entwickelung der militärischen Tracht in Deutschland. Herausgegeben gezeichnet und mit Kurzem Texte versehen von Richard Knötel. *Rathenow, Max Babenzien,* 1890-1903, 12 vol. in-4, pl., *en feuilles* dans les cartons originaux.

700 planches de costumes militaires coloriés des armées d'Europe.

822. Die Heere und Flotten der Gegenwart, herausgegeben von Dr. J. von Pflugk-Harktlung (und C. von Zepelin). *Berlin, Schall, s. d.* (1896-1902), 7 vol. pet. in-4, portr., pl. et fig. en noir et en couleur, cart. toile, fers spéciaux, tr. rouge.

Histoires des Armées et des Flottes de l'Allemagne, 1 vol. — de l'Angleterre, 1 vol. — de l'Autriche-Hongrie, 1 vol. — de la France, 2 vol. — de l'Italie (Flotte seulement) 1 vol., par MM. von Boguslawski, Alchenborn, Batsch, Meusz, Hepke, etc.

Nombreuses illustrations documentaires, planches de costumes en noir et en couleur, cartes, etc.

On y joint : Deutschland. Das Herr, von v. der Boeck. *Berlin, A. Schall, s. d.* (1903), pet. in-4, portr. et fig., cart. toile, fers spéciaux, tr. rouge.

Ensemble 8 vol. dans le cartonnage de l'éditeur.

2. Costumes militaires spéciaux aux différents pays.

a. *France.*

823. Histoire de la Milice françoise et des changements qui s'y sont faits depuis l'établissement de la monarchie françoise dans les Gaules jusqu'à la fin du règne de Louis le Grand. Par le R. P. G. Daniel. *Amsterdam,* 1724, 2 tomes en un vol. in-4, fig., vélin.

Planches de costumes militaires, armes, etc.

824. Carte générale de la Monarchie françoise contenant l'Histoire Militaire, depuis Clovis premier Roy chrétien, jusqu'à la quinzième année accomplie du règne de Louis XV. Avec l'explication de plusieurs matières intéressantes, tant pour les gens de guerre que pour les curieux de tous états, lesquelles y sont traitées en vingt tables enrichies de tailles-douces qui se joignent en une seule carte, par le sieur Lemau de La Jaisse. *S. l.* (*Paris*), 1730, in-fol., veau. (*Padeloup.*)

Ce beau volume est des plus importants pour l'Histoire de l'armée française. Il est orné de figures allégoriques et de planches où sont représentées diverses vues de Paris, du château de Versailles, de l'école militaire, etc. Drapeaux et costumes des Régiments français. **Bel exemplaire.**

825. Histoire de l'ancienne Infanterie française par **Louis Susane**. *Paris, J. Corréard*, 1849-1853, 8 vol. in-8 de texte et un album in-4 de pl., cart.

> L'album comprend un frontispice et 151 planches coloriées, par *Philippoteaux*, etc.

826. Général Thoumas. Les anciennes Armées françaises. Exposition rétrospective militaire du Ministère de la Guerre en 1889. *Paris, H. Launette et Cie*, 1890, 2 vol. gr. in-4, fig. et pl., veau rouge brun, dos orné, fil., tête dor., *non rognés*. (*Pouillet.*)

> Bel exemplaire.

827. Costumes militaires français, depuis l'organisation des premières troupes régulières en 1439 jusqu'en 1815. Dessins et texte par MM. D. de Noirmont et Alfred de Marbot. *Paris, Clément, s. d.* (1845-1854), 3 vol. in-fol., pl., *en feuilles*.

> Ces 3 volumes renferment ensemble 450 planches de costumes militaires coloriés, plus 12 planches des *Tableaux synoptiques de l'infanterie et de la cavalerie française de* 1720 à 1789 *publiées en* 1854, qui ont été tirées à petit nombre.

828. L'Armée française (de 1789 à nos jours). Types et Uniformes, par Édouard Detaille. Texte par Jules Richard. *Paris, Boussod, Valadon et Cie*, 1885-1888, 2 vol. in fol., pl. en noir et en couleurs, *en livraisons*.

> Superbe publication ornée de 346 figures dans le texte et hors texte. Edition de grand luxe publiée à 800 francs.

829. Historiques et Uniformes de l'Armée française. Texte et Dessins par Eugène Titeux. *Paris, Librairie Centrale des Beaux-Arts, s. d.*, in-fol., *en livraisons*, couv.

> 24 planches de militaires français, cavalerie et infanterie, avec 95 historiques de régiments.
>
> Les historiques des régiments d'infanterie, des régiments étrangers et d'Infanterie légère d'Afrique, n'ont pas été publiés. Seuls, ceux pour les Zouaves et les Tirailleurs algériens, ont paru.

830. Tenue des Troupes de France à toutes les époques. Armées de terre et de mer. Aquarelles de Job. Texte par plusieurs membres de la Sabretache. *Paris, Janvier* 1900-*Octobre* 1903, 3 vol. in-4, pl. et fig. en noir et en couleur, *en feuilles* dans trois cartons, couv.

> Exemplaires imprimés sur Papier du Japon, (sans aquarelles originales), ornés de 48 planches hors texte par *Job*. Les planches hors texte pour les années 1902 et 1903 sont en double état : noir et colorié.
> **L'année 1901 n'a pas paru.**

831. Figures au naturel tant des Vestements que des Postures des Gardes Françoises du Roy treschrestien, par Abr. Bosse. *Paris, Fr. Langlois dit Ciartre, s. d.,* in-4, cart. (*Pagnant.*)

> Suite complète de 9 planches d'*Abr. Bosse* ; très belles épreuves avec encadrements.

832. Nouveau recueil des troupes légères de France, par P. B. de La Rue. *Paris, chez Chéreau, s. d. (vers 1750),* pet. in-fol., pl., *en feuilles.*

> Suite de 12 pl. gravées par *de Lafosse, Boucher, Aveline,* etc. numérotées de 1 à 12.
> Suite rare, mentionnée dans le *Catalogue des principales suites militaires* (page 105), sans que le nom du dessinateur ait été relevé. Manque le titre.

833. Nouveau recueil des Troupes qui forment la Garde et Maison du Roy, avec la date de leur création, le nombre d'hommes dont chaque corps est composé, leur uniforme et leurs armes. Dessiné d'après nature par Eisen. *Paris, Vve Chéreau,* 1756, in-fol., fig., veau.

> Recueil *entièrement gravé comprenant :* titre, dédicace et 13 grandes planches.
> Exemplaire avec les planches coloriées, contenant en plus les portraits du roi et du Dauphin.

834. Gravelot. Militaires assis ou couchés. *S.l.n.d. (vers 1760),* in-4 obl., cart. toile, fers spéciaux.

> 7 planches représentant des *Gardes françaises ;* épreuves AVANT LA LETTRE.

835. RECUEIL DE TOUTES LES TROUPES qui forment les armées françoises. Dessiné et illuminé (*sic*) d'après nature. *Nuremberg, N. Raspe,* 1761, in-8, fig., veau.

> Titre gravé et 220 planches consacrées chacune à un régiment, donnant le costume d'un officier et d'un soldat. Ces planches sont coloriées à la main et rehaussées en or et en argent.
> Une courte notice au-dessous de chaque planche indique le nom du colonel, le nombre de bataillons, d'escadrons et de soldats, la date de la création, etc.
> Incomplet des planches 75, 76, 169 et 170. Reliure fatiguée.

836. UNIFORMES MILITAIRES, où se trouvent gravés en taille-douce les Uniformes de la Maison du Roy, de tous les Régiments de France, les Drapeaux, Etendards et Guidons ; avec la datte de leur création et les différentes figures de l'exercice tant de la Cavalerie que de l'Infanterie. Dessiné et gravé par le sieur de Montigny. *Paris, Chereau,* 1773, in-12, fig., veau. (*Rel. anc.*)

> Recueil de costumes militaires devenu de la plus grande rareté ; il se compose de 5 ff. gravés de titre, d'avertissement et de table, de 4 et 170 planches (la dernière cotée par erreur 169) de costumes coloriés tant de l'infanterie que de la cavalerie avec les drapeaux de chaque régiment, et 1 pl. pour les couleurs. Ensemble 175 planches.
>
> Ce volume est en même temps un traité d'escrime et d'équitation, l'auteur ayant eu soin de faire figurer dans ses planches les principaux mouvements usités dans ces deux sciences.
>
> Manque la planche 18 et 1 f. pour la fin de l'Avertissement.

837. ILLUSTRATIONS DE L'ARMÉE FRANÇAISE depuis 1789 jusqu'en 1832, d'après MM. Léon Cogniet et Raffet et lithographiées par MM. Llanta et Ad. Midy. *Paris, V. Delarue (lith. de Lemercier), s. d.* (1837), in-fol., demi-rel.

> Titre lithographié par *Raffet* et 18 planches lithographiées d'après les peintures de *Raffet* (16) et *L. Cogniet* (2). Belles épreuves coloriées. Rare.
>
> On y joint une série de 9 planches doubles par *Raffet*, belles épreuves en noir sur PAPIER DE CHINE.
>
> Ensemble 28 planches.

838. Collection des Uniformes des Armées françaises de 1791 à 1814 dessinés par H. Vernet et Eug. Lami. — Collection raisonnée des Uniformes français de 1814 à 1824. *Paris,* 1822-1825, 2 vol. in-8, fig., cart., *non rognés.*

> PREMIER TIRAGE. 100 planches en couleurs pour la première partie et 48 pour la seconde. Collection estimée devenue rare.

839. Collection des Uniformes des Armées françaises de 1791 à 1814. — Collection raisonnée des Uniformes français de 1814 à 1824. *Paris,* 1822-1825, 2 vol. in-8, fig., demi-rel. chagrin brun, tête dor., *non rognés.*

> Tirage moderne. 100 planches en couleurs pour la première partie et 48 pour la seconde.

840. Collection des Types de tous les Corps et des Uniformes militaires de la République et de l'Empire. 50 planches coloriées comprenant les portraits de Bonaparte, de Napoléon, du prince Eugène, du roi Murat et du prince J. Poniatowski, d'après les dessins de M. Hippolyte Bellangé. *Paris, Dubochet,* 1844, in-8,

pl., veau vert, attributs napoléoniens sur le dos et les plats, fil., tr. rouge. (*Pouillet.*)

> Complément des histoires de Napoléon par Norvins et par Laurent de l'Ardèche.
>
> Annotations manuscrites et 3 planches d'habillements pour les cuirassiers, les dragons et les hussards, ajoutées.

841. Description de quelques corps composant les Armées françoises par un témoin oculaire. *Leipzig, Fr. Aug. Leo, 1794,* in-4 obl., cart.

> Textes allemand et français et 3 planches gravées à l'eau-forte avec 10 costumes de militaires coloriés.

842. Nouveau Recueil des Costumes Militaires Français. *Paris, an III (1795),* in-4, *en feuilles.*

> 4 planches (sur 6) gravées à l'eau-forte par *P. Duflos,* et coloriées. Officier des orphelins de Paris. — Officier des élèves de la Patrie. — Officier des élèves du Champ de Mars, etc.
>
> Très rare. Marges inégales.

843. Costumes des Etats-Majors de la 1re République. *Paris, Bonneville, s. d. (1796),* in-4, *en feuilles.*

> 3 planches gravées et coloriées : *Général en Chef, Chef de Brigade et Porte-Enseigne.*

844. Histoire de l'Armée de Condé. Par Théodore Muret. *Paris,* 1844, 2 vol. in-8, portr., 6 pl. coloriées par J. Bauderon et carte, *brochés,* couv.

845. Maréchaux et Généraux français. *A Paris, chez Jean, s. d. (vers 1806),* in-fol., pl., *en feuilles.*

> 25 planches coloriées, portraits des principaux Maréchaux et Généraux du Premier Empire : Jourdan, Soult, Gouvion de Saint-Cyr, Ney, Junot, Oudinot, Kléber, Marmont, Masséna, Kellermann, etc.

846. Armée française. *A Paris, chez Jean, s. d. (vers 1806),* in-fol., pl., *en feuilles.*

> 10 planches coloriées de costumes militaires du Premier Empire, gravées par *Charon* d'après les dessins de *Poisson* et *Naudet.*

847. Costumes militaires et civils sous le Consulat, par Chataigner, Poisson et Naudet. *A Paris, chez Jean, s. d. (1800....),* in-fol., *en feuilles,* dans un carton.

> 18 planches coloriées (portant des numéros compris entre 4 et 66), quelques-unes sur PAPIER FORT ; de costumes militaires (8) et civils (10).
>
> Belles épreuves à toutes marges (sauf 3).

848. GALERIE DES ENFANS DE MARS. *Paris, Martinet, s. d. (vers* 1808), in-8 tiré in-4, portr. et pl., demi-rel., *non rogné. (Rel. anc.)*

> Titre gravé, portrait de Napoléon Ier, dédicace, et 46 planches coloriées, quelques-unes signées *Maleuvre*, des troupes de la garde de Napoléon Ier.
> Très belle et importante série.

849. La Vieille Armée Française (1809), par Charlet. *Paris, lith. de Motte, s. d. (vers* 1830), in-4, *en feuilles.*

> 10 lithographies très rares. Marges inégales.

850. Suite de Militaires de différentes armes, par Duplessis-Bertaux. *Paris, s. d. (vers* 1810), in-12, monté dans un album in-4.

> Suite complète de 12 pièces à l'eau-forte par *J. Duplessis-Bertaux*, de costumes militaires du 1er Empire. Chaque planche est signée J. D. B.

851. COSTUMES DES TROUPES MILITAIRES FRANÇAISES ET ÉTRANGÈRES, vers 1815. *A Paris, Chez Martinet, s. d.,* 3 vol. in-8, mar. rouge, dos orné, dent., tr. dor. (*Rel. anc.*)

> Précieux recueil contenant un frontispice et 208 planches de costumes des troupes françaises et étrangères qui se trouvèrent en présence en 1815. La collection a été formée avec soin par un amateur qui a choisi des épreuves de très bon coloris et les a fait relier en 3 volumes ; deux sont consacrés aux costumes des troupes françaises de l'Empire et de la Restauration et comprennent 154 planches, le 3° volume avec 54 planches renferme les costumes des troupes étrangères.
> Des titres ont été calligraphiés pour être placés en tête de chaque volume.

852. Les Gardes Impériale et Royale de l'Armée française circa 1810, par frères Henschel. *S. l. n. d. (vers* 1885), pet. in-fol., *en feuilles* dans un carton.

> Réimpression en fac-similés coloriés au pinceau, des 12 planches coloriées de costumes militaires français, d'après l'exemplaire qui se trouve à Dresde.

853. L'EMPEREUR ET LA GARDE IMPÉRIALE par Charlet. *Paris, impr. d'Aug. Bry.,* 1853, in-fol., pl., cart. toile.

> 42 planches lithographiées et coloriées. Très belles épreuves du premier coloris. Plusieurs planches donnent le portrait de Napoléon Ier à différents âges.

854. Recueil de Costumes de l'Ex-Garde, par Charlet. *Paris, lith. de Delpech, s. d. (vers* 1830), in-4, chagrin rouge, fil., tête dor., *non rogné.*

> Suite complète de 30 planches par *Charlet.* Belles épreuves à toutes marges.

855. Costumes de l'Armée française (Ex-Garde Impériale). *Paris, lith. de Delpech, s, d. (vers* 1830), in-4, fig., cart. toile, *non rogné.*

> Suite de 30 planches lithographiées en couleurs d'après *Charlet.* Rare.

856. Napoléon Ier et la Garde impériale. Texte par Eugène Fieffé. Dessins par Raffet. *Paris, Furne fils,* 1859, in-4, pl., mar. vert, dos orné, fil., tr. dor. (*Thierry.*)

> Frontispice et 20 planches de costumes militaires en couleur.
> Ces 21 planches (sauf une) sont en double état : noir et bleuté pour le frontispice, noir et colorié pour les costumes militaires.
> Belle reliure avec armoiries et emblèmes impériaux.

857. La Vieille Garde Impériale. Illustrations de Job. *Tours, A. Mame et fils, s. d.* (1902), in-4, portr. et pl. en couleurs, *broché,* couv., étui en soie avec fers spéciaux.

> Un des 25 exemplaires imprimés sur PAPIER DU JAPON.
> Le texte par M. Barrès, Fr. Coppée, H. Houssaye, etc. est orné d'un portrait de Napoléon et 18 planches en couleurs par *Job.*

858. Garde Impériale. Cavalerie, par V. Adam. *Paris, Bance, (lith. de Lemercier), s. d. (vers* 1840), in-fol., *en feuilles.*

> Suite complète de 4 belles lithographies coloriées par *V. Adam* de Cavaliers du Premier Empire.

859. FRÉDÉRIC MASSON. CAVALIERS DE NAPOLÉON. Illustrations d'après les tableaux et aquarelles de Edouard Detaille. *Paris, Boussod, Valadon et Cie, s. d.* (1895), in-4, front. en couleurs et fig., veau rouge, fil. armoiries et emblêmes impériaux, tête dor., éb. (*Pouillet.*)

> PAPIER VÉLIN. Belle reliure. Très rare.

860. Recueil de Chevaux de tous genres dessinés par Carle et Horace Vernet et gravés par Levachez. *Paris, s. d. (vers* 1805), in-fol. obl., *en feuilles.*

> 12 planches choisies parmi celles représentant les cavaliers militaires de différents corps étrangers attachés au service de Napoléon Ier.
> Belles épreuves coloriées. Quelques-unes ont les numéros d'ordre grattés et modifiés.

861. Histoire de la Maison militaire du Roi de 1814 à 1830, avec un résumé de son organisation et de ses campagnes sous l'ancienne monarchie, par Eug. Titeux. *Paris, Baudry et Cie*, 1890, 2 vol. gr. in-4, pl. coloriées, demi-rel. mar. rouge, tête dor., *non rognés*.

862. L'Ecole du Soldat. Recueil de Costumes Militaires dessinés par H. Bellangé. *Paris, G. Engelmann, s. d.* (*vers* 1815), in-4, pl., *en feuilles*, couv.

18 lithographies coloriées dans la couverture de publication.

863. Troupes Françaises. *A Paris, chez Genty*, (1816), in-4, *en feuilles*.

6 planches en noir à toutes marges, avec quelques rehauts de coloris moderne.

864. Exercices et Récréations du Petit Chevalier Français. Recueil de figures représentant des Militaires de différentes Armes et Costumes par Auguste Legrand. *Paris*, 1818, in-12, pl., *en feuilles*, dans le cartonnage original.

Titre gravé et 18 planches de costumes militaires coloriés, **par** *Grenier*.

865. Uniformes de l'Armée française depuis 1815 jusqu'à ce jour, par H. Belllangé. *Paris, Gihaut frères*, 1824, pet. in-fol., *dérelié*.

108 planches lithographiées et coloriées. Premier tirage.
Une des suites de costumes militaires les plus importantes. Très rare.
Manque le titre et les planches 105, 106, 107 ; la pl. 108 est plus courte.
Quelques raccommodages et déchirures.

866. Collection des Uniformes de l'Armée française, comprenant chaque régiment de toute arme, avec les détails de l'habillement, de la coiffure, des marques distinctives de l'armement, de l'équipement et du harnachement. Les figures par Mr Mallet, le paysage par Mr Lameau. *Paris, Ch. Picquet*, (*lith. d'Engelmann*), s. d. (1817-1818), in-fol., *en feuilles*.

Très belle suite complète de 12 planches de costumes militaires coloriés (grande et petite tenue) de l'Infanterie de la Garde Royale. Deux couvertures de livraisons conservées. Rare.

867. Collection des Uniformes de l'Armée française, présentée au Roi par S. E. M. le Maréchal duc de

Bellune, ministre de la guerre, par A. Aubry. *Paris,
lith. de Ch. Motte*, 1823, in-fol., pl., cart.

> PREMIÈRE ÉDITION comprenant un titre, un frontispice, 24 planches
> sur (27) de costumes lithographiés et coloriés et 1 f. de table. Très rare.
> Quelques planches plus courtes.

868. RAFFET. COSTUMES MILITAIRES DE LA RESTAURATION
(Armée de Ligne et Garde Royale). *Paris, lith. de
Villain*, 1827-1828, in-4, *en feuilles*.

> 2 suites de 12 et 18 lithographies la plupart en premier état.
> La première suite est incomplète de 3 planches. Dans la deuxième
> suite une planche est coloriée et une autre en deux états, noir et
> colorié.
> Ensemble 31 planches.
> De la collection de H. GIACOMELLI.

869. Costumes Parisiens pendant les glorieuses journées
des 27, 28 et 29 juillet 1830. *Paris*, (1830), in-4, cart.
toile, *non rogné.*, couv.

> Très curieuse suite comprenant 15 planches lithographiées et
> coloriées de costumes des combattants de 1830.
> Epreuves à toutes marges.

870. COLLECTION DES COSTUMES MILITAIRES de l'Armée,
de la Marine et de la Garde Nationale françaises, depuis
Août 1830, dessinée par Raffet. *Paris, lith. de Villain*,
1833, in-4, *en feuilles*.

> Un titre et 30 lithographies par *Raffet*, la plupart AVANT LA LETTRE,
> y compris la planche : *Maréchal de France*.
> De la collection H. GIACOMELLI.
> On y joint 7 lithographies coloriées par *Raffet*, doubles de cette série.
> Ensemble 37 pièces.

871. EUG. LAMI. COLLECTION DES ARMES DE LA CAVA-
LERIE française en 1831, par Eug. Lami. *Paris,
Neuhaus, (lith. de Villain)*, s. d., in-fol. obl., *en
feuilles*.

> 6 planches (sur 10) lithographiées et coloriées, par *E. Lami*, des
> troupes de la Cavalerie française. Très rare.
> Marges inégales.

872. Collection des Costumes militaires, Armée Française,
1832, représentés dans des sujets de genre, par V. Adam.
Paris, Dero-Becker et Chaillou (lith. de Delannois),
(1832), in-4 obl., demi-rel., dos et coins de mar. vert,
tr. marbr., couv.

> Suite complète de 42 planches par *V. Adam*, lithographiées et
> coloriées.
> Intéressante série des costumes militaires au début du règne de
> **Louis-Philippe.**

873. Esquisses historiques des différents corps qui composent l'Armée française par J. Ambert. *Paris, A. Degouy*, 1835, in-fol., pl., demi-rel. du temps.

> Orné d'un frontispice et de 13 planches (sur 16) représentant les costumes des principaux corps de troupe lithographiés par *Ch. Aubry*.

874. Illustrations hors texte, des Esquisses historiques des différents corps qui composent l'Armée française par J. Ambert. *Paris, A. Degouy*, 1835, in-fol., pl., *en feuilles*.

> Suite de 15 planches (sur 16) lithographiées et coloriées, par *Ch. Aubry* et *K. Lœillot*.
> Une planche, qui est en noir, est plus courte.

875. Cavalerie sous le règne de Louis-Philippe, par V. Adam. *Paris, Aumont (lith. de Lemercier;)* 1837, in-fol., *en feuilles*.

> 3 belles lithographies coloriées (sur 4) par *V. Adam*. Manque la pl. des *Cuirassiers*.

876. Costumes de l'Armée française, par Ch. Vernier. *Paris, Aubert, s. d. (vers 1845)*, in-fol. obl., cart.

> 24 lithographies coloriées, avec 144 costumes militaires français, de 1674 à 1841. Quelques raccommodages.

877. Armée française, sous le règne de Louis-Philippe Ier. *Paris, Martinet, (lith. de Villain), s. d. (vers 1845)*, in-fol. obl., cart.

> Frontispice par *Lacauchie* avec portraits du roi et des princes royaux et 24 lithographies par *H. Lalaisse* des troupes de cette époque.
> Ensemble 25 lithographies coloriées.

878. Costumes de tous les Corps de l'Armée et de la Marine française, (1845-1852), dessinés et lithographiés par H. Lalaisse. *Paris, Martinet, s. d.*, in-fol. obl., cart.

> Une des meilleures suites de *Lalaisse*. Elle comprend un titre et 36 lithographies coloriées.

879. Uniformes de l'Armée française en 1848. Dessinés d'après les ordres du Ministre de la Guerre par Janet-Lange. *Paris, Aubert et Cie*, (1848), in-fol., pl., demi-rel. chagrin, tête dor., *non rogné*.

> Suite complète d'un frontispice-titre et de 64 planches lithographiées et coloriées.

880. Uniformes de l'Armée et de la Marine françaises, par A. Lalaisse. *Paris, Martinet, s. d.* (1848-1852), in-4, *en feuilles,* dans un carton.

> 24 planches coloriées de militaires à pied et à cheval, sur 40.
> On y joint 12 planches de costumes de l'Empire.
> Quelques planches plus courtes.

881. Capitaine Richard. La Garde (1854-1870). Ouvrage illustré de 380 gravures dont huit tirées en deux teintes et huit en couleurs d'après les aquarelles de Charles Morel. *Paris,* 1898, in-4, front., pl. et fig., mar. rouge brun, dos orné, enc. de fil., milieux, tête dor., *non rogné,* couv.

882. Uniformes de la Garde Impériale en 1857. — Uniformes de l'Armée française en 1861, dessinés par Armand Dumaresq. *Paris, impr. impériale,* 1858-1861, 2 vol. gr. in-fol., pl., cart.

> 5 ff. de texte et 54 planches (sur 55) pour le premier ouvrage. Manque la pl. 47.
> 56 planches (les nᵒˢ 7 et 9 en double) pour le deuxième ouvrage.
> Ensemble 110 lithographies coloriées.

883. Empire français. Uniformes de la Garde impériale par Lalaisse. *Paris, Hautecœur frères, s. d. (vers* 1855), in-4, pl., demi-rel. dos et coins de mar. vert, tr. dor.

> 60 planches coloriées de costumes militaires du troisième Empire.

884. L'Armée française et ses Cantinières, par V. Adam et Lalaisse. *Paris, Orengo, s. d. (vers* 1855), in-fol., *en feuilles.*

> Titre par *V. Adam* et 24 lithographies (sur 28) d'après *Lalaisse.*
> Epreuves coloriées. Quelques planches sont plus courtes.

885. H. Lalaisse. Costumes militaires sous Napoléon III. *Paris, Hautecœur, s. d. (vers* 1860), in-fol. obl., *en feuilles.*

> 14 lithographies coloriées par *H. Lalaisse.*

886. H. Lalaisse. Types Militaires. *Paris, Morier (vers* 1865), in-fol., *en feuilles.*

> 59 lithographies coloriées.

887. H. Lalaisse. L'Armée française. *Paris, Ancienne Maison Martinet,* 1877, in-fol., *en feuilles.*

> 32 planches lithographiées et coloriées.

888. La Nouvelle Armée Française par A. de Moltzheim. *Paris, Dusacq et Cie , s. d. (vers* 1878), in-fol., pl., *en feuilles,* dans un carton.

Suite complète de 32 planches coloriées de costumes militaires.

889. Eugène Titeux. Saint-Cyr et l'Ecole spéciale Militaire en France. Fontainebleau. — St-Germain. Préface par le général du Barail. Ouvrage illustré de 107 reproductions en couleurs 264 gravures en noir et 26 plans d'après les aquarelles et dessins de l'auteur. *Paris, Firmin-Didot et Cie,* 1898, in-4, pl. et fig., veau fauve, fers spéciaux, tête dor., *non rogné. (Rel. de l'éditeur.)*

890. Album des Elèves de l'Ecole Royale spéciale militaire ou Souvenirs de S. Cyr. Par L. Richoux. *Paris, Engelmann,* 1829, in-4, pl., demi-rel.

Orné de 14 planches lithographiées sur Papier de Chine par *V. Adam* de vues de l'école et de scènes diverses des élèves.

891. Le Bahut (— et Suppléments). Album de Saint-Cyr. Texte et Dessins par A. Lubet, gravure de H. Delaville. *Paris, Magnin, s. d.* (1860), in-4, pl. et vign., cart., *non rogné,* couv.

Transpositions des 4 premiers feuillets.
On y joint : Ecole Royale spéciale Militaire, *Paris, (vers* 1830), 6 pl. par *V. Adam* et *Richoux,* in-4, cart.

892. Ecole Impériale de Cavalerie. *Saumur, Javaud, (Paris, impr. Lemercier et Cie), s. d.* (1870), gr. in-fol., pl., cart. toile.

Belle publication comprenant un titre orné, 4 ff. de texte, une vue générale de l'Ecole et 13 lithographies en couleurs par *A. Adam* d'après *Tom Drake,* représentant les scènes de manège, carrousels, sauts d'obstacles, etc.

893. Histoire des Troupes Etrangères au Service de la France, depuis leur origine jusqu'à nos jours, et de tous les Régiments levés dans les Pays conquis sous la Première République et l'Empire, par Eugène Fieffé. *Paris, Dumaine,* 1854, 2 vol. in-8, fig., demi-rel. dos et coins de chagrin bleu, dos orné, tête dor., *non rognés,* couv.

Très bel exemplaire, relié sur brochure, de cet ouvrage orné de 32 planches coloriées de costumes militaires.

894. Marine militaire ou recueil des différens vaisseaux qui servent à la guerre. Suivis des manœuvres qui ont le plus de rapport au combat ainsi qu'à l'attaque et la deffense des ports. Par Ozanne l'aîné. *Paris, Chereau, s. d.*, in-8, fig., cart.

> Cet ouvrage entièrement gravé se compose d'un joli titre, de 3 pl. d'Avertissement et de Table et de 46 pl. de texte avec vignettes en-têtes et culs-de-lampe représentant des navires, scènes de combats, etc.

895. Histoire de l'Ecole Navale et des Institutions qui l'ont précédée par un ancien Officier. Avec lettre du Vice-Amiral Jurien de La Gravière. Quarante compositions hors-texte par Paul Jazet, gravées sur bois par Méaulle. *Paris, Quantin,* 1889, gr. in-8, pl., *broché,* couv.

> Un des 50 exemplaires imprimés sur Papier de Hollande. Les planches hors texte sont tirées sur Papier du Japon.

896. Histoire du Drapeau, des Couleurs et des Insignes de la Monarchie française, précédée de l'Histoire des Enseignes militaires chez les Anciens ; par M. Rey ; avec 24 planches. *Paris, Techener et Delloye,* 1837, 2 vol. in-8, pl., *brochés,* couv.

897. Carnet de la Sabretache. Revue militaire rétrospective publiée par la Société « La Sabretache ». *Paris, Berger-Levrault et Cie,* 1893-1900, 8 vol. in-8, fig., cart., *non rognés,* couv.

> Nombreuses illustrations en noir ou en couleurs, portraits, costumes, autographes, etc., etc. Exemplaire de souscripteur avec les planches en couleur de *Detaille.*

898. La Giberne. Publication mensuelle illustrée en noir et en couleurs. Uniformes et Récits militaires. *Paris, février* 1899-*juin* 1905, 6 vol. in-8 et gr. in-8, pl. et fig., cart., *non rognés,* couv.

> Nombreuses illustrations en noir ou en couleurs.

899. Costumes Militaires. Catalogue des principales Suites de Costumes Militaires Français parues tant en France qu'à l'Etranger, depuis le règne de Louis XV jusqu'à nos jours et des Suites de Costumes Militaires Etrangers parues en France. Pas un Membre de la Sabretache (M. Glasser). *Paris, H. Vivien,* 1900, in-8, fig., demi-rel. dos et coins de mar. grenat, tête dor., *non rogné,* couv.

> Exemplaire sur Papier de Hollande avec une double suite des figures de *Job,* noire et coloriée. Excellente bibliographie des suites de costumes militaires français.

b. *Pays-Bas (Belgique et Hollande).*

900. L'Armée Belge. Exposé historique de son Organisation, de ses Costumes et Uniformes, de son Armement
et de sa Tactique depuis les temps primitifs jusqu'à nos
jours. Notes et Dessins recueillis par le Colonel Rouen.
Bruxelles, Ed. Lyon-Claesen, s. d. (1896), in-4, portr.,
pl. et fig., veau fauve, tête dor., *non rogné.* (*Rel. de
l'éditeur.*)

> Orné du portrait du Prince Albert de Belgique et de 150 planches
> coloriées ou monochromes de costumes militaires intéressant la
> Belgique. Nombreuses figures dans le texte.

901. Madou. Collection des Costumes de l'Armée Belge,
en 1832 et 1833. *Bruxelles, Dero-Decker,* in-fol. obl.,
demi-rel. mar. rouge.

> Suite complète de 23 lithographies coloriées par *Madou.*
> La première, non numérotée, représente le Roi des Belges.
> Exemplaire sans le titre imprimé.

902. Hendrikx. Uniformes de l'Armée Belge publiés
d'après les dessins originaux exécutés par ordre de S. A.
R. Mgr. le Duc de Brabant. *Bruxelles, Muquardt,*
1855, in-plano, *en feuilles.*

> Titre et 4 grandes lithographies coloriées par *H. Hendrikx.*

903. C. Payen. Armée Belge. *Bruxelles, Mayer et
Flatau,* (*lith. de Gerlier*), *s. d.* (*vers* 1860), in-fol.
obl., *en feuilles,* dans un carton.

> 8 lithographies coloriées de troupes à pied et à cheval.
> On y joint : Armée Belge, par L. von Elliot. *Bruxelles, Dosseray,*
> *s. d.* (*vers* 1873), in-fol. 4 lithographies coloriées, tableaux d'ensemble.
> Ensemble 12 planches.
> De la collection A. Millot.

904. M. Romberg. Types de l'Armée Belge. Nouvelle
édition. *Bruxelles, s. d.* (*vers* 1900), in-fol., *en feuilles,*
couv.

> 10 fac-similés d'aquarelles, des principaux types de l'Armée belge.
> Couverture déchirée.

905. Les Habillements des Officiers et Soldats d'un
régiment d'infanterie des Pays-Bas, 1587, in-4, vélin
blanc.

> Suite complète de 12 estampes gravées par *Jacques de Gheyn* d'après
> *Goltzius* ; ces estampes très bien exécutées représentent le colonel, le
> tambour, l'enseigne, un arquebusier, un piquier, etc.
> **Très belles épreuves.**

906. Beschrijving hoedanig de Koninklijke Nederlandsche Troepen en alle in militaire bretrekking staande
personen gekleed geequipeerd en gewapend zijn.
Gevolgd van 51 platen met eene titelplaat door J. F.
Teupken. *Amsterdam*, 1823-1826, 2 vol. pet. in-fol.,
pl., cart.

> Ces deux volumes sont ornés ensemble de 2 frontispices et
> 69 planches coloriés par *Portman*, *Zürcher*, etc., représentant les
> uniformes de l'armée des Pays-Bas (Hollande et Belgique), sous le
> règne de Guillaume Ier.
> Très rare complet avec le *Supplément.*

907. Militaire Costumen van het Koninkryk der Neder-
landen. Opgedragenaan zyne excellentie Willem Grave
Van Bylandt. *Brussel, van Schouten Carpentier,
s. d. (vers 1825), in-4, en feuilles.*

> 48 planches (sur 53) de costumes militaires hollandais, litho-
> graphiées et coloriées par *Courtois* et *Madou.*

908. De Uniformen van de Nederlandsche Zee-en
Landmacht Hier te lande en in de Kolonien naar aqua-
rellen of teekeningen van J. Hoynck van Papendrecht,
W. C. Staring en J. P. de Verr. Met tekst van F. J.
G. Ten Raa. *S'Gravenhage, Van de Gebroeders van
Cleef*, 1900, 3 vol. in-fol. dont 1 de texte et 2 de planches,
cart. toile, fers spéciaux. (*Rel. de l'éditeur.*)

> Superbe publication relative aux armées hollandaises de 1799 à
> nos jours, ornée de 80 belles planches chromolithographiées en
> couleurs.

c. *Italie.*

909. Tipi Militari dei differenti Corpi che compongono il
Reale Esercito e l'Arme di Mare di S. M. il R. del Regno
delle Due Sicilie, per Antonio Zezon. *Napoli*, 1850,
in-fol., pl., demi-rel.

> 2 titres et 80 lithographies coloriées.

910. Régiments d'Infanterie et Garde Royale, du
Royaume de Naples. *S. l. n. d. (vers 1820), in-4, en
feuilles.*

> Très belle suite comprenant 42 planches sans nom d'auteur.
> Sur ces 42 pièces, 21 sont des dessins originaux à l'aquarelle et
> 21 sont des lithographies coloriées avec un très grand soin offrant
> l'aspect des dessins originaux.
> Exemplaire de la collection A. Millot.

911. Armata Napolitana. *S. l. n..d. (vers* 1850), in-fol. obl., cart. en chagrin brun, fers spéciaux.

> 29 lithographies coloriées, sans nom d'auteur.

912. Li Costumi Militari Pontifici. *S. l. n. d. (Bologna ?, lith. de Zannoli et Guitti, vers* 1840), in-4, *en feuilles.*

> Titre et 7 lithographies coloriées par *Diana* et *Corty*.

913. Milizia Cisalpino-Italiana 1796-1814. Disegnate dal Pittore Roberto Focosi. *S. l. n. d. (Milano, lith. Corbetta,* 1845), in-fol. obl., pl., demi-rel., couv.

> 5 belles lithographies coloriées.

914. Armata Sarda. Uniformi antichi e moderni, dal Cav. Pietro Galateri di Genola. *Torino, lith. Doyen et C^{ia},* 1844, in-fol. obl., *en feuilles* dans un carton.

> Titre colorié, table et 33 lithographies coloriées donnant la reproduction de 250 uniformes.

915. Uniformi Militari dell'Armata di S. M. Sarda. *Torino, Maggi,* 1844, in-fol., pl., *en feuilles.*

> Titre et 26 lithographies coloriées par *Pedrone*.
> Manque 4 planches.

916. Comte Stanislas Grimaldi. Troupes Italiennes. *Torino, G. B. Maggi, s. d. (vers* 1850), in-plano, *en feuilles.*

> 5 grandes lithographies coloriées par *Doyen* d'après le comte *Grimaldi*.

917. Pedrone. Uniformi Militari dell'Armata Sarda. *Torino, Maggi, s. d.* (1853), pet. in-fol. obl., *en feuilles,* couv.

> 8 lithographies coloriées, dans la couverture de publication.

918. L. Crosio. Uniformi Militari Italiani. *Gennajo,* 1863, in-4 obl., pl., *dérelié.*

> Titre, table et 33 lithographies coloriées de militaires italiens par *Luigi Crosio*.

919. L'Esercito italiano. Schizzi Militari raccolti e disegnati da Q. Cenni. *Milano, A. Vallardi, s. d. (vers* 1880), in-fol. obl., *en feuilles,* couv.

> 12 lithographies coloriées des troupes italiennes, armées de terre et de mer.

920. L'Armée Italienne. *Milan*, etc., 1886-1900, 9 fascicules pet. in-fol., pl. et fig., cart. et *brochés*, couv.

> *I Bersaglieri,* — *I Granatieri,* — *La Brigata Piemonte,* — *Aosta* « la Veja », — *Nizza Cavalleria,* — *I Carabinieri reali,* — *Il Regimento Lancieri*, etc. Nombreuses illustrations et planches en noir et en couleur.

d. *Suisse.*

921. Feyerabend. Costumes Militaires des Cantons Suisses, par Franz Feyerabend, 1792-1794, in-fol., *en feuilles.*

> 12 planches gravées et gouachées. Très rare.
> Au bas de chacune d'elles le nom et le grade du personnage représenté, avec les armoiries du canton.

922. Costumes des Troupes des Cantons Suisses. *M. Engelbrecht exc.*, *s. d.* (*vers* 1790), pet. in-4 *en, feuilles.*

> 12 planches coloriées de costumes militaires suisses.

923. Schweizer Militair Album. *Basel, Rud. Lang, s. d.* (*vers* 1850), in-4, *en feuilles*, couv.

> 12 lithographies coloriées par *A. Beck* de costumes militaires suisses, dans la couverture de publication.

924. E. Wolf. Schweizeriche Armee. Armée Suisse. *Bâle, G. Wolf, s. d.* (*vers* 1850), in-fol., *en feuilles.*

> Suite complète de 10 lithographies coloriées.

925. Armée Suisse. Types Militaires dessinés par Ch. Perron. *Genève, Charnaux* (*impr. Lemercier*), *s. d.* (*vers* 1865), in-fol., *en feuilles,* couv.

> 15 lithographies coloriées.

926. L'Armée Suisse. Lettre préface de M. le colonel Frey. Texte de M. le général Herzog et de MM. les colonels Feiss, Wille, Lochmann, Keller, etc. *Genève, Ch. Eggimann et C*ie, 1894, pet. in-fol., cart. toile, fers spéciaux, *non rogné,* couv.

> Orné de 34 lithographies en couleur par *D. Estoppey.*

e. *Espagne.*

927. Memorias para la Historia de las Tropas de la Casa Real de Espana, subdividida en seis Epocas. Escritas por in Oficial de la Antigua Guardia Real (Serafin Maria de Soto). *Madrid, impr. Real,* 1828, in-8, pl., couv. en papier.

Avec 24 planches de costumes militaires espagnols.

928. Historia organica de las Armas de Infanteria y Caballeria Espanõlas desde la creacion del ejercito permanente hasta el dia. Por el Teniente General Conde de Clonard. *Madrid,* 1851-1859, 16 vol. in-4, pl., cart., *non rognés.*

Nombreuses planches d'armes, de plans de sièges et de batailles, d'emblèmes et de costumes militaires espagnols coloriés par *V. Adam* d'après *Gimenez.*

929. La Artilleria Volante, presentada al Exc. S͏ʳ Principe de la Paz (Don Manuel Godoï), por el Coronel D. Vicente Maria de Maturana. *S. l. n. d. (vers* 1800), in-fol. obl., *en feuilles.*

6 belles estampes de manœuvres d'artillerie espagnole, dessinées par *A. Julia* et *A. Guerrero* et gravées par *R. Esteve, L. F. Noseret, T. Lopez,* etc.
Epreuves collées sur bristol.

930. Sammlung verschiedener Spanischer National. — Trachten und Uniformen der Division des Marquis de la Romana, 1807 und 1808 in Hamburg in Garnison, gezeichnet von Christ. Suhr Prof. Radirt und geätzt von Corn. Suhr. *S. l. n. d. (vers* 1808), in-fol., *en feuilles.*

Titre et 18 planches coloriées de troupes espagnoles en garnison à Hambourg en 1807 et 1808. Suite très rare. Très bel état.

931. Manejo del Sable. Coleccion de 40 diseños lithograficos que representan las diversas posiciones de este exercicio à caballo, por J. V. M. de P. S. l. (*Madrid*), 1819, pet. in-fol., pl., mar. bleu, dos orné, dent., tr. dor. (*Rel. moderne.*)

Suite complète de 40 planches par *H. Vernet,* lithographiées par *G. Engelmann* et coloriées, de costumes de cavaliers militaires espagnols, dans les divers exercices de la manœuvre du sabre.
Très rare. La reliure porte les armoiries du duc d'Angoulême.

932. Coleccion de Uniformes del Egercito Espagnol, por su Marq[s] de Zambrano. *Madrid,* 1830, in-fol. obl., demi-rel. dos et coins de mar. citron, dos orné, *non rogné.*

> Titre et 22 planches lithographiées. Rare.

933. Don Carlos et ses Défenseurs, collection de 20 portraits originaux, avec une Introduction et une Notice biographique sur chacun des Personnages indiqués par M. Isidore Maguès. *Paris, Toussaint,* 1837, in-4, portr., *broché,* couv.

> 22 planches sur PAPIER DE CHINE, la plupart AVANT LA LETTRE, de portraits, costumes militaires et fac-similé d'autographe.

934. Cabrera y su Ejército. Album de las Tropas Carlistas de Aragon. *Madrid, J. A. Lopez,* 1844, in-4 obl., couv. en papier.

> Titre et 14 planches lithographiées.

935. Costumes militaires Espagnols. *Madrid, lith. de Godard, s. d. (vers* 1845), in-4, *en feuilles.*

> 24 lithographies coloriées (sur 25) par *V. Adam* d'après *Villegas.*
> On y joint 7 planches en double, quelques-unes avec différences dans le coloris.
> Ensemble 31 planches.

936. Album de la Infanteria Española. (*Madrid, Hermoso*), 1853, in-4, pl., cart. en soie moirée avec dorures, doublures et gardes en soie, tr. dor. (*Rel. du temps.*)

> Titre et 16 planches lithographiées et coloriées par *E. Varela.*
> Beau cartonnage en soie aux armes du duc de MONTPENSIER.

937. Album de la Caballeria (—Infanteria) Española desde sus primitivos tiempos hasta el dia, por el T[te] General Conde de Clonard. *Madrid,* 1861, in-fol. obl., titres et pl., *en feuilles* dans un carton.

> Titres, texte et 69 lithographies coloriées pour la cavalerie et 90 planches (sur 92) pour l'infanterie. Les n°s 43 et 45, ne sont pas indiqués à la table.
> Ces lithographies sont l'œuvre de *Villegas.*

938. Soria Sta Cruz. Album descriptivo del Ejército y la Armada de España. *Madrid, Impr. de Fortanet,* 1884, un vol. in-fol. cart. de texte et pl. in-fol. *en feuilles,* le tout dans un carton.

> 32 chromolithographies des troupes espagnoles.
> De la collection A. MILLOT.

939. La Vida Militar en España. Cuadros y dibujos de José Cusachs. Texto de Francisco Barado. *Barcelona,* 1888, gr. in-4, pl. et fig., *en feuilles.*

Nombreuses illustrations hors texte et dans le texte.

f. *Allemagne.*

I. — Confédération Germanique.

940. Deutsches Heer, Feldzug 1870. *Mainz, J. Scholz,* 1870, in-fol., *en feuilles.*

4 planches avec 16 costumes militaires allemands, lithographiés et coloriés.

941. König Wilhelm und sein Heer. 20 Blatt in Klein Folio von Carl Sellmer. *Cassel und Berlin, Th. Fischer,* 1885, in-fol., *en feuilles* dans un carton.

Manœuvres et scènes militaires allemandes.

942. Unser Volk in Waffen. Das Deutsche Heer in Wort und Bild. Von Bernhard Poten. Illustriert von **Chr.** Speyer. *Berlin und Stuttgart, W. Spemann, s. d.* (*vers* 1887), gr. in-4, front., pl. et fig., *en feuilles.*

Très nombreuses illustrations en noir et en couleur.

943. Das Deutsche Reichsheer in seiner neuesten Bekleidung und Ausrüstung. In Bild un Wart dargestellt von G. Krickel und G. Lange. *Berlin, Max Hochsprung, s. d.* (*vers* 1888), in-4 obl., pl. et fig., cart. toile, fers spéciaux.

Orné de 45 planches hors texte en couleur de costumes militaires allemands et d'équipements militaires pour la cavalerie.

944. Unser Heer. 50 Original-Zeichnungen von Carl Röchling. *Breslau, C. T. Wiskott,* (*vers* 1892), in-4, pl., *en feuilles,* dans un carton avec fers spéciaux.

Diverses occupations des armées de terre allemandes.

945. Unsere Marine. 50 Original-Zeichnungen von Ch. Allers. *Breslau, C. T. Wiskott, s.d.* (*vers* 1892), in-4, pl., *en feuilles,* dans un carton en toile avec fers spéciaux.

Diverses occupations à bord des vaisseaux de guerre allemands.

II. — PRUSSE.

946. Die Königlich Preussischen Cürassier-Regimenter unter Seiner Majestät Friedrich Wilhelm's I. Regierung. Durch Eduard Lange. *Berlin*, 1845, in-fol., demi-rel. dos et coins de **chagrin brun**.

> Titre manuscrit et 12 planches coloriées des régiments de cuirassiers allemands du dix-huitième siècle, reproductions de peintures qui se trouvent au château de Charlottenbourg.

947. Die Soldaten Friedrich's des Grossen. Von Eduard Lange. Mit 31 original-zeichnungen von Adolph Menzel. *Leipzig, Avenarius et Mendelssohn, s. d.* (1852), in-8, front. et pl., demi-rel. dos et coins de chagrin noir, tête dor., *ébarbé*.

> Illustrations de *A. Menzel* coloriées.

948. ACCURATE-VORSTELLUNG DER SAMTLICHEN KŒNIGLICH PREUSSISCHEN ARMEE. Worinnen zur eigentlichen Kenntniss der Uniform von jedem Regimente ein Officier und Gemeiner... Herausgegeben und gezeichnet von I. C. H. v. S. Königlich Preussischen Lieutenant. *Nurnberg, auf kosten der Raspichen*, 1759, in-8, front. et pl., basane.

> Frontispice avec portrait du roi Frédéric, titre, 121 planches de costumes militaires coloriés, à deux personnages par planche et un feuillet de table.
> Série importante et complète de costumes militaires allemands.

949. Accurate Vorstellung der samtlichen Kœniglich Preussischen Armee. *Nurnberg, auf kosten der Raspischen*, 1762, in-8, front. et pl., cart.

> Nouvelle édition contenant le frontispice avec portrait du roi Frédéric, titre et 131 planches de costumes militaires coloriés, à deux personnages par planche.
> Exemplaire en très médiocre état. Raccommodages et déchirures.

950. Raspe. Vorstellung der Kœniglichen Preussichen Regimenter. *Nürnberg, s. d.* (vers 1780), in-fol., *en feuilles*.

> 7 tableaux coloriés des Uniformes allemands, infanterie et cavalerie, divisés en 154 images à 2 militaires chacune.

951. UNIFORMES DE L'ARMÉE PRUSSIENNE sous le règne de Frédéric Guillaume II Roi de Prusse. *Potsdam,*

Ch. Chretien Horvarth, 1789, in-8, pl., *en feuilles*, dans un étui.

> Bel exemplaire à toutes marges comprenant 142 planches coloriées
> La plupart de ces planches sont signées *L. Schmidt*.
> 12 couvertures de livraisons ajoutées.

952. UNIFORMES DE L'ARMÉE PRUSSIENNE sous le règne de Frédéric Guillaume III, Roi de Prusse. *Potsdam, Ch. Chr. Horvath*, 1799-1800, 2 vol. in-8, pl., veau.

> 169 planches coloriées, la plupart gavées par *L, Schmidt*.

953. ABBILDUNGEN VON ALLEN UNIFORMEN der Königl: Preus : Armee, dargestellt von Aug. Léop. Ramm. *Berlin, J. F. Unger, s. d. (vers* 1800), in-8, *en feuilles*, dans un carton.

> Texte, frontispice et 142 planches coloriées et rehaussées d'**or et d'argent** d'uniformes prussiens.
> Très rare complet. Quelques feuillets tachés.
> De la collection de A. MILLOT.

954. WOLF ET JUGEL. ABBILDUNG DER NEUEN KONIGL. PREUSS ARMEE UNIFORMEN, nach der natur gezeichnet von L. Wolf und in kupfer gestochen von F. Jugel. *Berlin, Weiss,* (1813-1815), in-fol., *en feuilles.*

> 42 planches gravées et coloriées, dont 21 pour l'Infanterie, 16 pour la Cavalerie et 5 pour la Garde Landwehr. Suite sans titre.

955. Wolf et Jügel. Burgergade. *S. l. n. d. (Berlin, vers* 1815), in-fol., *en feuilles.*

> 10 gravures coloriées de la Garde bourgeoise militaire ; **conformes** à l'exemplaire de la Haus Bibliothek de Berlin.

956. DARSTELLUNG DER KÖNIGLICH PREUSSISCHEN CAVALLERIE in 37 figuren. *Berlin, Wittich, s. d.* (1821), in-fol., cart.

> 37 planches coloriées avec rehauts d'or et d'argent de cavaliers militaires prussiens, dans diverses manœuvres à cheval.
> Ces planches sont l'œuvre de *Lieder* et *Krüger* et ont été gravées par *Jügel*.
> Bel exemplaire. Manque le titre imprimé.

957. Darstellung der Königlich Preussischen Cavallérie. *Berlin, L. W. Wittich*, 1821, pet. in-fol., pl,, cart. toile, *non rogné.*

> **Exemplaire avec les planches en noir. Cartonnage original.**

958. ABBILDUNGEN DER KONIGL. PREUSSISCHEN ARMEE. *Berlin, Lud. W. Wittich*, 1823, in-4, pl., *en feuilles*, dans un carton.

> Titre et 65 planches coloriées et remontées de costumes militaires prussiens.
> Cette suite est probablement complète.

959. DARSTELLUNG DER KÖNIGL. PREUSSISCHEN INFANTERIE in vierzig figuren, von Friedrich Lieder und in aqua tinta gestochen vom Prof. Jügel. *Berlin, W. Wittich*, 1827, in-fol., pl., cart. toile, *non rogné*.

> 41 belles figures sur 16 planches gravées à l'aquatinte, de militaires prussiens dans différents exercices.
> On y joint 2 planches de même nature publiées chez le même éditeur.
> Ensemble 18 planches.

960. Das Preussische Heer in Bildern. Ein Lesebuch für die Jugend von W. Walter. *Berlin, J. G. Hasselberg*, 1834, pet. in-4, pl., cart. original.

> 25 planches coloriées (dont un tableau synoptique) de costumes militaires prussiens, dessinées par *L. Elsholz* et gravées par *Fr. Bolt* et *K. Funke*.

961. L'ARMÉE PRUSSIENNE. *Berlin, J. Kuhr, s. d. (vers 1835)*, in-fol., *en feuilles*.

> 16 planches coloriées de la garde royale prussienne (12 pour l'infanterie et 4 pour la cavalerie). Elles sont dessinées par *Sebbers* et gravées par *Dahl, Mateling*, etc.
> Les planches pour la cavalerie sont de plus grand format que celles pour l'infanterie.
> Très belle suite.

962. DIE UNIFORMEN DER PREUSSISCHEN GARDEN, von ihrem Entstehen bis auf die neueste Zeit, nebst einer kurzen geschichtlichen Darstellung ihrer verschiedenen formationem 1704-1836. *Berlin, Gropius*, 1840, pet. in-4 carré, pl., cart.

> 106 planches coloriées, avec rehauts d'or et d'argent, de costumes militaires de la Garde prussienne. Chaque planche donne la représentation de plusieurs militaires et les fonds sont ornés de vues de monuments, paysages, etc.
> Le texte est de Von Thümen.

963. Illustrationen zur Rang-und Quartier-Liste oder Abbildüngen der neuen Uniformen in der Preussische Armee. *Berlin, Mittler*, 1844-1845, 5 *livraisons* in-8, *brochés*.

> 20 planches coloriées de militaires prussiens.

964. Armée royale de Prusse. *Berlin, Meyer et Hoff-mann, s. d.* (1845), in-plano, *en feuilles.*

> 5 lithographies coloriées (sur 6) par *E. Meyer* d'après *Randel.*

965. L. Sachse. Königl. Preussische Armee. *Berlin, L. Sachse und C°, s. d.* (1846), in-4, cart. toile.

> 36 grandes lithographies coloriées.

966. Illustrirte Stamm-Rang und Quartier Liste der Königlich Preussischen Armee, von L. Schneider. *Berlin,* 1854, in-plano, *en feuilles.*

> Titre et 6 grandes lithographies coloriées par *Wisniewski, Nordmann* et *Burger.*

967. Emil Hünten. Die Waffengattungen des Preussischen Heeres. Acht Bilder in Farbendruck nach Originalzeichnungen von Emile Hünten. *Düsseldorf, Arnz et Comp., s. d.* (1860), in-4, *en feuilles,* couv., dans un carton.

> 8 lithographies coloriées et remontées dans la couverture de publication.
> De la collection A. MILLOT.

968. Militär-Album des Königlich Preussischen Heeres, nach der neuesten Organisation... Entworfen und lithographirt von C. F. Schindler. *Berlin, C. Glück und C°, s. d.* (1863-1873), in-fol., *en feuilles,* dans un carton.

> 50 planches coloriées. On a joint 44 planches doubles, avec titres ou adresses différents.
> De la collection A. MILLOT.

969. Das Königlich Preussische Heer in seiner gegemvärtigen Uniformirung. Nach den neuesten Bestimmungen und Proben von F. W. Hammer. *Berlin, s. d.* (1869), in-fol. obl., demi-rel. dos et coins de chagrin brun, couv.

> 30 planches en couleurs de costumes militaires prussiens donnant la reproduction de 400 modèles d'uniformes et de détails d'équipements.
> Ces planches sont dessinées par *A. von Werner* et lithographiées par *Gebr. Delius.*

970. Die Brandenburg-Preussische Armee in historischer darstellung. Von den Prof. Edmund Rabe und Ludwig Burger. *Berlin, Herm. J. Meidinger, s. d.* (*vers* 1885), in-fol. obl., *en feuilles* dans un emboitage.

> 20 planches lithographiées et coloriées avec 189 costumes militaires.

III. — BAVIÈRE.

971. Die Bekleidung, Ausrüstung und Bewaffnung der Kgl. Bayerischen Armee von 1806 bis zur neuzeit. Nach amtlichen Quellen bearbeitet von Karl Müller und Louis Braun. *München, A. Oehrleins, s. d.* (1901-1904), texte in-4 et pl. in-fol. *en livraisons* dans deux cartons.

Avec 63 planches de costumes militaires bavarois coloriés et détails d'équipement et d'armement.

972. Die Bayerische Armee, nach der Ordonanz vom Jahre 1825, Gezeichnet von D. Monten lythographirt von Trœndlin. *München, J. M. Herrmann, s. d. (vers 1825)*, in-fol., *en feuilles*, dans un carton.

24 belles planches coloriées de costumes militaires. bavarois, par *D. Monten.*

On y joint : 6 portraits équestres du roi de Bavière, du Kronprinz et des Officiers généraux. L'un d'eux est lithographié sur PAPIER DE CHINE.

Ensemble 30 planches et 2 couvertures de livraisons.

De la collection A. MILLOT.

973. Troupes Bavaroises en Grèce. *S. l. n. d.* (1833), in-fol., obl.

6 lithographies par *J.-B. Dreseli* d'après *G. Kraus.*

974. Eckert et Monten. Costumes militaires de Bavière. *Wurzbourg, s. d. (vers 1835)*, in-4, *en feuilles* dans un carton.

47 planches coloriées dont 6 doubles différentes et 4 tableaux synoptiques.

975. Bayerische Chevauxlegers. *München, G. Juquet*, 1842, in-4 obl., *broché.*

7 planches gravées par *Victor Sillig*, et 2 ff. de texte.

976. Die Bayerische Armee unter König Maximilian II. Entworfen und auf stein gezeichnet von Ludwig Behringer. *München, Mey und Widmayer*, 1854, in-fol. obl., *en feuilles*, couv., dans un carton.

19 photographies coloriées de militaires bavarois donnant la représentation de près de 150 uniformes.

IV. — SAXE.

977. Pragmatische Geschichte der Sœchsischen Truppen ein Taschenbuch für Soldaten. *Leipzig, Joh. Ambros. Barth,* 1792, in-24, *en feuilles,* dans un emboitage en chagrin bleu avec dent.

> Titre et 32 planches de costumes militaires saxons finement coloriés, rehaussés d'or et d'argent, par *Thœnert.*
> Epreuves AVANT LA LETTRE, en réimpression moderne.

978. Geschichte der Sächsischen Armee in Wort und Bild von Dr. Ferd. Hauthal. *Leipzig, Bach,* 1859, in-fol., portr. et pl., cart. toile. (*Rel. de l'éditeur.*)

> Cet ouvrage est divisé en plusieurs parties et donne les costumes militaires saxons en 1730, 1764, 1802, 1812, 1832 et 1859. Il comprend un texte et 60 lithographies coloriées. Le titre de 1802 manque.
> De la collection A. MILLOT.

979. Abbildung der Chur-Sächsischen Truppen in ihren Uniformen unter der Regierung Sr Churfürstl. Durchlaucht Friedrich August III. in einer Folge Ausgemahlter Blätter von Carl Adolph Heinrich Hess. *Dresden, C. G. Richter, und Leipzig, J. F. Hartknoch,* 1805, in-fol., pl., 4 *livraisons,* couv.

> Suite complète, très rare, de 8 eaux-fortes coloriées, dessinées par *C. A. H. Hess* et gravées par *C. F. Stölzel, Seiffert,* etc., de militaires saxons.

980. Types Militaires Saxons. *S. l. n. d. (vers* 1805), in-4, *en feuilles.*

> 12 planches coloriées (8 en hauteur et 4 en largeur) qui sont probablement l'œuvre de *Hess* ou *Sauerweid.*

981. L'Armée Saxonne représentée en 30 feuilles, dessinée par Sauerweid, gravée par Gränicher, coloriée par Bötticher. *Dresde. Henry Rittner, s. d. (vers* 1810), in-fol., *en feuilles* dans un carton.

> Reproduction moderne coloriée de 30 militaires saxons, d'après l'exemplaire qui se trouve à Darmstadt.
> De la collection A. MILLOT.

982. Geschichtliche Ubersicht... des Grossherzogl. Sächs : Militairs... *Weimar, Th. Goetz,* 1825, in-fol. obl., pl., *broché,* couv.

> Ouvrage complet orné de 20 planches lithographiées et coloriées de militaires saxons de 1775 à 1825. Rare.

983. Geschichte und Beschreibung des Sächsischen Bergbaues. *Zwickau,* 1827, in-4, pl., *broché.*

> Orné de 7 planches coloriées avec 22 figures de costumes d'ingénieurs des mines, mineurs, etc.

984. Eckert et Monten. Costumes militaires des Principautés de Saxe. *Wurzbourg,* (*vers* 1835), in-4, *en feuilles* dans un carton.

> 14 planches coloriées.

V. — HANOVRE. — WURTEMBERG. — DUCHÉ DE BADE. — HESSE, etc.

985. Abbildung der Chur-Hannoverschen Armée-Uniformen. *Hannover und Leipzig,* 1791, pet. in-8, cart.

> Orné de 34 planches gravées à l'eau-forte et coloriées, avec un ou deux costumes militaires hanovriens par chaque planche.
> De la collection A. MILLOT.

986. Armée Wurtembergeoise. *S. l. n. d.* (*vers* 1855), in-4 obl., *en feuilles.*

> 36 planches lithographiées et coloriées portant 244 costumes militaires de 1638 à 1854.

987. Stadlinger. Geschichte des Württembergischen Kriegswesens von der frühesten bis zur neusten Zeit, von L. J. von Stadlinger. *Stuttgart,* 1856, un vol. in-8 de texte, cart. et un album in-4 obl. de pl., *en feuilles,* dans un carton.

> L'album comprend 36 planches coloriées avec 244 militaires wurtembergeois.

988. G. M. Kirn. Das Königlich Württembergische Militär in seiner neuen Uniformierung. (*Stuttgart*), 1865, pet. in-4, *en feuilles* dans un carton.

> Titre et 13 chromolithographies collées sur carton, uniformes et planches de détails.

989. Grossherzoglich Badisches Militair, nach der Natur und auf Stein gezeichnet von Joseph Völlinger. *Carlsruhe, J. Velten,* 1824, in-fol., *en feuilles* dans un carton.

> Suite complète, comprenant un titre, une table et 30 lithographies coloriées de costumes militaires badois coupées au cadre et montées sur papier teinté.
> De la collection A. MILLOT.

990. HOCHFURST. HESSISCHES CORPS par J. H. Carl. *S. l. n. d.*, pet. in-fol. obl., demi-rel.

> Suite de 37 gravures par *Müller*, coloriées et rehaussées d'or et d'argent.
> Cet ouvrage paraît ici complet. Il est conforme à une table manuscrite ancienne qui est à la fin du volume. De plus il est semblable à l'exemplaire de la Bibliothèque de Darmstadt, qui n'a pas la pl. 28. Parfaite condition.
> De la collection A. MILLOT.

991. Grossherzoglich Hessisches Militair, nach der nature aufgenommen vor Dr. F. H. Müller, und auf stein gezeichnet von J. Völlinger. *Carlsruhe, J. Velten, s. d. (vers* 1824 ?), in-fol., *en feuilles*, dans un carton.

> Suite complète de 30 lithographies coloriées de militaires du duché de Hesse-Darmstadt.
> De la collection A. MILLOT.

992. L'Armée Westphalienne 1810, d'après Alexander Sauerweid en 19 feuilles. *S. l. n. d.*, in-fol., *en feuilles* dans un carton.

> Reproduction moderne des 19 planches coloriées de l'armée de Jérôme Bonaparte, roi de Westphalie.

993. Eckert et Monten. Costumes militaires du duché de Brunswick. *Wurzbourg, s. d. (vers* 1835), in-4, *en feuilles*.

> 13 lithographies de militaires (sur 14), coloriées.

994. Eckert et Monten. Costumes militaires des Principautés d'Allemagne. *Würzbourg, s. d. (vers* 1835), in-4, *en feuilles* dans un carton.

> 12 planches coloriées.

g. *Autriche-Hongrie.*

995. WAPEN. DES HEYLIGEN RÖMISCHEN REICHS TEÙTSCHER NATION. Der Churfürsten, Fürsten Graven Freihen, Rittern, Auch der merer theil Stett so zù dem Reich (in Teutschem land gelegen) gehören und gehört haben. *S. l. n. d. (Francfort,* 1579 ?), pet. in-fol., cart.

> Suite de 144 planches gravées sur bois par *Jacques Kobel*, représentant des soldats portant chacun un étendard aux armoiries des villes de l'Empire. Ces drapeaux sont tenus et agités chacun de manière différente, suivant les règles du maniement des drapeaux.
> Bel exemplaire de ce rare volume.

996. Costumes des troupes autrichiennes? **Paulus Mayr** inventor, 1598. *Norimbergæ, H. Ullrich exc.*, in-16, cart. vélin.

> Jolies planches gravées en taille-douce ; elles sont numérotées de 1 à 11, plus 2 planches non numérotées.

997. Militaires impériaux du commencement du XVIIe siècle. *S. l. n. d.*, in-8 obl., *en feuilles.*

> 6 planches portant 2 sujets chacune, par *Rod.-Th. Meyer.*

998. Die Kaiserliche Königlich Œsterreichische Armée im laufe zweyer Jahrhunderte. *Wien, J. Bermann et Sohn, s. d. (vers* 1840), in-fol. obl., *en feuilles,* dans un emboîtage cart. toile.

> 40 lithographies coloriées par *Fritz l'Allemand* avec 240 costumes militaires autrichiens depuis 1600.

999. Das Œsterreichische Herr, von Ferdinand II. Römischen Deutschen Kaiser, bis Franz Josef I. Kaiser von Œsterreich, lithographirt von F. Gerasch. *Wien, L. T. Neumann, s. d. (vers* 1850), in-4, pl., dans le cart. original.

> 152 lithographies coloriées de militaires autrichiens, depuis 1620 jusqu'en 1848.

1000. Die Geschichte des Militärs der K. K. Osterr. Monarchie aus allen Waffengattungen. Mit Inbegriff der alten deutschen Wehrmannschaften und des Rittherthums von der frühesten Zeit bis zur Gegenwart. Verfaszt und herausgegeben von Anton Ziegler. *Wien, s. d.* (1852), 2 vol. in-4 dont un de pl., demi-rel. chagrin vert, tr. marbr.

> L'album se compose de 60 lithographies coloriées d'après *Katzler, A. Ziegler,* etc., des différentes armées autrichiennes depuis les origines.

1001. Die Osterreichische Armee von 1700 bis 1867. Illustrirt von Rudolf von Ottenfeld. Text von Oscar Teuber. *Wien, E. Berté und S. Czeiger,* 1895, fort vol. gr. in-4, pl. en couleur et fig., *en feuilles,* couv.

> Très nombreuses illustrations hors texte en couleur, au nombre de 106, de costumes militaires, étendards, armes, etc.

1002. Kaiserl Kœnigl. Armeen Unifor. *Nürnberg, Raspe, s. d. (vers* 1780), in-fol., *en feuilles.*

> 9 tableaux coloriés des Uniformes autrichiens, infanterie et cavalérie, divisés en 148 images à 2 ou 3 militaires chacune.

1003. Les Gardes Nobles de l'Empire d'Autriche. *Vienne, Artaria, s. d.* (1782), in-fol., *en feuilles.*

> 5 planches coloriées, dessinées et gravées à l'eau-forte par *Séb. Mansfeld* et *C. Schütz*. Rare.

1004. Costumes des Uniformes de l'Armée Impériale et Royale (d'Autriche), représenté caractéristiquement en 138 figures. *Vienne, Græffer jeune,* 1792, pet. in-8, front. et fig., mar. rouge, dent., tr. dor. (*Rel. anc.*)

> Orné d'un frontispice et de 137 planches de costumes militaires des troupes à pied et à cheval.
> Bel exemplaire sur papier de Hollande dont toutes les planches sont coloriées et rehaussées d'or et d'argent.

1005. [Geschichte (— und Anhang) und Bildlichen Vor-stellung der Regimenter des Erzhauses Œsterreich. *Wien, Artaria,* 1796], in-8, fig., demi-rel.

> 153 (sur 163) planches coloriées de militaires autrichiens.
> Exemplaire fatigué, déchirures et taches.

1006. J.-G. Mansfeld. Abbildung der Neuen Adjustirung der K. K. Armée. Seiner Königlichen Hoheit dem Erzherzog Ferdinand Karl. *Wien, T. Mollo, s. d.* (1798), in-fol., *en feuilles,* dans un carton.

> Très belle suite composée d'un titre, d'un portrait du **Prince Ferdinand-Charles** et de 46 planches de costumes militaires autrichiens dessinées par *V. G. Kininger*, gravées par *J. G. Mansfeld* et coloriées.
> De la collection A. Millot.

1007. Troupes Etrangères. Autriche. *A Paris, chez Martinet,* 1808, in-8, *en feuilles.*

> 6 planches coloriées de militaires.

1008. Costumes militaires autrichiens. *Wien, Artaria, s. d. (vers 1820),* in-fol. obl., *en feuilles.*

> 15 planches coloriées d'après *Höchle, Stubenrauch, Schindler,* etc. Rare.

1009. K. K. Œsterr. Armée, nach der neuen Adjustirung. *Wien, M. Trentsensky, s. d.* (1837-1848), in- fol., *en feuilles,* dans un carton.

> Cet ouvrage divisé en 6 parties comprend 86 planches coloriées (sur 88) des armées autrichiennes de terre et de mer.

1010. Das K. K. Osterreich'sche Militär in 24 Blättern. Gezeichnet von August Pettenkoffer. *Wien, Alois Leykum,* 1847, in-fol., *en feuilles* dans un carton.

> 24 lithographies coloriées de costumes militaires autrichiens. La pl. 24 est remplacée par un dessin. Titre collé sur le carton.

1011. Œsterreichische und Russische Truppen aus dem Ungarischen Feldzuge, gezeichnet von Jos. Heicke. *Wien, L. T. Neumann,* 1849, in-4, *en feuilles.*

> 16 lithographies coloriées de militaires russes et autrichiens, dans la couverture de publication.

1012. Die K. K. Osterreich'sche Armée nach der neuesten Adjustirung. Gezeichnet und lithographirt von A. Pettenkoffer und A. Strassgschwandtner. *Wien, A. Leykum, s. d.* (1850-1853), in-fol., cart., couv.

> 36 planches lithographiées et coloriées sur PAPIER FORT de costumes militaires autrichiens. Très belle série.

1013. Adjustirungs-Vorschrift für die Generale, Stabs-und Ober-Officiere... der Kaiserlich-Königlichen Armée. *Wien,* 1855, in-4, pl., cart.

> Avec 32 tableaux d'équipements militaires autrichiens, d'après l'ordonnance du 17 février 1854.

1014. Die Freiwilligen-Corps Osterreich's im Jahre 1859. *Wien,* 1860, in-fol., *broché.*

> Orné de 18 planches chromolithographiées de troupes de volontaires autrichiens.

1015. Kaiserl. Mexicanisches Corps Österreichischer Frei-willigen. *Wien, L. T. Neumann, s. d. (vers* 1863), in-fol., *en feuilles* dans un carton.

> Titre et 4 lithographies coloriées par *Aug. Gerasch* d'après *W. Richter.*

1016. Die K. K. Œsterr. Armee. nach der Neuesten Adjustirung. *S. l. n. d. (Wien, Reiffenstein und Rösch, vers* 1865), in-12, *en feuilles.*

> 75 lithographies coloriées des armées autrichiennes, par *Strassgschwandtner.* Epreuves collées sur bristol.

1017. L'Equipement de l'Armée Austro-Hongroise, en 22 feuilles. Rédigé d'après les dessins de Frédéric Franceschini. *Vienne, Haupt et Czeiger, s. d.* (1877), in-fol. obl., *en feuilles,* dans un emboîtage en toile avec fers spéciaux.

> 22 planches lithographiées et coloriées.
> Exemplaire de luxe sur PAPIER FORT avec coloris soigné.

h. *Grande-Bretagne.*

1018. A Representation of the Cloathing of His Majesty's Houshold, and of all the Forces upon the Establishments of Great Britain and Ireland. 1742. (*Londres,* 1893), in-4, pl., mar. rouge, fil., tr. dor. (*Roger de Coverly.*)

Réimpression d'après l'original conservé au British Museum.

Un des 25 exemplaires de souscripteur, comprenant un titre, 16 ff. de table et 94 planches coloriées des uniformes anglais au milieu du dix-huitième siècle.

1019. Loyal Volunteers of London and Environs, Infantry and Cavalry in their respective Uniforms designed and etched by F. Rowlandson. *London, Ackermann,* 1798-1799, in-4, demi-rel. dos et coins de mar. brun, *non rogné.*

Titre, 80 costumes d'infanterie tirés sur 78 planches et 8 pl. de costumes de cavaliers ; toutes ces planches sont coloriées et rehaussées d'or. Ensemble 87 planches coloriées. 16 planches sont dessinées à la plume et coloriées suivant les originaux.

1020. An Historical Record of the Light Horse Volunteers of London and Westminster, with the Muster Rolls. 1779-1829. *London, Wright,* 1843, in-8, fig., demi-rel.

Cet historique est orné de 13 figures et dédicaces dont 6 planches coloriées par *W. L. Walton* et *J. Y. Collyer* de costumes militaires de ce régiment.

Bel exemplaire.

1021. An Historical Record of the Royal Regiment of Horse Guards, or Oxford Blues, by Edmund Packe. *London, Parker,* 1847, in-8, fig., cart. toile.

Cet historique est orné d'un portrait, de 7 planches coloriées d'uniformes et d'une planche d'étendard en noir.

1022. The Bristish Military Library ; or, Journal : comprehending a Complete Body of Military Knowledge ; and consisting of Original Communications ; with Selections from the most Approved and Respectable Foreign Military Publications. *London, J. Carpenter,* 1799-1801, 2 vol. in-4, pl. et cartes, veau.

Orné de 28 planches coloriées de militaires anglais, gravées par *G. Tomkins* et de nombreuses cartes et plans.

1023. The British Soldier's Guide, and Volunteer's Self-Instructor : containing Full and Ample Directions for performing all the various Exercises of the Field, Horse and Foot. *London, T. Hurst,* 1803, in-12, fig., demi-rel., tr. marbr.

Orné du portrait du duc d'York et de 12 planches de maniement d'armes et d'exercices de cavaliers. Le portrait et une des planches sont coloriés.

1024. Rules and Regulations for the Sword Exercise of the Cavalry (by W. Fawcett, Adjutant General). *London, T. Egerton,* 1805, in-8, pl., cart., *non rogné.*

Orné de 29 planches au trait la plupart de militaires anglais dans la manœuvre du sabre.

1025. A Picturesque Representation of the Naval, Military, and Miscellaneous Costumes of Great Britain, in 33 coloured plates. By John Augustus Atkinson (and James Walker). *London, William Miller, (vers* 1809), *s. d.* in-fol., pl., demi-rel. dos et coins de mar. rouge, dos orné, tête dor., *non rogné.*

Orné de 33 belles planches par *Atkinson* en double état : colorié et à l'aquatinte sur PAPIER JONQUILLE.

1026. Costume of the Army of the British Empire according to the last regulations, 1814. Designed by an Officer on the Staff. *London, Colnaghi and C⁰,* 1815, pet. in-fol., front et pl., mar. rouge, dos et plats ornés, tr. dor. (*Rel. anc. angl.*)

Exemplaire bien complet des 60 planches de costumes militaires anglais. Très belle collection.
Ces planches dessinées par *C. H. Smith* ont été gravées à l'aquatinte par *Stadler,* et coloriées.

1027. E. Hull. British Army. *London, Engelmann, Graf, Coindet and C⁰,* (1828-1830), in-4, *en feuilles.*

60 lithographies coloriées de militaires anglais par *E. Hull,* dans la couverture de publication. Très-rare.

1028. Military Scraps. *London, Fores, s. d. (vers* 1840), in-fol. obl., *en feuilles.*

4 planches gravées à l'eau-forte, de costumes militaires anglais, avec 34 sujets coloriés.

1029. Costumes of the British Army (-and Indian Army). *London, R. Ackermann,* (1840-1846), in-fol., *en feuilles.*

> 37 planches coloriées de militaires anglais d'après *H. Martens, W. Heath, Daubrawa,* etc. Lacunes.
> On y joint : The New Series of Costumes of the British Army. *London, R. Ackermann,* (1855-1861), 14 planches coloriées de militaires anglais par *J. Harris* d'après *O. Norie* et *H. Martens.* Lacunes. Ensemble 51 planches.

1030. Her Majesty's Army. A Descriptive Account of the various Regiments now comprising the Queen's forces, from their first Establishment to the present time, by Walter Richards. With Coloured Illustrations. *London, J. S. Virtue and C⁰, s. d., (vers* 1895), 3 vol. in-4, pl., cart. toile, fers spéciaux, tr. dor.

> Orné de 3 frontispices, de 3 vignettes et de 41 planches en couleur.

1031. Her Majesty's Navy including its Deeds and Battles by Lieut. Chas. Rathbone Low. With coloured Illustrations by W. Christian Symons and W. Fred. Mitchell. *London, J. S. Virtue and C⁰, s. d. (vers* 1895), 6 vol. in-4, portr. et pl. en couleurs, cart. toile, tr. dor.

> Orné de 3 titres, 3 portraits et 40 planches en couleurs.

1032. Costume of the Royal Navy and Marines. *London, Andrews and C⁰ (printed by Lefevre and C⁰), s. d. (vers* 1820), in-fol., *en feuilles.*

> Portrait du Roi et 15 belles lithographies coloriées avec rehauts d'or et d'argent, des Officiers de la Marine anglaise.
> Ces 16 planches sont l'œuvre de *L. Mansion* et *St-Eschauzier.*

i. *Suède et Norvège. — Danemark.*

1033. MODÈLES DE L'UNIFORME MILITAIRE adopté dans l'Armée royale de Suède. Par Frédéric, baron d'Eben. *S. l. n. d. (London, J. B. G. Vogel, vers* 1810), in-4, pl., mar. violet avec bande de mar. rouge, dorures, doublure et gardes en moire, tr. dor. (*Rel. anc.*)

> Textes anglais et français.
> Très bel ouvrage orné d'une planche en noir des marques distinctives des Officiers et de 24 planches gravées par *N. Heideloff* d'après le baron d'*Eben* des différentes troupes suédoises. Superbes épreuves coloriées au pinceau.
> **Curieuse reliure ancienne.**

1034. Kongl. Svenska Arméens Uniformer **Atgisne Ar.**
S. l. 1825, in-fol., pl., cart.

> Titre, table et 23 lithographies coloriées dont 2 planches repliées, de
> costumes militaires suédois. Ils ont été dessinés par *Wetterling, J. H.
> Sjohölm* et *A. Schützercrantz* et lithographiés par *C. Müller*.

1035. Svenska Krigsmartens fordna och nårvarande
Munderingar. Ritade och lithografierade of Adolf
Schützercrantz. *Stockholm, J. F. Meyer et C⁰*, 1849,
in-fol., *en feuilles* dans un carton.

> Titre et 36 lithographies coloriées avec plus de 200 modèles
> des costumes militaires suédois depuis 1700.
> De la collection A. MILLOT.

1036. Svenska och Norska Arméerna samt Flottorna i
deras nuvarande Uniformering; af Fr. V. Dardel.
Stockholm, A. Bonnier, 1863, in-fol., *en feuilles.*

> 36 lithographies coloriées de costumes militaires suédois et
> norvégiens. Couverture de livraison conservée.

1037. Anteckningar Rörande Svenska Regementers Historia af J. Mankell. *Stockholm, C. E. Fritze's (lith.
de Nordmann)*, 1864, in-fol., pl., cart. illustré original,
tr. marbr.

> 32 planches hors texte, chromolithographiées en couleur, de mili-
> taires suédois.

1038. COLLECTION COMPLÈTE DES UNIFORMES DE LA MARINE
ET DE L'ARMÉE DANOISE, par le Lieutenant H. C. Hyl-
lested. *Altona*, 1829, in-fol., demi-rel. dos et coins de
mar. rouge, tr. dor. (*Rel. du temps.*)

> Ouvrage fort rare se composant de 115 lithographies coloriées, des
> troupes à pied et à cheval. Manque la pl. 112.
> Ces estampes sont précédées de 5 ff. de titre, dédicaces de l'auteur
> et de l'éditeur, liste des souscripteurs et table. Couverture conservée.
> Très rare.

1039. DANSKE UNIFORMER af Chr. Brunn. *Kiöbenhavn*,
1837, in-4, *en feuilles.*

> Titre et 93 planches coloriées de costumes militaires danois. Cette
> série, la première de celles exécutées par *Brunn*, est la plus rare.
> Elle est ici complète.
> Le titre et 5 planches sont plus courtes et l'une d'elles est un peu
> salie.

1040. Danske Uniformer. *S. l.*, 1864, in-8 carré, pl., cart.

> Titre et 14 lithographies coloriées de l'armée danoise, sans nom
> d'auteur.

1041. Den Danske Armés Uniformer i deres Hovedforandringer i lobetaf circa tre Aarhundreder. *Kiobenhavn, V. Moller,* 1892, in-fol. obl., *en feuilles.*

> Titre et 21 planches portant plus de 200 militaires danois **dans** leurs costumes coloriés, avec rehauts d'or et d'argent, de **1578 à 1890.** Ces planches sont l'œuvre de *Knud Gamborg.*

j. *Russie.*

1042. DESCRIPTION HISTORIQUE DE L'HABILLEMENT ET DE L'ARMEMENT DES TROUPES RUSSES, depuis l'an 862 jusqu'à 1855. Rédigé par ordre de S. M. l'Empereur. *Saint-Pétersbourg, typographie militaire,* 1842-1862, 30 vol. pet. in-fol., en cartons et *déreliés.*

> Véritable monument pour l'histoire du costume militaire en Russie ; il a été tiré à petit nombre et non mis dans le commerce étant destiné à être offert en présent.
> Le livre est orné de 3935 planches lithographiées.
> Dans cet exemplaire les planches sont séparées du texte et réunies dans 20 cartons ; il manque 71 pl. dans le 30e vol. Au vo de chaque pl. la traduction de la légende en français. Le texte, dérelié, est incomplet du tome 30.
> On a ajouté une traduction française du texte, manuscrit, relié en 9 vol. in-4.
> De la collection A. MILLOT.
> Voir no 1054.

1043. DESCRIPTION DE L'HABILLEMENT ET DE L'ARMEMENT DES TROUPES RUSSES. *Saint-Pétersbourg,* 1842-1862, pet. in-fol., *en feuilles.*

> Collection de 400 planches de l'ouvrage qui précède. Belles épreuves coloriées, et rehaussées d'or et d'argent.

1044. Entwurf einer Vorstellung der Russisch-Kayserlichen Armee. *S. l. n. d. (Vienne ? vers* 1760), in-8, pl., cart.

> Titre et 16 planches gravés de costumes militaires coloriés et rehaussés d'or et d'argent, des troupes russes à pied et à cheval.
> Très rare.

1045. REPRÉSENTATION DES UNIFORMES de l'Armée Impériale de la Russie, 1793, in-8, front. et pl., veau.

> Exemplaire complet, orné d'un frontispice et de 88 planches gravées à l'eau-forte par *Geisler* et coloriées, de costumes militaires russes en épreuves AVANT LA LETTRE Très rare.
> Le texte est en trois langues : russe, allemande et française.
> **De la collection A. MILLOT**

1046. Costumes Militaires Russes. *S. l. n. d. (vers* 1796), in-4, *en feuilles.*

> Suite de 17 planches (sur 20) gravées et coloriées, sans nom d'auteur ; costumes des troupes de l'armée commandée par le feld Maréchal Souwaroff.

1047. Costumes de l'Armée Russe. (*Augsburg, Weber et Schleich,* 1799), in-4 monté in-fol., *en feuilles.*

> 6 planches de militaires par *Th. Weber,* gravées et coloriées. Très rare.

1048. Army of Russia, Containing the Uniforms in Portrait of the Russian Soldiery. *London, Longman and C⁰, s. d.* (1807), in-fol., *en feuilles.*

> Titre et 20 planches coloriées de militaires russes, quelques-unes AVANT LA LETTRE. Epreuves remargées.

1049. The Costume of the Russian Army, from a Collection of Drawings made on the Spot, and now in the Possession of the Earl of Kinnaird. *London, Edw. Orme,* 1807, pet. in-fol., pl., demi-rel. dos et coins de mar. rouge, tête dor.

> Portrait de l'Empereur de Russie Alexandre Ier, d'après *Pinchon,* titre, dédicace et 8 planches coloriées de costumes militaires russes.

1050. Costumes des Troupes Russes, représentés en 14 gravures ; et notice sur les différens peuples qui composent l'Armée Russe. *Paris, Nepveu,* 1812, in-8, fig., *broché,* couv.

> 14 figures coloriées de costumes militaires.
> Publié peu de temps avant la campagne de Russie de 1812.

1051. Costumes de l'Armée Russe. *Paris, Nepveu, s. d.* (*vers* 1815), in-4, *en feuilles.*

> 7 planches dessinées par *Sauerweid* et gravées par *Jazet* en double état, noir et colorié. 2 planches ne sont qu'en un seul état.
> Ensemble 12 planches.

1052. ECKERT ET MONTEN. LES ARMÉES D'EUROPE représentées en groupes caractéristiques... Russie. *Wurzbourg, Chr. Weiss, s. d.* (*vers* 1840), in-fol., *en feuilles,* dans un carton.

> 2 planches d'Ordres militaires, 107 planches de militaires russes et 30 tableaux synoptiques.
> Edition de luxe comprenant 139 lithographies coloriées, montées dans un encadrement lithographié.
> On a joint : une peinture à l'huile sur papier, signée A. C., représentant l'hetman des Cosaques, 7 planches avec variantes et 3 planches inédites de membres de la famille impériale.
> De la collection A. MILLOT.

1053. Armée Russe, par le Colonel, comte Pajol. *Saint-Pétersbourg,* 1854, in-fol., demi-rel.

> Cet exemplaire renferme : 1º la suite complète des 56 lithographies coloriées (2 sont en noir) des portraits et des uniformes de l'armée russe.
>
> 2º 10 lithographies en noir ou coloriées de modèles d'armes, boutons, ordres militaires, pavillons, étendards et tableaux synoptiques.
>
> 3º *Un faux-titre, une dédicace et une table.*
>
> Ensemble 69 pièces auxquelles on a joint 5 pièces en double.
>
> Tirages non uniformes.

1054. Modifications dans l'habillement et l'armement des troupes de l'armée impériale russe, à dater de l'avènement au trône de S. M. I. Alexandre Nicolaiévitch. Fait par ordre de Sa Majesté (et supplément). *Saint-Pétersboug,* 1857-1880, 4 vol. pet. in-fol.

> Complément de l'ouvrage annoncé sous le nº 1043, publié avec le même luxe et également réservé. Il est orné de 705 pl. chromolithographiées dont 44 pour le *Supplément.*
>
> Dans cet exemplaire les planches sont placées dans 5 cartons ; au vº de chacune d'elles la traduction de la légende en français.
>
> Le texte est relié en 4 vol. ; une traduction en français, manuscrite y est jointe, et est reliée en 10 vol. in-4.
>
> De la collection A. Millot.

1055. Armée Russe au commencement du dix-neuvième siècle. *S. l. n. d. (vers 1883),* in-fol., *en feuilles.*

> 28 planches en noir, par *Alexandre Orlowsky* de militaires (22), drapeau (1) et voitures (5).

1056. Garde Impériale (Russe). *Moscou et St-Pétersbourg, (lith. U. Steinbach,* 1840-1842), in-fol., *en feuilles* dans un carton.

> 10 planches lithographiées et coloriées d'après les dessins de *P. Vernet.*

1057. Uniformes de la Garde Russe, par Charlemagne ? *(Paris, impr. Lemercier, vers* 1855), in-fol., *en feuilles.*

> 10 très belles lithographies coloriées, quelques-unes avec rehauts de gouache.

1058. Edouard Detaille. Les Grandes Manœuvres de l'Armée Russe. Souvenir du camp de Krasnoé-Sélo 1884. *Paris, Boussod, Valadon et C*ie *; Saint-Pétersbourg, Velten,* 1886, in-fol., fig. et pl., demi-rel. dos et coins de mar. rouge, *non rogné. (Champs.)*

> **Papier du Japon.**

1059. L'Armée Russe d'après les photographies instan-
tanées exécutées par MM. de Jongh frères. Texte et
Notices historiques par MM. P. Carmena d'Almeida et
F. de Jongh. *Paris, impr. Lemercier, s. d.* (1895),
in-fol., portr., pl. et fig. en noir et en couleur,
demi-rel. chagrin vert, dos orné, tête dor., *non rogné*,
couv.

1060. Wojsko Polskie. Królestwo Polskie, 1815-1830.
Opracowal i Rysowal Brodislaw Gembarzewski. *Wars-
zawa*, 1903, in-4, pl., cart. de l'éditeur.

> **8** planches hors texte de costumes militaires polonais en couleur,
> et nombreuses illustrations dans le texte.

k. *Turquie. — Roumanie.*

1061. Vorstellung der Vorzüglichsten Gattungen des Türc-
kischen Militairs und ihrer Officiere. *S. l. n. d.* (*vers
1795*), in-8, pl., *en feuilles.*

> **27** planches coloriées, avec rehauts d'or et d'argent, de costumes
> militaires Turcs. Dans la couverture de livraison.

1062. The Military Costume of Turkey. Illustrated by a
Series of Engravings, from Drawings made on the
Spot. *London, M'Lean*, 1818, pet. in-fol., pl., mar.
rouge, dent. dorée et à froid, tr. dor. (*Rel. anc.
angl.*)

> Frontispice, Portrait de l'Ambassadeur Ottoman et **29** planches
> coloriées (sur 30) de costumes militaires turcs par *Wageman* et *J. H.
> Clark.*

1063. Uniformes de l'Armée Turque. *S. l. n. d.* (*lith.
Cuciniello e Bianchi, vers* 1825), pet. in-4, *broché.*

> Portrait du Sultan, et **20** planches lithographiées et coloriées
> par *Dura.*

1064. L'Armée Roumaine. Tableaux peints par T. Ajdu-
kiewicz, reproductions exécutées dans les ateliers de la
Maison Socec. *Bucarest, Socec et C⁰*, 1903, in-fol., pl.,
cart. toile.

> **27** planches en chromotypie, famille royale et militaires roumains.

3. Appendice à l'histoire du costume militaire.

*a. Traités sur l'Art militaire.
Théorie et maniement des armes.
Armes et Armures.*

1065. Fl. Vegetii Renati viri illustris de Re militari. Sexti Julii Frontini viri consularis de Strategematis. Æliani de instruendis aciebus. Modesti de vocabulis rei militaris, etc. *Luteliæ, apud Wechelum,* 1532, in-fol., fig. vélin.

Nombreuses et belles planches des plus curieuses au point de vue de l'art militaire; ces figures paraissent avoir été faites en Allemagne.

1066. Les Douze Livres de Robert Valturin touchant la discipline militaire. Translatez de langue latine en francoyse par Loys Meigret Lyonnois. *Paris, Charles Perier,* 1555, in-fol., fig., mar. rouge jans., tr. dor. (*Trautz-Bauzonnet.*)

Volume important pour l'histoire de l'Art militaire et des machines offensives et défensives employées depuis les temps les plus reculés.
Nombreuses figures sur bois au trait très bien exécutées, l'une d'elles porte la marque de *Mercure Jollat.*

1067. Fünff buch von Kriegsz Regiment und Ordnung... geben durc Lienhart Frönspergen. *Franckfurt am Mayn, durch David Schöffel,* 1555, pet. in-fol. goth., fig., vélin.

Figures sur bois représentant des soldats en ordre de bataille et leurs armes.

1068. Regole Militari sopra il governo e servitio particolare della Cavalleria di Fr. Lodovico Melzo. *In Anversa,* 1611, in-4, pl., cart.

Frontispice et 16 planches gravées à l'eau-forte.

1069. Theatro Militare del Capitano Flaminio della Croce, Gentil'huomo Milanese. *Anversa, Henrico Aertssio,* 1617, in-4, fig., cuir de Russie, tr. marbr.

Orné de 15 figures gravées en taille-douce, d'art militaire.
Ex-libris Viollet-le-Duc.

1070. L'Art Militaire pour l'Infanterie. Par Jean Jaques de Walhausen, principal Capitaine des Gardes. Le tout

représenté par belles figures gravées en cuivre .
Leeuward, Claude Fontaine, 1630, pet. in-fol., titre
gravé et pl., vélin.

> Orné d'un titre gravé et de 34 planches sur cuivre de maniement
> de la pique et du mousquet et de différentes formations des troupes.

1071. Le Mareschal de Bataille, contenant le maniement
des armes, les évolutions de plusieurs bataillons tant
contre l'Infanterie que contre la Cavalerie ; divers ordres
de Batailles, etc., par le sieur de Lostelneau. *Paris,*
1647, in-fol., fig., vélin à recouvrements.

> 48 planches bien gravées sur cuivre, sont relatives au maniement
> et à l'exercice de la pique et du mousquet.

1072. Precetti militare... composti da Fr. Marzioli
Bresciano. *In Bologna,* 1673, pet. in-fol., front., portr.
et pl., vélin.

> Orné de 80 gravures en taille-douce, pour l'exercice de la pique,
> du mousquet et la formation des troupes en bataille.

1073. Les Travaux de Mars, ou l'Art de la guerre, divisé
en trois parties. Par Allain Manesson Mallet. Ouvrage
enrichi de plus de quatre cents planches gravées en
taille-douce. *Paris, Denys Thierry,* 1691, 3 vol. in-8,
front. et fig., veau.

> Cet ouvrage est très intéressant pour les planches sur la plupart
> desquelles on trouve soit le plan, soit la vue des villes de France et
> de l'étranger.
> Exemplaire du Chevalier VAULEARD.

1074. Commentarii bellici Raymondi S. R. I. Principis
Montecuccoli. Juncto artis Bellicæ systemate. *Viennæ
Austriæ,* 1718, pet. in-fol., fig., cart.

> Figures en taille-douce représentant des armes, des forteresses et
> des militaires en divers exercices.

1075. L'Etat Militaire de l'Empire Ottoman, ses progrès
et sa décadence, par Mr le Comte de Marsigli. *La Haye
et Amsterdam,* 1732, 2 part. en un vol. pet. in-fol.,
pl., veau.

> Diverses planches de formations, plans de batailles, cartes, etc.

1076. Art Militaire. (*Paris,* 1751), 3 vol. pet. in-fol., couv.
en papier.

> Extraits de l'Encyclopédie de Diderot et d'Alembert : *Art Militaire,*
> *Exercice, Evolutions. Fortifications* 38 pl. — *Machines de guerre,*
> *tactique,* etc. 34 pl. — *Artificiers,* 7 pl.
>   On y joint tiré du même ouvrage : *Armurier, Arquebusier, Coutelier*
> 10 pl. — et *Fourbisseur d'armes,* 10 pl.

1077. Mes Rêveries. Ouvrage posthume de Maurice Comte de Saxe, augmenté d'une histoire abrégée de sa vie, et de différentes pièces qui y ont rapport, par Monsieur l'abbé Pérau. *Amsterdam, Leipzig et Paris*, 1757, 2 vol. in-4, portr. et pl., veau fauve, dos orné, fil., tr. dor. (*Rel. anc.*)

> Bel exemplaire de cet ouvrage, orné de 84 planches coloriées, la plupart de plans de batailles. Quelques-unes cependant, par *Patte,* représentent des costumes militaires du dix-huitième siècle.

1078. Préjugés militaires, par un officier Autrichien (le Prince de Ligne). *A Kralovelhota*, 1780, 2 tomes en un vol. in-8, fig., cuir de Russie, dos orné, dent., fil. à froid, tabis, tr. dor. (*Bozérian.*)

> Ces deux volumes sont ornés d'une dédicace gravée et de 15 jolies vignettes en-têtes par *Choffard*, représentant les batailles auxquelles le Prince de Ligne avait assisté.
>
> Le deuxième volume intitulé : *Fantaisies militaires,* contient diverses planches de manœuvres avec militaires en uniformes et tableaux pliés.
>
> Exemplaire de Victor, duc de Saint-Simon Vermandois.

1079. Maniement d'armes d'Arquebuses, mousquetz, et piques, en conformité de l'ordre de Monseigneur le Prince Maurice d'Orange, représenté par figures par Jaques de Gheyn. Ensemble les enseignemens par escrit a l'utilité de tous amateurs des armes. *Amsterdam, Robert de Baudous*, 1608, in-fol., pl., veau. (*Rel. anc.*)

> Orné d'un titre gravé et de 117 planches sur cuivre.

1080. Le Maniement d'Armes de Nassau, avecq rondelles, piques, espées et targes ; representez par figures par Adam Van Breen. *La Haye, Tavernier*, 1618, in-4, pl., demi-rel.

> Orné de 48 planches gravées sur cuivre par *A. van Breen,* relatives au maniement de la pique, du sabre et du bouclier.

1081. Vertoogh Van de Kryghs-Oeffenninge, Soo in't particulier van Musquet en Spies. Als in't generael van een Corpus of Gros der Compagnien te Voet van de Guardes, van de Ed : Groot Mog : Heeren Staten van Hollandt ende West-Vriesland. By een gevoeght door Johan Boxel. *In's Graven-Hage, J. Scheltus*, 1670, 2 part. en un vol. in-4, pl., demi-rel. mar. bleu, tête dor.

> Orné de 2 frontispices et 82 planches par *J. Boxel,* pour la manœuvre du mousquet, de la pique et manœuvres d'ensemble.

1082. L'Art militaire françois, pour l'infanterie. Contenant l'exercice et le maniement des armes, tant des officiers que des soldats. Avec un petit abrégé de l'exercice tel qu'il se fait aujourd'huy, par Giffard. *Paris, Pierre Giffard,* 1696, pet. in-8, front. et fig., veau.

Frontispice et 85 planches gravées par *Giffart.* Curieux et rare.

1083. DIFFÉRENTES ATTITUDES DE LA CAVALERIE ET DE L'INFANTERIE dessinées et en partie gravées par Parrocel peintre ordinaire du Roy. *S. l. n. d. (Paris, vers* 1725), in-4, pl., veau.

Recueil de planches gravées à l'eau-forte. Il comprend 129 planches numérotées 1 à 82 et 100 à 149 (manque 3, 137 et 146).

Le même album renferme, du même artiste : 1º Recueil de différentes attitudes de Cavaliers et de Dragons. *Paris, Huquier, s. d. (vers* 1725), in-4, 12 pl.

2º 3 planches de fantassins, non numérotées.

3º 1 planche double différente. (nº 11).

Ensemble 145 planches gravées pour la plupart par *De Berey fils* et *Guélard.*

1084. Maniement d'armes des Gardes Françaises. *S. l. n. d. (Paris,* 1751), in-8, *en feuilles.*

Suite de 32 planches, dessinées par *Eisen* et gravées par *N. Le Mire.* Epreuves AVANT LA LETTRE.

1085. Exercice de l'Infanterie françoise ordonné par le Roy le 6 mai 1755, dessiné d'après nature dans toutes ses positions et gravé par S. R. Baudouin. (*Paris*), 1757, in-fol., fig., demi-rel.

Titre gravé par *Baudouin* d'après *Bouchardon,* avertissement et 63 planches, dont un frontispice, gravées par *Baudouin,* 9 ff. d'explications gravées et de Table.

1086. Planches gravées d'après plusieurs positions dans lesquelles doivent se trouver les soldats conformément à l'Ordonnance du Roi de l'exercice de l'Infanterie du 1er Janvier 1766. *S. l. n. d.,* in-4, titre gravé et pl. se dépliant, vélin, dos orné, armoiries royales, fil., *non rogné. (Rel. moderne.)*

Titre-frontispice, 10 planches se dépliant contenant 31 sujets ou figures militaires et un cul-de-lampe dessinés par *Gravelot,* gravés par *G. de La Haye.*

Gravelot était professeur de dessin à l'École militaire.

1087. Exercice et évolutions de l'Infanterie françoise, par Lattré. *Paris, Lattré,* 1766, in-8, titre, texte et pl. gravés, veau fauve, dos orné, fil., tr. dor. (*Rel. anc.*)

Orné de 67 planches et d'un frontispice par *Saint-Aubin.* Texte gravé. Toutes les gravures sont coloriées.

1088. Les Evolutions de la Cavalerie Françoise suivant l'ordonnance du 1er Juin 1766. *Paris, Lattré,* 1767, in-8, pl., *broché.*

> Volume entièrement gravé, orné de 3 pl. de cavaliers dans diverses positions, de 25 pl. d'évolutions et d'une grande planche se dépliant représentant les divers exercices de la cavalerie.

1089. Instructions militaires pour le Maniement des Armes, adopté par la Garde Nationale. Orné de 37 figures. Par Borel, citoyen-soldat. *Paris,* 1791, in-8, fig., cart.

> Orné de 32 planches très bien gravées de militaires dans différents costumes, exécutant divers mouvements. Rare.

1090. Planches relatives au Règlement concernant l'Exercice et les Manœuvres de l'Infanterie du 1er Août 1791. *Paris, Magimel,* 1793, in-12, pl., demi-rel.

> 40 planches au trait.

1091. Ordonnance du Roi du 6 Décembre 1829, sur l'exercice et les Evolutions de la Cavalerie. *Paris, Impr. Royale,* 1829, 2 vol. in-fol., pl., chagrin rouge, tr. marbr.

> L'album se compose de 130 planches relatives à l'instruction du cavalier et aux différentes évolutions de l'arme et de 16 pp. des différentes sonneries des troupes à cheval.
>
> Les cavaliers représentés sur les planches portent les différents costumes en usage dans la cavalerie à cette époque.

1092. Panoplie ou réunion de tout ce qui a trait à la Guerre, depuis l'origine de la nation française jusqu'à nos jours. Armes offensives et défensives, de l'homme et du cheval, engins, machines de siége et de bataille, duels, tournois, carrousels, etc., par J. B. L. Carré. *A Chaalons sur Marne, Pinteville-Bouchard,* 1795, un vol. in-4 de texte et un vol. in-fol. de pl., demi-rel.

> Ouvrage rare, renfermant 40 planches par *Carré,* gravées à la manière du lavis, donnant la représentation d'armes, armures, instruments de musique usités à toutes les époques, etc.
>
> Exemplaire contenant la grande planche du Tournoi.
>
> A la suite de l'album : Dessins des Armures complètes, Cuirasses, Casques, Boucliers, etc., par Dubois et Marchais. *Paris, Leloutre,* 1834, in-fol., titre et 12 planches au trait.

1093. La Armeria Real ou Collection des principales pièces de la Galerie d'Armes anciennes de Madrid. Dessins de **M.** Gaspard Sensi, texte de M. Achille

Jubinal. *Paris, Vve A. Morel et Cie, s. d.,* 3 vol. in-fol., pl., cart.

> 145 grandes planches coloriées d'après *G. Sensi* et vignettes dans le texte explicatif par *V. Sansonetti* et *Faxardo*.

b. *Scènes de Mœurs et Caricatures militaires.*

1094. Les Misères et les Malheurs de la Guerre. Représentez par Jacques Callot noble Lorrain, et mis en lumière par Israel son amy. *Paris,* 1633, in-4 obl., mar. rouge jans., tr. dor. (*Chambolle-Duru.*)

> Cette suite, le chef-d'œuvre de *Callot,* se compose de 18 pièces dont un titre.
>
> Belles épreuves du DEUXIÈME ÉTAT, avec les numéros et les vers français au bas de chaque pièce.

1095. Œuvres de J. Callot, 1635, en un vol. in-12, mar. bleu, fil., tr. dor. (*Rel. anc.*)

> Ce recueil comprend : 1° *Exercices militaires fait par Noble J. Callot, mis en lumière par Israel son amy,* 1635, titre et 12 pl.
>
> 2° *Les Fantaisies de Noble J. Callot, mises en lumière par Israel son amy,* 1635, titre et 12 pl.
>
> 3° *La Vie de l'Enfant prodigue faite par noble J. Callot et mise en lumière par Israel son amy,* 1635, titre et 10 pl.
>
> 4° 5 planches diverses : *Saints et Sainte,* 4 pl. et *Misère de la Guerre,* 1 pl.
>
> Ensemble 42 planches par *J. Callot,* collées à plat.

1096. Les Exercices de Mars, par N. Guérard. *Paris, s. d.* (*vers* 1700), in-4 obl., cart.

> Suite de 23 planches en taille-douce (sur 24, le titre manquant), de costumes militaires, scènes de la vie militaire, exercices de cavaliers, punitions infligées aux soldats, etc.

1097. Nouveau Cahier de Soldats par Jean-Alexandre Chevalier. *Paris, Niquet,* 1770, pet. in-4 obl., vélin.

> 6 charmantes eaux-fortes : scènes militaires, la cantine, le duel, bal au camp, etc.

1098. Vues de batailles et de scènes militaires, par Chédel. *Paris, Vve de Fr. Chéreau, s. d.* (*vers* 1780), in-4 obl., cart.

> Suite de 6 planches numérotées, dessinées et gravées par *Chedel :* Corps de garde, Bataille, Reddition d'une place, Châtiment militaire, etc.

1099. Album lithographique ou Recueil de Dessins sur pierre, par des Artistes français. *Paris, F. Delpech,* (1821), in-4 obl., cart. toile, couv.

> 20 planches lithographiées d'après les dessins de MM. *Carle et Horace Vernet, Charlet* et *H. Lecomte,* la plupart de scènes militaires.

1100. Album lithographique par Horace Vernet. *Paris, Delpech, s. d. (vers* 1830), in-4 obl., demi-rel., *non rogné.*

> 9 planches lithographiées. Quelques-unes représentent des sujets militaires.

1101. Album de 1827, par Raffet. *Paris, lith. de Villain,* (1827), in-4 obl., cart.

> Suite complète d'un titre et 10 lithographies par *Raffet.* Scènes militaires.

1102. Croquis pour l'amusement des enfants, par Raffet. *Paris, Gihaut frères et London,* 1828-1829, in-4 obl., cart. toile, couv.

> 20 planches lithographiées de Premier tirage, comprenant près de 120 sujets, parmi lesquels nous citerons : *Batterie d'artillerie défilant au galop devant un moulin* et *Attaque d'un pont par la Cavalerie française.*
> A la suite, 8 planches lithographiées avec 34 sujets par *Raffet,* formant la 2ᵉ série de cet album.
> Ensemble 28 planches et couverture.

1103. Albums lithographiques par Raffet. Années 1830 à 1837. *Paris, Gihaut frères,* 1830-1837, 8 part. en 2 vol. in-4 obl., demi-rel. dos et coins de mar. rouge, dos orné, tête dor., *ébarbés.*

> Ces 8 albums renferment ensemble 96 lithographies de *Raffet* parmi lesquelles se trouvent les pièces les plus importantes de l'épopée Napoléonienne. Premier tirage. 5 feuillets de couvertures et 2 titres conservés. Ensemble 103 planches.

1104. Histoire de Jean-Jean depuis son départ jusqu'à son retour dans ses foyers par Raffet. *Paris, Gihaut frères (lith. de Villain), s. d.* (1827), in-4, obl., cart. toile.

> Suite complète de 16 lithographies coloriées.

1105. Histoire de Jean-Jean par Raffet. *Paris, s. d.* (1827), in-4, cart. toile, *non rogné,* couv.

> **Planches en noir.**

1106. Album lithographique, par H. Bellangé. *Paris,
Gihaut frères (lith. de Villain)*, 1825, in-4, pl., demi-
rel. dos et coins de mar. rouge.

Titre et 14 lithographies, la plupart de sujets militaires.

1107. Pièces d'Albums lithographiques par Charlet.
Paris, 1822-1837, in-4, *en feuilles.*

200 planches lithographiées, la plupart de sujets militaires. Marges
inégales. Quelques planches sont en double.
On y joint 80 planches lithographiées ou gravées, la plupart AVANT
LA LETTRE.
Ensemble 280 planches.

1108. Croquis par Charlet. *Bruxelles et La Haye (lith.
de De Wasme-Pletincks)*, s. d. (*vers* 1830), in-4 obl.,
cart. toile, couv.

Suite complète de 12 lithographies coloriées. Plusieurs scènes
militaires.

1109. Alphabet Moral et Philosophique, à l'usage des
petits et des grands enfans, par Charlet. *Paris, Gihaut
freres*, 1835, in-4 obl., cart., *non rogné.*

Suite complète de 25 lithographies. Nombreuses scènes militaires.
Premier plat de couverture conservée.

1110. Album militaire par V. Adam. *Paris, Jeannin
(lith. de Lemercier)*, 1834, in-4 obl., cart. toile, couv.

8 planches de scènes militaires lithographiées par *V. Adam* et
coloriées.

1111. La Charge en 12 temps, ou la vie d'un soldat par
Victor Adam. *Paris, Gache, s. d.*, in-4 obl., pl., cart.

On y joint : *Ah quel plaisir d'être soldat !* par Randon, album in-4
obl., demi-rel.

1112. Album d'Afrique, Costumes français et Indigènes,
Scènes de Mœurs, Sujets militaires au bivouac et en
campagne, dessinés d'après nature et lithographiés par
Benjamin Roubaud. *Paris, Gihaut frères (lith. d'Auguste Bry), s. d. (vers* 1840), in-fol. obl., pl., cart.,
non rogné, couv.

Suite de 12 planches lithographiées en couleur, dont 6 de scènes
militaires.

1113. Militairiana. *Paris, A. de Vresse, s. d. (vers* 1840),
in-4, couv. en papier.

Titre et 60 lithographies coloriées par *Ch. Jacque*, avec 75 sujets
de charges militaires.

1114. Tribulations de la Garde nationale par Bouchot. *Aubert, s. d.*, in-4, cart.

27 planches lithographiées et coloriées. Rare.

1115. A la Guerre comme à la Guerre, Variantes lithographiques, sur le thème bien connu : Ah! quel plaisir d'être soldat. Par **Cham**. *Paris, Aubert et Cⁱᵉ, s. d.* (*vers* 1850), in-4.

Titre et 30 planches lithographiées et coloriées.

1116. Draner. Types militaires (Français et Etrangers). *Paris, (impr. Lemercier et Becquet), s. d.* (1862-1868), in-fol., *en feuilles*.

Collection de 132 (sur 136) planches de costumes militaires coloriés. Cette série, faite sous forme de charge, est en général très exacte au point de vue du costume.

1117. The Military adventures of Johnny Newcome, with an account of his Campaign on the Peninsula and in Pall Mall : with Sketches, by Rowlandson, and Notes. By an officier. *London, P. Martin*, 1816, in-8, front. et fig., demi-rel. dos et coins de veau fauve, dos orné, *non rogné. (Champs.)*

Frontispice et 14 planches coloriées par *Rowlandson*.

1118. Military Caricatures, by T. S. **Seccombe**. *S. l. n. d.* (*vers* 1850), in-fol., *en feuilles*.

6 lithographies coloriées.

1119. Military Incidents. *S. l. n. d.* (*vers* 1875), in-fol. obl., *en feuilles*.

6 planches coloriées de scènes militaires anglaises, dessinées par *C. B. Newhouse* et gravées par *R. G. Reeve*.

1120. Kriegsscenen aus den jahren 1813 bis 1815, **zur** Erinnerung für ehemalige Krieger und zum Nachzeichnen und Illuminiren für kleine Lieute, in 12 herrlichen Skizzen von Leopold Beyer. *Dresden, Friese, s. d.* vers 1815), pet. in-4 obl., *en feuilles* dans un carton.

12 planches de scènes militaires gravées à l'eau-forte.

1121. Französische-Gruppen nach der natur. *Wien, M. Trentsensky, s. d.* (*vers* 1815), in-fol. obl., cart.

10 lithographies par *Klein* sur papier teinté de scènes militaires françaises pendant la campagne d'Autriche sous Napoléon Iᵉʳ.

1122. Scènes de Mœurs militaires Russes. *Nüremberg,* (1815-1819), in-4 obl., *en feuilles*.

5 planches à l'eau-forte par *J. A. Klein*. Une planche plus courte.

D. — SPORTS.
EXERCICES GYMNASTIQUES.
JEUX.

I. — LUTTE. — ESCRIME.
EQUITATION. — CHASSE, etc.

1123. The Sports and Pastimes of the People of England. Including the Rural and Domestic Recreations, May-Games, Mummeries, etc., from the earliest period to the present time. By Joseph Strutt. *London*, 1810, in-4, pl., demi-rel.

> Orné d'un frontispice et de 39 curieuses planches coloriées d'après d'anciennes peintures, avec plus de 100 sujets, représentant les différents sports, jeux et amusements des Anglais.

1124. Foreign Field Sports, Fisheries, Sporting Anecdotes, etc. From Drawings by Messrs. Howitt, Atkinson, Clark, Manskirch, etc. Containing 100 Plates. With a Supplement of New South Wales. *London, Edw. Orme*, 1814, 2 part. en un vol in-4, fig., cuir de Russie, dent. à froid, tr. marbr.

> Orné de 100 curieuses planches coloriées relatives à toutes sortes de chasses et de pêches, dont 13 planches consacrées aux courses de taureaux. Le supplément est orné de 10 planches relatives aux chasses et mœurs des habitants de la Nouvelle Galle du Sud.
> Ensemble 110 belles planches coloriées.

1125. The Annals of Sporting and Fancy Gazette; A Magazine entirely appropriated to Sporting Subjects and Fancy pursuits... *London*, 1822, 2 vol. in-8, front. et fig., demi-rel., tr. peigne.

> Orné de 24 planches (dont 22 coloriées) relatives aux divers sports, par *Sherwood, Alken,* etc.

1126. Alken's New Sketch-Book. *London, S. and J. Fuller, s. d. (vers* 1824), in-4 obl., cart.

> 40 lithographies coloriées : sujets de chasses, militaires, chevaux, attelages, etc.
> La plupart des planches sont à plusieurs sujets. Cartonnage original.

1127. L'Art de la Lutte (texte hollandais). *T' Amsterdam, J. J. van Waesberge,* 1674, in-4, pl., vélin.

71 planches par *Romain de Hoghe* sur l'art de la lutte.

1128. ACADÉMIE DE L'ESPÉE de Girard Thibault d'Anvers, où se démonstrent par reigles mathematiques sur le fondement d'un cercle mysterieux, la theorie et pratique des vrais et jusqu'a present incognus secrets du maniement des armes à pied et à cheval. (*Leyde, Elvezier*), 1628, in-fol., titre gravé, portr. et pl., demi-rel. dos et coins de vélin blanc.

Recueil des 57 belles planches gravées en taille-douce par *Crispin de Pas, Matham, Bolswert,* etc., qui ornent cet ouvrage, le plus beau qui ait été publié sur l'escrime.
Le titre, le portrait et les 9 planches de devises et armoiries sont remontés à plat.

1129. Nouveau Traité de la perfection sur le fait des armes. Par le S⟨r⟩ P. J. F. Girard. Enseignant la manière de combattre, de l'épée de pointe seule, toutes les gardes étrangères, l'espadon, les piques, hallebardes, etc. Orné de figures en taille douce. *Paris, Moette,* 1736, in-4 obl., fig., veau.

PREMIÈRE ÉDITION. Bel exemplaire bien complet avec le frontispice gravé sur une garde de sabre, le portrait de l'auteur et 116 planches sur cuivre.

1130. L'Ecole des Armes avec l'explication des principales attitudes et positions concernant l'Escrime. Dédiée à leurs Altesses Royales les princes Guillaume-Henry et Henri-Frédéric. Par M. Angelo. *Londres, Dodsley,* 1763, in-fol. oblong, fig., demi-rel.

PREMIÈRE ÉDITION de cet important traité d'escrime, orné de 47 très belles planches par *Gwyn, Ryland, Hall, Chamber,* etc.
Exemplaire bien complet, renfermant la liste des souscripteurs. Quelques taches.

1131. L'Art des Armes, ou la manière la plus certaine de se servir utilement de l'Epée, par M. Danet. *Paris,* 1766-1767, 2 vol. in-8, portr., front. et 45 fig., veau. (*Rel. anc.*)

Ouvrage classique sur l'art de l'escrime.

1132. L'Art des Armes simplifié : ou Nouveau Traité sur la manière de se servir de l'Epée. Enrichi de figures en taille douce. Nouvelle édition reveue, corrigée : et

.augmentée. Par M. Olivier. *Londres, J. Bell*, 1780, in-8, pl., veau.

> Textes anglais et francais. 14 planches par *Roberts*.

1133. Oplomachia di Bonaventura Pistofilo, nobile Ferrarese. Nella quale con dottrina morale, politica, e militare, e col mezzo delle figure si tratta per via di teorica, e di pratica del maneggio, e dell' uso delle Armi. Distinta in tre discorsi di Picca, d'Alabarda, e di Moschetto. *Siena, H. Gori*, 1621, pet. in-4 obl., titre gravé et fig., vélin.

> · Titre gravé, 2 portraits et 54 planches gravées sur cuivre pour le maniement des piques (35), des hallebardes (4) et des mousquets (15).

1134. L'Arte di ben maneggiare la Spada di Francesco Alfieri. Con l'aggiunta dello Spadone. *In Padova, Seb. Sardi*, 1653, 3 part. en un vol. in-4 obl., front., portr. et pl., vélin.

> Orné de 35 planches (sur 37) pour l'escrime et 17 planches pour l'épée.
> A la suite, du même auteur : La Picca, e la Bandiera. *Padova*, 1638-1641, 2 part. en un vol. in-4 obl., avec 12 et 28 planches.

1135. Histoire pittoresque de l'Equitation ancienne et moderne, par Ch. Aubry. *Paris, Motte, s. d.* (1833), in-fol., pl., *dérelié*.

> Titre gravé et 24 planches lithographiées.

1136. L'Instruction du Roy en l'exercice de monter a cheval par Messire Antoine de Pluvinel. Lequel respondant à Sa Majesté luy faict remarquer l'excellence de sa méthode pour réduire les chevaux en peu de temps à l'obeyssance des justes proportions de tous les plus beaux airs et maneiges. Le tout enrichy de grandes figures en taille-douce, desseignées et gravées par Crispian de Pas le Jeune. *Paris, Pierre Rocolet*, 1627, in-fol., front., portr. et fig., veau, fil., tr. dor.,

> Titre gravé, 3 portraits du Roi, de M. de Pluvinel et de Menou de Charnizay et 58 planches d'équitation, courses de têtes et de bagues, armures, mors, etc.

1137. Methode et Invention Nouvelle de dresser les Chevaux, par le tres noble...prince Guillaume, marquis et comte de Newcastle, baron de Bolsover et Ogle, seigneur de Cavendish, etc. Œuvre auquel on apprend à travailler les chevaux selon la nature et à parfaire la nature par la subtilité de l'Art ; traduit de l'anglois de l'auteur, par son commandement, et enrichy de plus de quarante belles Figures en taille douce. Seconde édition. *Londres, Jean Brindley*, 1737, in-fol., front., portr. et pl., veau.

> Le traité d'équitation de Cavendish est un des plus importants écrits sur ce sujet.
> Seconde édition ornée de 43 belles planches dessinées par *Diepenbecke* gravées par *Lucas Vosterman*.
> La reliure, qui a été restaurée, porte dans les angles des plats des ornements avec dauphins.

1138. Ecole de Cavalerie, contenant la connoissance, l'instruction et la conservation du cheval. Avec figures en taille douce. Par M. de La Guérinière. *Paris, J. Collombat*, 1733, in-fol., front. et fig., veau marbré, pet. dent., tr. dor.

> Un des traités les plus importants sur l'art de l'équitation.
> PREMIÈRE ÉDITION ornée de planches et portraits d'écuyers d'après *Parrocel*.

1139. École de Cavalerie contenant : la connoissance, l'instruction et la conservation du cheval. Par M. de La Guérinière. *Paris et Metz*, 1802, 2 vol. in-8, fig., demi-rel. veau.

> Portrait et 32 planches par *Adam* d'après *Parrocel*.
> Dans cette nouvelle édition les cavaliers sont habillés de costumes militaires de l'époque.

1140. L'Art de monter à cheval, ou Description du Manège moderne, dans sa perfection, expliqué par des leçons nécessaires et représenté par des figures exactes, par le baron d'Eisenberg et gravé par B. Picart. *La Haye*, 1733, in-fol. oblong, front. et fig., demi-rel.

> Frontispice et 59 planches.

1141. L'Art de monter à cheval ou Description du Manége moderne, dans sa perfection, par le baron d'Eisenberg et gravé par B. Picart. Nouvelle édition augmentée d'un Dictionnaire des Termes du Manège moderne. *Amsterdam et Leipzig*, 1757-1759, 2 part. en un vol. pet. in-fol. obl., front. et fig., demi-rel. veau marbr., tête rouge, *non rogné*. (*Thierry*.)

> Frontispice et 59 planches.
> Le même volume contient: Anti-Maquignonage pour éviter la surprise dans l'emplette des chevaux. Par le baron d'Eisenberg. *Amsterdam et Leipzig*, 1764, pet. in-fol. obl., avec 9 pl.

1142. Différentes sortes de Chevaux, par J. E. Ridinger. *Augsbourg, s. d. (vers 1750)*, in-fol., demi-rel. veau.

> 32 planches gravées par *M. El. Ridinger* et *J. G. Seuter* d'après *J. E. Ridinger*. Chevaux de différentes races conduits ou montés par des cavaliers recouverts de costumes variés.

1143. Representation et description de toutes les leçons des Chevaux de Manege et de la Campagne, dans quelles occasions on s'en puisse servir (par Ridinger). *Augsburg,* 1760, in-4, fig., demi-rel. dos et coins de veau gris, *non rogné.*

> Orné de 46 planches gravées.
> A la suite : *Remarques du Carousel,* avec 16 planches gravées.
> Ensemble 62 planches. Rare.

1144. La Science et l'Art de l'Equitation, demontrés d'après la nature ; ou théorie et pratique de l'équitation, par M. Dupaty de Clam. *Paris, impr. de Fr.-Amb. Didot,* 1776, in-4, 9 pl., veau.

1145. De l'Equitation et des Haras, par le Comte Savary de Lancosme-Brèves. Dessins par E. Giraud. *Paris, Rigo frères,* 1842, in-4, pl. et fig., demi-rel.

> Les planches hors texte sont tirées sur PAPIER DE CHINE.

1146. Equitation des Dames, par P. A. Aubert. *Paris,* 1842, in-8, pl., demi-rel. dos et coins de mar. bleu, dos orné, tr. marbr., couv.

> Frontispice et 20 planches lithographiées par *H. de Montpezat.*

1147. E. Barroil. L'Art équestre. Traité de haute école d'Equitation. Iconographie des allures et des changements d'allures. Introduction du Capitaine Raabe. 177 vignettes et attitudes, dessins de G. Parquet. *Paris, Rothschild,* 1887, in-8, pl. et fig., demi-rel. mar. brun, dos orné, tête dor., *non rogné,* couv.

> Envoi autographe de l'auteur.

1148. L. Vallet. Le Chic à Cheval. Histoire pittoresque de l'Equitation. Préface de M. Henri Lavedan. *Paris, F. Didot et Cie,* 1891, in-4, fig. et pl., cart. toile, fers spéciaux, *non rogné.*

> Cet ouvrage est orné de plus de 300 gravures dont 50 en couleurs d'après les dessins de l'auteur.
> Aquarelle originale de *L. Vallet* sur le faux-titre. Envoi d'auteur.

1149. L. Vallet. A travers l'Europe. Croquis de Cavalerie. Préface de M. Roger de Beauvoir. *Paris, F. Didot et Cie*, 1893, in-4, fig. et pl., *en feuilles*, couv., dans un carton.

> Cet ouvrage est illustré de 300 gravures dans le texte et de 50 en couleurs d'après les dessins de l'auteur.
> Exemplaire numéroté, imprimé sur Papier du Japon.
> Important pour les costumes de cavalerie française et étrangère.

1150. Albums de Victor Adam, Crafty, etc., sur l'Equitation et les Voitures. *Paris, s. d.*, 6 albums in-4 obl., cart.

> L'équitation et ses charmes. — Restez chez vous pour éviter les accidents de voiture. — Snob à Paris. — Le chapitre des accidents, etc.

1151. Le Cirque Olympique, ou les Exercices des Chevaux de MM. Franconi, du Cerf Coco, etc. Par Mme B. née de V. *Paris, Nepveu*, 1817, in-12, fig., veau, tr. dor.

> 26 sujets coloriés tirés sur 16 planches.

1152. The History and Delineation of the Horse, in all his varieties, by John Lawrence. *London*, 1809, in-4, front. et pl., demi-rel. dos et coins de mar. bleu, *non rogné*. (*Purgold.*)

> Nombreuses planches par *Marshall* et *Scott*.

1153. The Beauties and Defects in the Figure of the Horse Comparatively Delineated by H. Alken. *London, S. and J. Fuller, s. d.* (1816), in-4, cart., *non rogné*.

> Titre gravé et 18 planches coloriées. Cartonnage original.

1154. Les Tournois du Roi René, d'après le manuscrit et les dessins originaux de la Bibliothèque royale. Publiés par MM. Champollion-Figeac, pour le texte et les notes explicatives; L. J. J. Dubois, pour les dessins et les planches coloriées; Ch. Motte, lithographe. *Paris, Ch. Motte*, 1826, gr. in-fol., pl., cart., *non rogné*.

> Grand papier. Frontispice et 20 planches lithographiées et coloriées à l'imitation des miniatures originales. Tiré à petit nombre.

1155. Georges Ruxner. Thurnier Buch von Anfang, Ursachen, Ursprung und Herkommen, der Thurnier im heyligen Römischen Reich Teutscher Nation, wie viel offentlicher Landthurnier, von Keyser Heinrich dem

Ersten dieses Namens an, biss auff Keyser Maximilian, etc. *Franckfurt am Mayn*, 1566, 2 part. en un vol. in-fol., fig. sur bois, vélin, tr. rouge ciselée.

> Le livre des Tournois : commencement, causes, origine et introduction des tournois dans le Saint Empire romain-allemand. Tournois à partir de l'empereur Henri Ier jusqu'à l'empereur Maximilien.
>
> PREMIÈRE ÉDITION ornée des figures gravées sur bois de *Jost Ammann*. Bel exemplaire dans sa première reliure.

1156. Il Torneo di Bonaventura Pistofilo. *In Bologna*, 1627, in-4, portr. et fig., vélin.

> PREMIÈRE ÉDITION ornée de 117 planches en taille-douce sur le maniement de la lance et de l'épée.
>
> Très bel exemplaire imprimé sur PAPIER FORT.

1157. Der Rittersaal. Eine Geschichte Ritterthums, seines Entstehens und Fortgangs, seiner Gebräuche und Sitten. Artistisch erläutert von Friedrich Martin von Reibisch ; historisch beleuchtet von Dr. Franz Kottenkamp. *Stuttgart, C. Hoffmann*, 1842, in-4 obl., pl., cart. toile.

> 62 planches coloriées, avec rehauts d'or et d'argent, de tournois, chevaliers, armes, etc.

1158. Talhofer. Ein Beytrag zur Literatur der gerichtlichen Zweykæmpfe im Mittelalter von Dr. Hathanael Schlichtegroll. *München*, 1817, in-fol. obl., cart.

> Orné de 6 planches au trait de combats singuliers, reproduites d'après le *Livre de Combats de Talhofer* de 1467, qui se trouvait à la bibliothèque ducale de Gotha au commencement du XIXe siècle.

1159. Voitures et Omnibus de Paris, par H. Lœillot. *Paris, Gihaut, s. d.* (1824), in-4 obl., *en feuilles.*

> Suite complète de 16 lithographies aussi curieuses par la représentation des différentes voitures employées à l'époque, que par les scènes parisiennes et les costumes.

1160. Voitures, par Lœillot. *Paris, lith. de Delpech, s. d.* (*vers* 1830), in-4 obl., *en feuilles.*

> Suite de 8 lithographies coloriées : Coucou, Diligence, Fiacre, Malle-poste, Omnibus, Parisienne, A Stage-Coach, les Voyageurs anglais.

1161. Suite de Voitures par Raffet. *Paris, Gihaut frères,* (*lith. de Villain et Gihaut*), *s. d.* (*vers* 1830), in-fol. obl., *en feuilles.*

> Suite complète des 8 lithographies de *Raffet.*

1162. Voitures, Attelages, Courses, par **V.** Adam. *Paris,
Jeannin, (impr. Lemercier), s. d.*, (*vers* 1830), in-fol.
obl., cart. toile, fers spéciaux, tr. dor.

> 18 lithographies coloriées par *V. Adam.*
> Le même album renferme, du même artiste : 1° *Cirque National
> des Champs-Elysées,* 6 lithographies coloriées. 2° *Scènes Parisiennes,*
> 6 lithographies coloriées.
> Ensemble 30 belles planches.

1163. Collection Guiet. Histoire des Voitures et des Attelages. 20 planches originales en couleurs par L. Vallet.
Paris, G. Guiet, 1896, in-fol., pl., *en feuilles,* dans un
carton.

> Jolie collection.

1164. Le vrai Patineur ou principes sur l'Art de Patiner
avec grâce ; le tout orné de gravures représentant les
principales attitudes du Patineur. Par J^n Garcin. *Paris,*
1813, in-12, front. et 8 pl. coloriées, cart., *non rogné.*

1165. Chasses anciennes d'après les manuscrits des XIVe
et XVe siècles, par Ch. Aubry. *Paris, Ch. Motte,*
(1837), in-fol., pl., *dérelié.*

> Titre et 12 planches lithographiées.

1166. Chasseurs et Fauconniers. Recueil de gravures de
chasse, dessinées et gravées par J. Elias Ridinger.
Augsbourg, s. d. (1764), in-fol., demi-rel.

> Suite complète de 25 estampes numérotées de A à Z. Chasses à
> courre, à tir et au faucon. Cette suite a été publiée sans titre. Les
> planches sont gravées par *Martin Elias Ridinger.*

1167. Le Vieux Chasseur par Theop. Deyeux. Edition
Keepsake. *Paris, Houdaille,* 1837, in-8, titre gravé
et fig., demi-rel. veau vert, dos orné d'animaux de
chasse. (*Rel. du temps.*)

> Titre lithographié tiré en bistre et 52 lithographies dont le frontispice
> par *E. Forest.*

1168. Les Chasses et le Sport en Hongrie d'après l'original
hongrois de MM. les comtes Andrasy, Maur, Sandor,
Béla Festetits. Traduit par Durringer et Schwiedland.
Orné de 25 tableaux lithographiés en couleurs. *Pest,
s. d.* (1858), in-fol., cart.

> Superbe publication tirée à petit nombre. Très belles planches en
> couleurs.

1169. Scènes de chasse, par Decamps. *Paris, Gihaut frères, s. d.* (1829), in-4 obl., cart. toile.

> 8 lithographies par *Decamps* : Chasse au Loup, Retour de la Chasse, Le Chenil, L'Escalade, etc. Les 2 dernières planches sont AVANT LA LETTRE.
>
> On y joint : Decamps. Croquis. *Paris, Gihaut, s. d. (vers* 1830), in-4 obl., 12 pl., cart.

1170. Douze sujets de Chasse au tir dessinés sur pierre par Francis Grenier. *Paris, lith. Ch. Motte,* 1829, in-4, obl., pl., cart., *non rogné,* couv.

> Suite complète de 12 lithograpihes sur PAPIER DE CHINE.

1171. Tauromaquia o Arte de Torear à caballo y à pie : obra escrita por el celebre professor Josef Delgado (vulgo) Hillo. *Madrid, s. d.* (1804), in-12, pl., *dérelié.*

> Orné de 30 planches coloriées.

1172. Coleccion de las principales suertes de una Corrida de Toros. Grabada por Luis Fernandez Noseret. *S. l. n. d. (Madrid, vers* 1815), in-4 obl., cart.

> Titre et 12 planches gravées et coloriées par *Noseret.*
> Série impoftante et curieuse relative aux courses de taureaux.

1173. Tauromachia or the Bull-Fights of Spain, illustrated by 26 plates representing the most remarquable Incidents and Scenes in the Arenas of Madrid, Seville, and Cadiz. The whole Drawn and Lithographed by Lake Price : with preliminary Explanations by Richard Ford. *London, J. Hogarth,* 1852, in-fol., pl., demi-rel. du temps.

> Frontispice et 25 planches relatives aux diverses scènes des Courses de Taureaux.
> Important pour les costumes des matadors, picadors, etc.

II. — DANSE. — JEUX.

1174. G. Vuillier. La Danse. *Paris, Hachette et Cte,* 1898, gr. in-8, portr., pl. et fig., mar. bleu, dos orné, fers spéciaux, tr. dor. et jaspée, couv. (*Pouillet.*)

> Nombreuses illustrations en noir et teintées.

1175. Raoul Charbonnel. La Danse. Comment on dansait, comment on danse. Technique de Mme Berthe Bernay. Notation musicale de MM. F. Casadesus et J. Maugué. Illustrations de M. Valvérane. *Paris, Garnier frères,*

s. d., gr. in-8, fig. en noir et en couleurs, demi-rel. dos
et coins de mar. bleu, dos orné, tête dor., *non rogné*,
couv. (*Pouillet.*)

1176. The Rudiments of Genteel Behavior, by F. Nivelon.
S. l. (*Londres*), 1737, in-4, titre gravé et fig., demi-rel.
dos et coins de chagrin rouge.

> Très curieux cours de maintien à l'usage des jeunes filles et des
> jeunes gens. Il est orné de 12 figures gravées par *Boitard*, d'après
> *Dandrige*, manière de saluer, de danser, de se promener, etc.

1177. La Danse des Noces par Hans Scheufelein, repro-
duite par J. Schratt et publiée par E. Tross. Avec une
notice biographique par M. le Dr Andresen. *Paris,
Tross*, 1865, pet. in-fol., 21 pl., cart. toile, *non rogné.*

1178. Les 12 Positions de la Danse Allemande, utile à la
belle Jeunesse. *S. l. n. d.* (*vers* 1780), in-4, obl., *en
feuilles.*

> 4 planches à 3 groupes de personnages chacune.
> Epreuves coloriées. Raccommodages.

1179. Balet comique de la Royne, faict aux nopces de
Monsieur le duc de Joyeuse et Mademoyselle de
Vaudemont sa sœur. Par Baltazar de Beaujoyeulx,
valet de chambre du Roy, et de la Royne sa mère.
Paris, Adrian Le Roy, 1582, in-4, fig., demi-rel. dos
et coins de veau fauve, tr. bleue.

> Premier essai d'opéra en France. Le volume est orné de 27 planches
> gravées sur cuivre d'après les dessins de *Jacques Patin*. L'une des
> plus importantes représente l'intérieur de la salle de Bourbon où
> le spectacle fut donné, avec tous les spectateurs, le roi et la reine,
> les acteurs et aussi les machines du ballet. La musique imprimée est
> l'œuvre de maître Salomon aidé par Beaulieu.
> Le volume contient toutes les poésies qui furent récitées ou chantées
> pendant le ballet ; ces poésies étaient l'œuvre de La Chesnaye,
> aumônier du Roy, dont on ne cite guère d'autres ouvrages.
> Bel exemplaire de ce très rare volume.

1180. Nuove inventioni di Balli, opera vaghissima di
Cesare Negri Milanese. Con figure bellissime in rame, et
regolo della musica. *In Milano*, 1604, pet. in-fol.,
portr. et fig., veau.

> Rare et curieux volume orné du portrait de l'auteur et de 58 planches,
> gravées à l'eau-forte et tirées dans le texte. Les dessins de ces planches
> sont dus à *Mauro Rovera* et les gravures à *L. Pallavicino.*
> Ces gravures représentent les figures diverses d'un ballet intitulé
> *Le Gratie d'amoro*, elles sont fort curieuses au point de vue des
> costumes.
> Musique imprimée en caractères mobiles.

1181. G. Vuillier. Plaisirs et Jeux depuis les Origines. 279 planches et vignettes d'après des peintures, estampes et dessins originaux. 19 héliogravures. Frontispice d'après une aquarelle de l'auteur. *Paris, J. Rothschild*, 1900, gr. in-8, fig. et pl., demi-rel. dos et coins de mar. rose, dos orné en mosaïque, tête dor., *non rogné*, couv. (*Pouillet.*)

Fontispice en couleur et nombreuses illustrations en diverses teintes.

1182. Sports et Jeux d'adresse, par Henry René d'Allemagne. *Paris, Hachette et Cie*, s. d., in-4, fig. en noir et en couleur, cart. avec décors spéciaux en couleurs, tête dor.

Orné de 457 illustrations dont 100 hors texte et 29 planches coloriées à l'aquarelle.

1183. Augustin de Saint-Aubin. C'est ici les différents Jeux des Petits Polissons de Paris. *Paris, chez l'Auteur, s. d. (vers 1770)*, in-4, mar. rouge, riches encadrements de fil., tr. dor. (*Gruel.*)

Suite complète de 6 planches dessinées et gravées par *A. de Saint-Aubin.*

Le même album renferme : Mes Gens ou les Commissionnaires Ultramontains au service de qui veut les payer. *Paris, Basan et St-Aubin, s. d. (vers 1775)*, in-4 de 7 planches dessinées par *A. de St-Aubin* et gravées par *J.-B. Tillard.* Cette suite est remargée.

Ensemble 13 planches par *A. de St-Aubin.* La planche 7 de *Mes Gens* est en épreuve d'artiste.

1184. Le Bon Génie, Journal des Enfants. *Paris, impr. de J. Didot aîné, 9 mai 1824 — 12 avril 1829*, 5 vol. in-4, pl., mar. violet, fil. dorés et ornements à froid, tr. dor. (*Rel. de l'époque.*)

Collection complète de ce journal publié en 260 livraisons et orné de 80 lithographies par *Murlet.*

Non cité dans Hatin : *Bibliographie de la presse périodique française.*

1185. Etudes d'Enfants par Gavarni. *Paris, lith. de Gihaut frères et London, s. d. (1840)*, in-4, cart.

Suite complète de 12 belles lithographies coloriées par *Gavarni.* Rare.

1186. Leo Claretie. Les Jouets. — Histoire. — Fabrication. 300 vignettes dans le texte et 13 planches hors texte dont 6 en couleurs. *Paris, May et Motteroz, s. d.*, in-4, pl. et fig., cart. toile, fers spéciaux, tr. dor.

1187. **Ernest Maindron.** Marionnettes et Guignols. Les Poupées agissantes et parlantes à travers les âges. Ouvrage illustré de 8 planches en couleurs et de 148 planches ou figures en noir. *Paris, F. Juven,* s. d., in-4, pl. et fig., cart., *non rogné,* couv.

1188. Poupées et Légendes de France, par Mlle Marie Kœnig. Préface de M. Maurice Bouchor. Illustrations d'après les dessins de M. P. Mathey. *Paris, Librairie Centrale des Beaux-Arts, s. d.,* in-4, fig. en couleurs, cart., tête dor., *non rogné.*

Costumes des provinces de France.

1189. **The Birth-Day· Gift or the Joy of a New Doll.** *London,* 1796, in-4 obl., demi-rel. dos et coins de mar. bleu.

Titre et 7 planches de jeux de fillettes gravées par P. W. Tomkins.

TABLE DES DIVISIONS

LIVRES SUR LA TOPOGRAPHIE, LES COSTUMES, LES MŒURS, etc.

LILLE, IMPRIMERIE L. DANEL.

LA
COLLECTION DUTUIT

LIVRES ET MANUSCRITS

Superbe volume in-folio, de 4 ff. préliminaires, 328 pages et 42 pages planches hors texte.

TIRAGE LIMITÉ A 350 EXEMPLAIRES.

Prix de l'Exemplaire. . . . .   **200 francs.**

Ce Catalogue contient la description raisonnée de **789** ouvrages ; il est imprimé avec le plus grand luxe par L. Danel, de Lille, sur BEAU PAPIER DE HOLLANDE, fabriqué aux Papeteries du Marais ; toutes les pages étant encadrées d'un filet rouge.

Ce volume est orné :

1º De 33 planches en couleurs, tirées sur PAPIER DU JAPON, reproductions de somptueuses reliures ou de très belles miniatures.

2º De 9 planches en noir en héliogravure, tirées sur PAPIER DU JAPON.

3º De 70 figures dans le texte, reproductions de titres, de figures, etc.

Le volume est contenu dans un élégant cartonnage de MM. Magnier.

La Collection Dutuit, aujourd'hui la propriété de la Ville de Paris, est surtout remarquable par ses livres et manuscrits. Les belles reliures, les superbes miniatures qui font l'admiration de tous les visiteurs du Petit Palais sont si fidèlement et si exactement reproduites dans ce Catalogue, que l'on a l'impression d'avoir sous les yeux les reliures elles-mêmes.

Nombreuses et intéressantes notices bibliographiques sur des ouvrages fort rares, sinon uniques.

Ce Catalogue, destiné à mettre en valeur la collection, n'a pas été entrepris dans un but de spéculation et le prix de revient en est plus élevé que le prix de vente.

www.ingramcontent.com/pod-product-compliance
Ingram Content Group UK Ltd.
Pitfield, Milton Keynes, MK11 3LW, UK
UKHW021517090726
13657UKWH00001B/287

9 782019 213251